KB265208

무·자·격·과 무·점·포·로
돈·없·이 돈·버·는

네트워크 마케팅

무자격과 무점포로 돈없이 돈버는

네트워크 마케팅

펴낸날 | 2001년 8월 1일 초판 1쇄
       2002년 3월 20일 초판 3쇄
지은이 | 이철근
펴낸이 | 이태권
펴낸곳 | 태일출판사
       서울시 성북구 성북동 178-2 (우)136-020
       전화 | 745-8566~7 팩스 | 747-3238
       e-mail | sodam@dreamsodam.co.kr
       등록번호 | 제2-42호(1979년 11월 14일)
기   획 | 박지근 이장선
편   집 | 조희승 이진숙 김묘성 김광자 김효진
미   술 | 김학수 김민정
본부장 | 홍순형
영   업 | 박종천 이상혁 안경찬
관   리 | 안근태 변정선 박성건 안찬숙 김미순

ISBN 89-8151-155-1 13320

● 책 가격은 뒤표지에 있습니다.

무·자·격·과 무·점·포·로
돈·없·이 돈·버·는

네트워크 마케팅

이철근 지음

태일출판사

머리말

　사람이 어느 누구를 막론하고 이 세상에서 크나큰 부를 창출하고 없는 것 없이 온갖 살림을 갖추고 잘살고, 회사가 끝없이 발전하여 튼튼하게 번성하려면 무엇보다도 자기 자신이나 자기 회사가 생산하는 상품을 차질 없이 값있게 사업하여 소유가치를 높이고 이익을 올려야만 가능하게 되는 것입니다. 그러면 어떻게 해서 자기 자신이나 상품을 차질 없이 뜻한 대로 값있게 많이 팔 수 있을 것인가? 이것은 어느 개인이든 어느 회사이든 최대의 관심사가 아닐 수 없는 것입니다. 그 가장 좋은 방법이 요즈음에 새로운 물결로 등장한 NWM인 것입니다.

　NWM이란 네트(net)와 워크(work)라는 말이 합친 것으로 네트는 '거미줄' 또는 '그물망' 이라는 것이며, 워크란 '일을 한다' 는 것으로 네트워크란 그물망이나 거미줄처럼 얽기고설킨 무형의 복잡한 조직을 이용하고, 또한 모든 방법과 수단을 다해서 정보를 제공해 주고 그 결과로 종전에 획득하던 중간마진을 단계별로 소비자에게 분배한다는 것이 됩니다. "무엇이든 남에게 대접을 받고자 한다면 너희도 남을 대접하라. 이것이 율법이요 선지자이다"라는 성서의 명언을 기억하고 우리도 필요를 찾아 다른 사람의 욕구를 충족시키면서 상품을 판매해야만 하겠습니다. 따라서 이 NWM은 국가를 살리는 구조조정이요, 실직자들의 앞길을 열어 주는 실업대책이요, 합리적인 정리해고가 되며, 희망을 불어넣어 주는 꿈의 실현이라고 할 수 있습니다.

이 세상에서 가장 행복한 행운아는 오직 분투 노력해서 그 결실을 잘 거두는 사람인 것입니다. "행운은 없다" 왜냐하면 행운이란 분투 노력의 결과이기 때문입니다. 그러므로 NWM을 차질 없이 실천하려면 성서에서 나오는 "구하라! 주실 것이요, 찾아 보아라! 만날 것이요, 문을 두드려라! 열어 줄 것이다"라는 성서구절을 명심하고 실천에 옮기면 원대한 장래(將來)에 고귀(高貴)한 희망이 이루어질 것입니다.

이제 이 책(교재)은 선진국의 NWM의 각종 책자와 국내의 각 책방에서 나와 있는 판매나 세일즈(물류시스템)를 중심으로 한 유명한 책이나 자료를 수집하여 이리저리 연구에 연구를 거듭하여 편찬하는 동시에 교과과정을 새로이 정성껏 개발하여 교육을 계속 실시할 것입니다.

이 세상에서 가장 멋진 사람은 NWM 사업에 동참하는 사람일 것입니다. 그 이유는 수많은 유명한 스폰서가 뒤에서 도와주고 이끌어 주며 1년 365일이 모두가 분투 노력할 수 있고 이 세상 모든 사람이 마케팅의 대상이 될 수 있다는 것입니다. 우리는 힘있는 대로 정성을 다하여 묘책을 찾아 열심히 일한다면 무한히 뻗어 나갈 수 있는 가능성이 있는 개척자인 동시에 선구자요, 선구자인 동시에 창조자라고 할 수 있습니다.

사무엘 스마일스(Samuel Smiles)는 『자조론(*Self-help*)』이란 책 속에서 아래와 같이 슬로건을 내걸었습니다.

■ 정신을 심어라, 그러면 행동을 거둔다

(Sow a thought, and you reap an act).

■ 행동을 심어라, 그러면 버릇을 거둔다

(Sow an act, and you reap a habit).

■ 버릇을 심어라, 그러면 인격을 거둔다

(Sow a habit, and you reap a character).

◪ 인격을 심어라, 그러면 운명을 거둔다

(Sow a character, and you reap a desting).

요점은 깊이깊이 잘 생각하면 방법과 요령이 나오며, 결과는 성공으로 갈 수 있다는 것입니다.

또 한 가지 성공으로 가는 길로서 이상이 없는 자에게는 신념이 없고, 신념이 없는 자에게는 계획이 없고 계획이 없는 자에게는 실행이 없고 실행이 없는 자에게는 성과가 없고 성과가 없는 자에게는 행복과 성공이 있을 수 없다는 것입니다.

본 저서 『돈없이 돈버는 네트워크 마케팅』이라는 책은 이론만 나열한 책이 아니라 지금 바로 활용할 수 있는 현실적이고 실제적인 NWM 교육 훈련 교과서로서 하나의 자극제이며, 또 하나의 지침서입니다. 그렇기 때문에 이 책은 돈이 없고 가진 것 없이 무점포, 무자본, 무직원, 무서류, 무경험으로도 성공으로 갈 수 있는 열쇠요, 타오르는 불길이요, 거세게 흘러가는 물결이라고 할 수 있습니다.

이런 방법, 요령, 수단은 그저 쉽게 얻어지는 것이 아니라 남보다도 많은 교육과 훈련, 경험과 실천, 연구와 개발, 분석과 고찰을 통해서 이루어지는 것입니다.

이 책을 통해서 많은 성공이 있기를 기도하면서 이 글을 씁니다.

2001년 7월

이 철 근 씀

차례

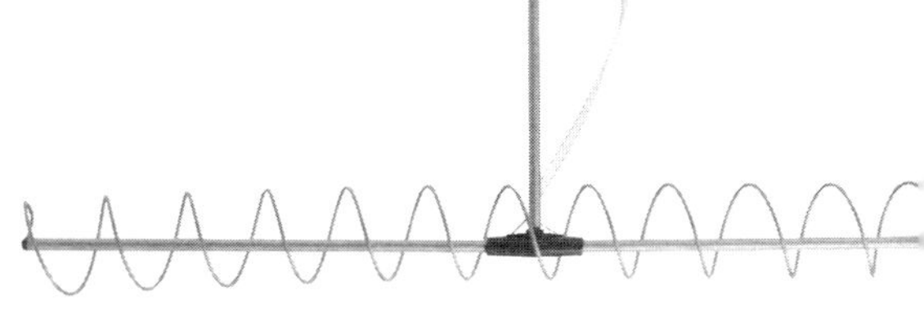

무자격과 무점포로 돈없이 돈버는 **네트워크** 마케팅

머리말 4

제1장
NWM(Network Marketing) 사업의 일반 사항
제1절 NWM의 정의와 배경 10

제2절 시대변천과 실물경제 24

제3절 물류유통과 NWM의 발전이유 32

제2장
NWM(Network Marketing)의 본격적 구상과 현실의 입장
제1절 NWM 사업의 원동력과 선정기준 42

제2절 NWM의 대응책과 적응자세 60

제3절 NWM 사업의 보상플랜과 참고사항 68

제4절 NWM의 7대 욕구충족 74

제3장
NWM(Network Marketing)의 사업추진 방법
제1절 리더가 되는 길잡이 96

제2절 NWM 사업의 9대 사업능력 촉진방법 105

제3절 NWM 사업의 11대 사업능력 분석요령 133

제4절 NWM 사업의 5대 성공비결 174

제4장
NWM(Network Marketing) 사업의 결론
제1절 시대의 흐름과 배경 및 전략 194

제2절 NWM의 구체적 실천방안 199

제3절 NWM의 특강원고 222

참조
근세 조선(한국)과 일본의 34년간의 관계 248

부록
1. 다단계 판매에 관한 해설자료 256

2. 방문판매 등에 관한 법률 266

3. 방문판매 등에 관한 법률시행령 304

1

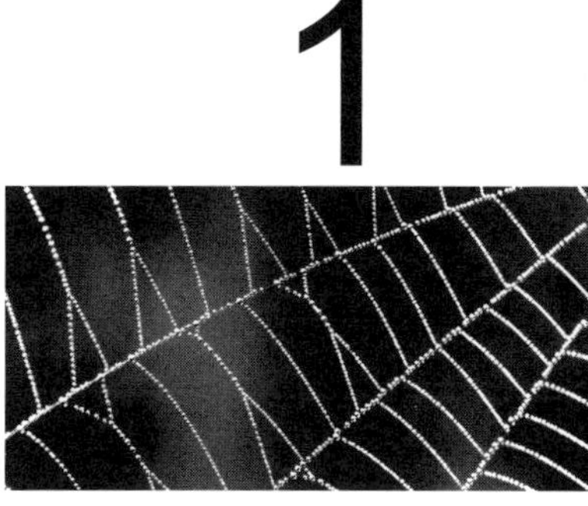

NWM(Network Marketing) 사업의 일반 사항

제1절 NWM의 정의와 배경

제2절 시대변천과 실물경제

제3절 물류유통과 NWM의 발전이유

NWM의 정의와 배경

1. NWM(Network Marketing)의 정의

(1) 순차적 단계적 사업

① NWM이란 : 제조업자 ⇒ 도매업자 ⇒ 소매업자 ⇒ 소비자와 같은 일반적인 유통경로를 거치지 않고 NWM 회사가 사업하는 상품을 사용해 본 소비자가 회원이 되어 상품을 구입, 다른 소비자에게 사업하는 과정이 순차적 단계적으로 이루어지는 사업형식을 말한다.

② 마진의 환수 : 소비자는 본인이 원하는 물품을 소비하면서 유통분야에서 얻어진 마진을 환수받아 물품도 싸게 사고, 이렇게 좋은 방법을 소개만 함으로써 연결된 회원들과 더불어 형성된 유통분야의 사업이 이루어져, 본인이 활동한 이익의 배당을 받는 시스템을 말한다.

③ 네트워크(Network)란 : net의 뜻은 '거미줄' '그물' 이며, work는 '일하다' 의 뜻이다. 이 뜻이 한데 합쳐져서 거미줄이나 그물처럼 서로 이리저리 연결되어 일한다는 것으로 방송망, 연락망, 방송조직의 의미를 가지고 있으며 NWM이란 이와 같이 수많은 사람의 상호작용에 의한 1대 1의 사업활동, 조직사업을 수행해 나가는 것을 뜻한다.

(2) 시간과 수입의 일거양득

① 현재의 실정 : 대부분의 사람들은 시간이나 돈 어느 한 쪽을 가지고 있다. 가령 의사나 배우는 고수입을 얻을 수 있을지 모르지만, 가족과 보내는 자유로운 시간은 거의 없는 것이 현실이다. 반대로 운나쁘게 구조조정 등으로 일자리를 잃은 사람은 시간은 많이 남지만 수입이 없다. 그리고 일반 샐러리맨은 생활을 즐길 자유로운 시간도 수입도 충분하지 못한 것이 현재의 실정이다.

② 시간과 수입 : '고수입' 과 '자유로운 시간' 2가지를 동시에 갖고 있는

사람은 극히 드물다. 일반적으로 시간이 남아도는 사람은 돈이 없고, 돈이 있는 사람은 자유로운 시간이 없다.

③ **양질의 인생의 필수조건** : 고수입과 자유로운 시간을 갖는 것은 양질의 인생을 영위하기 위한 필수조건의 하나이다. 이 세상에서 고수입과 그것을 즐길 시간을 동시에 줄 수 있는 방법을 생각한다.

④ **놀라운 기세로 성장** : 시간과 돈을 동시에 가질 수 있는 한 가지 사업이 있다. 그리고 현재 그 사업은 전세계에서 놀라운 기세로 성장하고 있다. 그것이 바로 지금부터 설명할 'NWM 사업'으로 관심 있게 연구하여 실천에 옮기면 앞으로 앞길이 열릴 것은 분명하다.

(3) 행복에 대한 가치관

① **여유 있는 행복한 생활** : 사람이면 누구나 자유롭고 행복한 삶을 살고 싶어한다. 그러나 그러한 바람과는 달리 대부분의 사람들이 행복함을 느끼기는커녕 하루하루를 힘겹고 쫓기듯 살아가고 있다. 단지 극소수의 사람들만이 자신이 진정으로 하고 싶은 일을 하면서 여유 있고 행복한 생활을 하고 있는 것이 현실이다.

② **행복의 조건** : 행복의 조건은 무엇인가? 태어난 나라와 시대적 상황에 따라 행복에 대한 가치관이 사람마다 다르겠지만, 의·식·주를 포함한 경제적인 문제가 행복의 가장 기초적이고 중요한 문제라는 것에 대해 다른 이론을 갖는 사람은 거의 없을 것이다.

③ **스스로의 위로** : 우리 사회에서 돈 많은 사람들의 불행을 보면서 돈 없는 서민들은 '역시 돈이 많다고 해서 행복한 것은 아니다. 우리같이 돈은 없어도 마음이 편하고 건강하면 행복한 것이다' 라고 생각하며 스스로를 안심시키는 것이다.

④ **돈의 위력** : 우리가 일상생활에서 시시때때로 절실하게 느끼는 '돈의 위력' 에 대해서 부정할 사람은 없으리라. '유전무죄(有錢無罪) 무전유

죄(無錢有罪)' 라는 용어를 우리는 생각해 보아야 할 것이다.

⑤ **풍요로운 삶** : 돈이 없어서 당하는 **불편함과 서러움**, 돈이 많아서 누릴 수 있는 편리함과 풍요로움, 그리고 여유를 생각해 보라! 경제적 안정과 시간의 자유로움은 정신적 여유를 수반한 **풍요로운 삶**의 필수요건이 된다는 것도 생각해 볼 만하다.

(4) 큰돈 버는 방법과 황금기간

① **큰돈을 벌 수 있는 방법** : 아무것도 가진 것 없는 사람이 법과 질서를 지키며 정당한 노력만으로 큰돈을 벌 수 있는 **강력한 방법**이 바로 'NWM' 이라고 할 수 있다.

② **대대적으로 확산** : NWM이 지금 이 시대에 확실하게 유망한 길로 보는 것은 아래에서 설명하는 몇 가지의 분석내용과 같다.

　㉠ NWM은 '**지구 최후의 사업방식**' 이라고 할 정도로 어떤 마케팅보다 강력한 21세기형 최첨단 유통기법이다.

　㉡ 우리나라의 유통시장이 개방된 지 얼마 되지 않아 많은 사람들이 아직 NWM의 본질에 대해서 잘 모르며, 설사 안다손 치더라도 수박 겉핥기식의 잘못된 지식으로 **부정적인 견해**를 갖고 있지만 얼마 가지 않아 대대적으로 확산될 가능성이 높은 것이다.

③ **방문판매에 대한 법률** : NWM의 폭발적인 시스템만을 모방한 악덕 피라미드 기업들이 수없이 생겼다가 사라졌지만, 정식으로 우리나라에 NWM(다단계 판매)이 **법적으로** 허용된 것은 「방문판매 등에 관한 법률」이 개정 시행된 1995년 7월 6일부터 적용되고 있는 것이다.

④ **불을 밝힌 초보** : 암웨이, 썬라이더 등의 회사가 수년 전부터 사업을 해왔지만, 실질적으로 우리나라에 NWM의 불을 밝힌 세계적인 NWM의 역사는 매우 **초보적인** 단계인 셈이다.

⑤ **가장 좋은 황금기간** : 미국과 일본의 NWM의 역사를 볼 때 지금부터 3

~5년 동안이 한국에서 NWM 사업을 펼치기에 가장 좋은 **황금기간**이라고 할 수 있으며, 3~5년 후부터 많은 **백만장자**가 NWM을 통하여 탄생할 것으로 예측할 수 있다.

⑥ 큰 기회는 지나감 : 몇 년의 세월이 지난 후 대부분의 사람들이 NWM에 대해서 **정확히 인식**하고 참여할 때는 이미 큰 기회는 **지나갔다**고 보는 것이 옳다.

(5) NWM의 우수성 주장

① 존 밀턴 포크(업라인 회장)의 주장

  ㉠ 이 사업은 위대한 **사업**이다.

  ㉡ 평범한 사람도 두드러진 삶을 살 수 있는 **평등한 기회**를 준다.

  ㉢ 이만큼 독립 · 만족 · 수익 · 자유를 주는 사업은 어디에도 없다.

② 리더 데이븐포트(아트본 사장)의 주장

  ㉠ 누구나 인생의 목표와 이 목표를 달성시킬 수 있는 재능을 부여받고 이 세상에 태어난다.

  ㉡ NWM이 가져다주는 혜택 · 인센티브 · 무한한 수익의 기회는 누구에게나 자신의 **재능**을 **최대한** 발휘할 수 있는 힘을 준다.

③ 매트 프리즈(엠비온 최고 경영자)의 주장

자신과 **자기 소신과 꿈**을 믿어라. 난관을 과감히 뚫고 나가라. 그것은 할 수 없다는 사람들의 말을 무시하라.

④ 클레망 헤케트의 주장

  ㉠ 이 업계의 문제점은 사람들에게 그릇된 생각을 하게 한다는 것이다.

  ㉡ 대부분은 6개월이 지나고 얼마를 벌 수 있을지에 대해 지나치게 큰 기대를 갖곤 하지만 **6년**이 **지난 뒤** 얼마를 벌 수 있을지는 거의 생각하지 않는 것 같다.

  ㉢ 이런 자세가 초기 **사업자**들의 가장 큰 문제이다.

㉣ NWM 사업은 **장기적인 안목**으로 할수록 일반 회사원과는 다른 차원
으로 수입이 늘어나는 것을 알게 될 텐데 말이다.

(6) 동의어의 명칭과 명칭의 모순

1) NWM의 동의어

① **NWM이란** : NWM(Network Marketing)을 다른 말로 **다단계 판매 멀
티 마케팅**이라고 한다.

② **멀티 마케팅** : 미국을 중심으로 전세계에서 행해지고 있는 **합법적인 사
업**이다. 왜 한국에서는 '멀티 마케팅 = 악덕 상행위' 라고
생각하게 되었을까? 그 주된 원인으로 2가지를 꼽을 수
있다.

  ㉠ **사업방법의 구조를 악용**하는 사람이 끊이지 않았기 때문이다.

  ㉡ 매스컴이 합법적인 사업인 '멀티 마케팅' 을 잘 **이해하지도 못하고**
'멀티 마케팅=사기 마케팅' 의 대명사로 보도했기 때문이다.

③ **퍼스널 마케팅**(Personal Marketing)

  ㉠ '개인적인' 혹은 '사람에 의한' 이라는 뜻의 'Personal' 이라는 단어
와 'Marketing' 이라는 **단어의 결합**이다.

  ㉡ '사람 개개인이 **실행**하는 마케팅 시스템' 을 의미한다.

  ㉢ 종래의 기업 중심 마케팅과 대응되는 '**개인 중심 마케팅**' 의 새로운
개념이다.

  ㉣ 국내에서 기존의 다단계 판매, MLM(Multi Level Marketing) 등의
용어들이 심하게 오염되어 피라미드 사업이라는 개념과 동일시되고
있기 때문이다.

④ **조직사업**(組織販賣)

  ㉠ NWM은 근본적으로 **사람과 사람이 엮여** 꽉 짜여진 조직을 통해 사
업이 이루어지는 시스템이다.

ⓛ 이러한 측면을 중심으로 해서 일컫는 것이 바로 '조직사업'이라고
할 수 있다.

ⓒ 개인의 **자유와 존엄성**을 최우선으로 하는 NWM의 기본정신과는 거
리감이 있다.

⑤ **다단계 마케팅**(MLM : Multi Level Marketing)

ⓝ 다단계식 사업방법을 단순한 사업의 수준에서 탈피하여 보다 조직
화되고 체계화된 '**마케팅적 측면**'을 강조하여 부르는 말이다.

ⓛ 미국에서 조성되어 일본을 거쳐 국내에 들어온 용어이다.

ⓒ 다단계 마케팅은 기존의 방문판매의 개념에 기업적인 마케팅 측면이
가미된 것으로, '**다단계 판매**'라는 용어보다는 적당한 용어라고 생
각한다.

⑥ **멀티 상법**(Multi 商法)

ⓝ 일본에서 다단계식 판매를 일컫는 용어이다. 일본에서도 다단계 판
매는 악덕 다단계 판매와 **건전한 측면**의 기업을 구분하고 있다.

ⓛ 이 용어는 허용 가능한 비교적 건전한 다단계 마케팅 기업을 일컫는
말로 사용되고 있다.

⑦ **커뮤니케이션 비즈니스**(Communication Business)

ⓝ 일본에서 기존의 '**MLM**'이나 '**멀티 상법**' 등의 용어들이 심하게 오
염되었다.

ⓛ 건전한 NWM 이미지 조성의 일환으로 만들어졌다.

ⓒ '**입에서 입을 통해 전파되는**' NWM의 한 속성을 중심으로 일컫는
용어이다.

⑧ **다단계 판매**(多段階販賣)

ⓝ 국내 『방문판매 등에 관한 법률』에서 사용하고 있는 용어이다.

ⓛ 국내에서는 가장 **기준적이고 일반적인** 용어라고 할 수 있다.

ⓒ 첨단판매, 방문판매 등에 대응하는 '**판매**'의 개념이다.

② 생산자에서 소비자에게로 상품이 유상이동하는 상행위의 측면을 중
    심으로 해서 일컫는 용어이다.
⑨ 결론적으로 '멀티 마케팅=악덕 마케팅'이라는 오해를 피하기 위해 한
    국에서는 멀티 레벨 마케팅(MLM)을 '네트워크 비즈니스'나 'NWM 비
    즈니스' 등으로 부르게 되었다.

2) 명칭의 모순을 분석해 본다
① '다단계' 판매라는 명칭의 모순
    ㉠ 다단계 판매의 원어인 멀티 레벨 마케팅(MLM : Multi-Level
       Marketing)의 멀티는 '많다(多數)'의 뜻이다.
    ㉡ 레벨은 '수평(의), 동등한'을 뜻한다. 따라서 MLM을 우리말로 풀어
       보면 '많은 분야의 사람들이 함께 모여 동등한 입장, 또는 수평선상
       에서 서로 도와 가며 판매활동을 하는 사업'이라고 할 수 있다.
    ㉢ NWM은 보스 개념이 전혀 없는 독립 자영사업가들의 집합체이기 때
       문에 상하의 의미가 뚜렷한 다단계의 뜻과는 반대가 된다.
    ㉣ 다단계 판매라고 하는 우리말 명칭에서 '다단계'란 위아래의 높낮이
       가 뚜렷한 것이 특징이 되어 '계단'들의 집합체를 의미하므로 사실
       상 원래의 뜻과는 정면으로 배치된다.
② 피라미드 판매 : 건전한 MLM의 실체를 잘 모르는 사람들은 '다단계'
    라는 말을 들으면 곧 반윤리적이고 불법적인 피라미드 판매를 연상시
    키기 때문에 NWM 또는 MLM을 '다단계 판매'라고 부르는 것은 결
    코 바람직하지 못하다.
③ 공식 명칭
    ㉠ 우리나라는 「방문판매 등에 관한 법률」에서 '방문판매' '통신판매'와
       함께 '다단계 판매'를 공식 명칭으로 쓰고 있다.
    ㉡ 언어는 사회적 약속이기 때문에 비록 오해의 여지가 있는 용어라 할

지라도 **법으로** 정확한 의미를 정의했고 사회적으로 널리 쓰이고 있
는 만큼 그대로 쓰는 것도 큰 문제는 없다고 본다.

2. NWM의 발전과정

(1) NWM의 연혁

1) NWM 과정 분석

① **미시적 마케팅과 거시적 마케팅의 발전**

　㉠ 마케팅(marketing)이란

　　ⓐ '기업이 제품, 또는 서비스를 고객을 향해 유통(流通)시키는 데 관
계된 일련의 체계적 시장 지향 활동' 이라고 할 수 있다.

　　ⓑ 마케팅은 고객과 그들에 봉사하는 조직에 초점을 둔 **미시 마케팅**
(미시적 관점에서의 마케팅)과 전체적인 생산－유통 시스템에 초점
을 둔 **거시 마케팅**(거시적 관점에서의 마케팅)으로 대별할 수 있다.

　㉡ 미시 마케팅이란

　　ⓐ '고객의 욕구를 찾아내고 그러한 **욕구를 충족**시켜 줄 제품이나 서
비스를 생산하여 생산자로부터 고객에게 흐르도록 함으로써 기업
의 목표를 달성하려는 활동' 으로 정의된다.

　　ⓑ 마케팅을 **고객의 욕구를 충족**시키기 위하여 개별 기업이 수행하는
활동으로 정의하고 평가하는 관점을 '미시 마케팅' 이라 한다.

　㉢ **거시 마케팅이란** : '소비가치를 교환하려는 사회 전체 구성원들의 요
구를 **효과적 및 효율적**으로 해결하기 위하여 한 사회 내에서 필연적
으로 발전한 사회적 과정' 으로 정의된다.

　㉣ **조화된 인간활동** : 마케팅이란 소비자 및 **고객의 요구를 충족**시켜 줄
제품, 서비스 및 지식을 계획하고, 가격을 결정하며, 이들의 구매 및

소비에 필요한 정보를 제공하고 배분하는 데 소요되는 일련의 조화된 인간활동이다.

② 마케팅의 기능과 활동

ㄱ 마케팅은 대체로 수요를 규제하는 기능과 창출된 수요를 충족시키는 기능을 가진다.

ㄴ 이러한 기능을 효과적으로 수행하기 위하여 마케팅은 여러 가지의 활동으로 구성되는데, 그것은 모두가 교환이 효율적으로 이루어지도록 하기 위하여 필요한 것들이다.

2) NWM의 탄생

① 전략 마케팅의 출현

ㄱ 다이렉트 마케팅 : 다이렉트 마케팅은 사람과 미디어를 주된 수단으로 특정한 소비자 개인을 대상으로 한다.

ㄴ 새로운 마케팅 체제 : 국내외의 많은 기업들이 이미 시장변화에 대응하여 더 이상 경쟁력이 없는 구태의연한 사업방식에서 과감히 탈피하여 새로운 마케팅 체제로 돌아서고 있다.

② 무점포 프랜차이즈

경제의 발전과 더불어 새로운 마케팅 기법들이 속속 출현하던 1940년대 미국에서 새롭게 출현한 마케팅 가운데 하나가 프랜차이즈 방식이었다.

ㄱ 프랜차이즈 방식이란 : 본부에서 기존의 성공한 사업의 브랜드와 사업방식, 그리고 사업형태 등의 권리와 노하우를 제공하고, 가맹점에서는 가맹료와 수수료를 지불함으로써 본부 입장에서는 다점포를 보유하게 되어 대량 구매 등의 이점으로 강력한 경쟁력을 갖출 수 있다.

ⓐ 체인점은 경험이나 기본이 없는 아마추어도 경영할 수 있으며, 개

점시부터 유명점의 오너가 되고,

ⓑ 비교적 **소자본**으로 단기간에 사업을 궤도에 올려놓기가 용이하며,

ⓒ 본사의 노하우와 시스템을 따르기 때문에 **리스트가 적다**는 **이점**이
있다.

ⓛ **무점포 프랜차이즈** : 프랜차이즈 방식은 반드시 점포가 있어야 하기
때문에, 의욕은 있으나 자본이 없는 사람들에게 비싼 임대료의 점포
는 부담스러운 것이 사실이다. 그래서 사람들은 '점포가 없어도 되
는 **프랜차이즈**'를 생각하게 되었고, 점포가 아닌 사람, 즉 유통업자
를 프랜차이즈 방식으로 해서 일종의 **점포 없는 유통조직**을 만들어
보면 어떨까 하고 구상한 결과 탄생한 것이 NWM이다.

(2) NWM의 미국, 일본, 한국의 발전과정

1) 미국의 NWM 발전과정

① 1934년(뉴트릴라이트) → 1956년(샤클리) → 1959년(암웨이) → 1963
년(메리케이) → 1980년(허벌라이프) → 1984년(뉴스킨) → 1994년(롱
제비티)

② 미국에서 NWM 방식을 처음으로 도입한 회사는 1934년 '뉴트릴라이
트' 사였는데 이 회사는 NWM을 도입하여 놀라운 성장을 거듭하였다.

2) 일본의 NWM 발전과정

① 어떤 상품이든 삽시간에 수천, 수만 개를 팔 수 있다는 이 **마법의 상술**
은 일본으로 건너갔다.

② 일본의 NWM은 미국에서 건너온 외국의 상술을 자기 나라의 토양에
맞는 새로운 방법으로 개량해서 **일본식 수익구조**를 만들었다는 특징이
있다.

③ 미국을 대표하는 NWM 기업이 암웨이사라면, 일본을 대표하는 회사

는 재팬라이프사라 할 수 있다.

3) 한국의 NWM 발전과정
① 우리나라에 NWM 방식이 도입된 시기는 1980년대 중반, 외국 여행객
  들에 의해 NWM과 유사한 형태의 사업방식이 국내에 소개되면서부터
  라고 할 수 있다.
② 당시 에스프리, 스마일 등 초창기 다단계식 유통업체들이 등장하여 상
  당한 규모까지 성장했는데, 이 시기는 암웨이, 폴라, 샤클리 등의 세계
  적 NWM 회사들이 일본 시장에 진출하던 시기를 전후한 것이다.

3. NWM의 발전과정에 대한 분석

(1) 비난과 영향력

1) 비난의 대상
① 모든 사업이 초창기에는 말이 많고 비난의 대상이 되는 것이 비즈니스
  업계의 당면한 현실이다. 미국에서는 일반적으로 멀티 레벨 마케팅
  (Multi- Level-Marketing : MLM)이란 매우 대중적인 사업형태이지
  만, 한국에서는 그 이름을 들으면 '멀티 마케팅' 또는 '피라미드 조직'
  등 부정적인 이미지를 갖고 있는 사람들이 너무나 많이 있었다.
② NWM도 처음에 피라미드, 다단계 등 많은 비난의 대상이 되어 왔으나,
  NWM을 통해 백만장자가 된 사람들이 과거의 백만장자들보다 그 숫
  자가 훨씬 더 많아졌다는 현실을 간과해서는 안된다.

2) 의사소통 측면
① NWM 업계는 정말 경제기적을 이루어 내고 있었지만, 의사소통 측면

에서 보면 완전히 **암흑기**에 있었다고 생각할 수가 있다.

② **거짓 소문**과 **잘못된 신화**가 무성했다. 진실과 거짓은 동전의 양면처럼 항상 붙어다녔다. 그러나 이런 **시끄러움**은 소음에 지나지 않는다고 할 수 있다.

③ NWM에 대해 한때 욕이나 퍼붓고, 일확천금을 쫓는 사람들, 절박한 사람들, 순진한 사람들을 노리는 한탕주의 **사기수법**, **피라미드** 상법으로 부정적으로 생각하고 이것을 반대해 왔다.

3) NWM의 진정한 영향력

① NWM이 경제에 미치는 **진정한 영향력**에 대해 제대로 파악하지 못하고 있다.

② 좀더 심하게 말해, 언론매체에 종사하는 대부분의 사람들에게, 학력도 높지 않은 보통 사람들이 **수백만 달러 규모**의 **사업**을 운영한다는 사실이 두렵게 느껴지는 것이다.

③ 하지만 요즘 사람들은 옛날처럼 그렇게 **공식적인** 언론매체에 크게 영향을 받지는 않을 것이다.

4) NWM의 정상 궤도

① **많은 시행착오** : NWM이 선진국에서 40여 년 발전해 오는 동안 NWM 회사도 회원들도 많은 시행착오를 겪으면서 NWM 비즈니스를 정상 궤도에 올려놓았다.

② **초창기 NWM 사업** : NWM 사업에 참여했던 기업이나 회원들은 희생양이 되어 손해를 보고 좌절하여 그만두는 경우가 상당히 많았다.

③ **선진국** : NWM 종사자가 매년 두 배로 증가하는 추세를 보인다고 한다. 수많은 NWM 대기업들이 이제는 미국 내에서보다 **중국, 한국, 일본**에서 더 빠른 속도로 증가하여 NWM 업계는 한때 미국 경제성장 속도를

앞지르기도 했다.

④ **미래사회** : 첨단기술이 지배하는 **황무지**, 고학력 엘리트에게만 일자리가 돌아가는 그런 곳으로 생각한다. 그러나 사실은 **정반대이다**.

(2) 해법과 응용

1) 문제에 대한 해법

① NWM은 오늘날 『포천』지 선정 500대 기업은 NWM을 사업에 이용하려고 몰려들고 있으며, 월 스트리트 전문가들도 NWM 사업방식의 우수성에 칭찬을 아끼지 않는다.

② NWM은 정말 21세기 경제의 추진력으로 성장하였다.

③ NWM은 **정보화 시대** 사람들이 직면한 **가장 골치아픈 문제**, 즉 일자리가 사라진 세상에서 이제 어떻게 먹고 살 것인가 하는 문제에 대한 해법을 알려 주는 것이라고 할 수 있다.

2) 입에서 입으로

① 기존 마케팅 담당자들은 **입에서 입으로** 전하는 홍보는 좋은 광고를 전달하는 전략이 아니라고 생각한다. NWM은 입에서 입으로(인터넷) 1대 1의 마케팅을 과학으로 생각한다.

② 이제는 신제품을 개발하는 것보다 **좀더 나은 유통방법**을 찾아야 한다고 말한다. 유통비는 **제품가격의 80%**를 차지하므로 유통비용을 절감할 부분은 엄청나게 많다. 따라서 보다 저렴한 유통방법은 곧 엄청난 **사업기회**를 의미하는 것이다.

③ 유통비를 절감하는 최상의 방법 중 하나가 바로 NWM이다. 돈을 버는 길은 바로 **유통**에 있다는 원리를 알아야 할 것이다.

3) NWM의 친숙한 응용사례

① NWM의 가장 흔한 응용사례가 학교의 '전화연락망' 일 것이다. 예를 들어 한밤중에 쌓인 눈 때문에 휴교를 해야 하는 긴급 사태에 전교생에게 연락할 가장 빠르고 **확실한 방법**은 전화연락망을 이용해서 전화를 거는 것이다.

② **한 사람이 다른 한 사람에게** : 교장선생님 혼자서 전교생에게 연락한다면 엄청난 수고와 시간이 걸리겠지만, 연락망을 이용하면 **한 사람이 다른 한 사람**에게 전화하는 걸로 모든 사람에게 전달되는 것이다.

③ **네트워킹의 원리** : 다른 방법으로라면 꼬박 하루가 걸려도 끝나지 않을 일을 네트워킹이 갖고 있는 위력을 이용한다면 1시간 만에 해치울 수도 있다. 이처럼 네트워킹의 원리는 '네트워크의 **한 사람, 한 사람**이 사소한 일을 해도 10명, 100명, 그리고 1,000명이 모이면 거대한 결과를 만든다' 는 원리를 알고 있어야 할 것이다.

시대변천과 실물경제

1. 시대변천과 세계경제

(1) 사회의 변천

1) 부의 축적

① 사회의 변천은 제1의 물결 농업사회, 제2의 물결 산업사회, 제3의 물결 정보사회, 제4의 물결 지식정보 사회로 흘러가고 있다.

② 많은 사람들이 시대를 초월하여 농업사회, 산업사회, 정보사회, 지식 정보 사회에서 자신이 원하는 나름대로의 각 분야에서 열심히 일들을 하고 있다.

③ 우리는 제4의 물결 지식정보 사회에 살면서도 어떤 사람은 농업, 산업, 정보, 지식정보 분야에 종사하여 돈을 벌어 부를 축적하고 있다.

2) 돈과 경제문제

① 돈을 많이 벌어 잘살고 싶고, 부를 축적해 부자 소리를 들어 보겠다는 것이 인간 삶의 전부는 아니지만(사실 물질적 삶보다는 영적 삶이 우선) 오늘날 돈과 경제문제가 최우선 과제임은 부정할 수 없는 사실이다.

② 지식정보 사회에서는 적은 노력과 시간을 투자해서 경제문제를 해결하는 방안을 검토해 볼 필요성이 있는 것이다.

3) 백만장자

① 시대를 거쳐 백만장자가 나온 것을 보면 농업, 산업, 정보분야에서 현재까지 갑부가 된 인구는 전체 인구의 10% 이내이지만 일부 학자들은 지식정보 사회에서 20% 이상이 출현한다고 말한다.

② 기존의 농업, 산업, 정보 사회의 장점들을 잘 이해하고 지식정보 사회의 흐름을 파악하여 마음을 바꾼다면 그들은 백만장자 대열에 설 수 있다.

(2) 제 1, 2, 3, 4의 물결

사회변천	사업수단	노동형태	급여형태	백만장자	정복수단	연도
농업사회 제1의 물결	토지 농사 곡물, 육류 어류	육체노동 종신고용	자신급여 연 급여	0.1% 지주 권력자	암흑시대 쟁탈 전쟁	암흑기 1975~ 1979년
산업사회 제2의물결	생산 제조 판매 국산상품 외국상품	육체노동 정신노동	월 급여 연봉 보너스	5% 제조업자 판매업자	국제무역 WTO 국내시장	형성기 1980~ 1989년
정보사회 제3의물결	HW/SW 자동화 기계 국내상품 수입상품	정신노동	계약급여 임시급여 공기업 민영화 대기업 분산화	4% 제조업자 유통업자	규제무역 OECD 개방압력 국가시장	성장기 1990~ 1999년
지식정보 사회 제4의 물결	정보통신 인터넷 아웃소싱 세계화 상품	정보활용 지식활용	활동급여 수시급여 NWM	15~20% 추정 유통업자 소비자	자유무역 완전개방 세계시장	확산기 2000년 이후

2. 세계경제의 변화

(1) 자유경제의 전쟁

① 지구경제가 농업사회에서 산업사회로 넘어오면서 대량 생산과 대량 판매를 목표로 대량 설비투자와 대량 판매회사들을 양산시켜 자유경제의 전쟁을 치러 왔다.

② 각 국가의 공기업과 대기업을 중심으로 무역전쟁에 승리하기 위해 생산 설비 투자와 사업망을 앞다투어 구축하여 왔다.

③ 그러나 세계무역기구(WTO)의 개방무역과 자유무역 정책으로 경쟁력

이 없는 생산제조 업체와 사업유통 업체들은 자연도태되는 현상이 발생하였다.

④ 이러한 극심한 경쟁 속에서 우리나라도 WTO의 무역이념에 따른 여러 부문의 **통상압력**을 받게 되었다. 기본적인 **농수산물** 시장을 비롯하여 **금융시장**, 그리고 **통신시장**을 개방하라는 압력까지 받기에 이르렀다.

(2) 시대는 정보화 사회

1) 전자상거래의 등장

① 시대는 정보사회를 거치면서 자동화 기술과 컴퓨터, 인터넷 정보 통신망으로 **국가와 제조유통 업체간**의 거래보다는

② 국경을 초월하여 **값싸고 품질 좋은 물품과 서비스**를 따라 개인과 개인들끼리 전자상거래를 하게 되었다.

③ 따라서 제조유통 세력이 **소비자편**으로 옮겨지는 과정에서 공기업과 대기업의 방대한 제조유통의 **관료적인 세력**이 약화되면서 기업파산에 따른 구조조정이 선진국으로부터 불기 시작하였다.

2) 구조조정과 인력감축

① **계약직 임시직으로 변화** : 공기업, 대기업, 중소기업에 이르기까지 범세계적으로 경쟁력이 없는 기업은 살아날 수 없기 때문에 구조조정에 따른 **제조유통 설비와 인력**을 감축하여 노동자들은 종래 생각하던 **정규직장**이라는 개념이 **계약직 임시직** 등으로 변화되고 있다.

② **개인회원에게 재분배** : 선진국 미국, 일본 등에서는 통신, 전기, 수도, 가스 등 공기업을 민영화하는 과정에서 자국의 이익을 위해 NWM(Network Marketing)이라는 시스템을 동원하여 제조유통 분야에서 대기업들이 **독식하던 자산과 이윤**을 NWM 사업을 통해 **개인회원들에게 재분배** 운영되고 있다.

3. 실물경제의 움직임

(1) 개인소득을 올리는 시스템으로

① 산업화 시대 : 산업화 시대에 하나의 제품이 생산되어 소비자에 이르는 과정을 보면 제조분야에서 40% 유통분야에서 80%로 제조나 유통분야에서 주도권을 잡아 소비자는 100%의 비용으로 물품을 구입하였다.

② 정보화 시대 : 정보화 시대는 제조분야에서 한 제품이 생산되는 데 30% 유통분야에서 70%로 소비자는 30%의 비용을 절감하고 있다.

③ 지식정보화 시대 : 지식정보화 시대는 제조분야는 30% 유통분야에서 70%로 정보화 시대와 동일하나 NWM이라는 소비자 권익보호 그룹에 속한 회원들이 유통분야를 대신하므로 NWM 회원에 돌아가는 35%를 환급받음으로써 소비자는 실제로 65%의 비용으로 물품을 구입하게 된다.

(2) 부를 창출하는 기회

① 소비자들의 이동 : 지식정보 사회에서는 종래 제조유통 분야에서 주도권을 잡던 물품가격 정책에 대응하여 소비자 회원 그룹을 형성, NWM을 통하여 물품도 싸게 사고 개인소득도 올리는 시스템으로 소비자들이 이동하는 결과를 가져왔다.

② 소비자 자신의 권익보호 : NWM이라는 소비자 자신들의 권익보호와 소득증대 차원에서 본인이 희망하는 NWM 회사를 찾아 가입하는 것은 추가 수입과 더 나아가 부를 창출하는 좋은 기회를 스스로 만들어 내는 것이다.

(3) NWM 시장의 현황

WFDSA(세계직접판매협회연합) 세계 직접판매 현황 발표   〈1998년 12월 2일〉

순위	국가명	연도	연간매상액(억 달러)	디스트리뷰터(명)
1	일본	1997	302.0	2,500,000
2	미국	1997	220.2	9,300,000
3	브라질	1997	40.5	1,839,044
4	독일	1997	36.0	335,000
5	한국	1997	21.0	909,000
6	이탈리아	1997	21.0	340,000
7	대만	1996	17.4	2,360,000
8	캐나다	1997	16.0	1,300,000
9	멕시코	1997	14.0	1,200,000
10	영국	1996	13.9	400,000
11	프랑스	1997	11.6	163,468
12	아르헨티나	1997	10.7	429,000
13	호주	1997	10.2	650,000
14	말레이시아	1997	6.6	1,800,000
15	태국	1997	5.0	800,000

① **일본이 세계 1위** : 전세계 직접판매 업계의 국제적인 연합체인 세계직접판매협회연합(World Federation of Direct Sales Association : WFDSA)에 의하면, 1997년에는 809억 달러의 매출을 기록했다. 이 중 일본이 302억 달러로 세계 전체 판매액의 37.3%를 차지하여 세계 1위를 기록했고, 2위는 27.2%인 미국으로 220억 2천만 달러의 매상을 올렸다.

② **미국은 NWM의 종주국** : 전세계 최대의 NWM 회사인 암웨이(Amway)사를 비롯하여, 뉴스킨(Nus Skin), 썬라이더(Sunrider), 허벌라이프(Herbalife), 샤클리(Shaklee) 등 수많은 회사들의 **최고 경영**자는 미국인이며 본사는 미국에 있다.

③ **독일의 방문판매** : 세계직접판매협회연합(WFDSA)의 1997년 국가별

직접판매 매상액과 디스트리뷰터에 관한 자료를 보면, 독일은 방문판매나 다단계 판매 등 **직접판매로 유통되는 매출액**이 연간 36억 달러로 일본과 미국, 브라질에 이어 세계에서 네번째로 큰 **직접판매 시장**을 형성하고 있는 나라다.

(4) 한국인의 저력

1) 우리 삶의 현주소

① **삶의 질** : 자유롭고 풍요로운 삶을 갈구하는 사람들 중에서 **진취적이고 야심찬 삶의 질**은 우리의 삶의 현주소와 한국인의 저력이다.

② **국가경제가 부강하면** : 우리의 삶의 질은 **국가경제나 사회와 불가분의 관계**에 있다. 사회가 안정되고 국가경제가 부강하면 우리의 삶의 질도 높아지지만, 국가경제가 어렵고 사회가 불안정하면 국민 개개인의 생활도 궁핍해질 수밖에 없으며, 나의 삶의 질도 떨어질 수밖에 없다.

③ **내뱉느니 한숨뿐** : 요즈음 우리의 국가경제는 말이 아니다. 외국의 어떤 기자는 '한국이 북한보다 먼저 붕괴될 수 있다'는 요지의 기사를 쓰기도 했는가 하면, 여기저기서 '나라가 부도났다' 라느니 'I am F (나는 F학점이다)' 라느니 '제2의 국치(國恥)' '경제주권의 박탈' 이라는 등의 **자극적이며 자학적인 푸념**들을 하면서 온통 쉬느니 한숨이요 내뱉느니 탄식뿐이다.

2) 한국의 중병과 어려움의 극복

① **한국병이라는 중병** : 국가적 위기는 하루아침에 그것도 문민정부가 들어선 5년 동안에 이루어진 것은 아닐 것이다. 박정희 18년, 전두환 7년, 노태우 5년 도합 만 30년간의 암울했던 **군사독재 정권**에 의해 잉태되어, 정경유착으로 인한 부패 · 무사안일 · 권위주의 · 부정직 등 '**한국병**' 이라는 중병에 걸린 기형아를 출산한 것이다.

② **경험과 저력을 갖고** : 어차피 맞을 매라면 일찍 맞는 것이 낫다. 우리나라는 전쟁의 잿더미 속에서 5천 년의 가난을 30년 만에 벗어 버린 경험과 저력을 갖고 있기 때문에 정신만 똑바로 차린다면 어떤 어려움도 이겨 낼 수 있다.

(5) 지구촌을 휩쓰는 NWM

1) 각계 각층의 사람들이 모여든다

① 다단계 회사에 가입하는 인구는 주당 평균 15만 명에 이른다고 한다.

② 주말을 제외하면 하루 3만 명이 다단계 사업을 시작하는 셈이다.

③ 다단계 사업으로 올리는 수익은 한 해에 1천억 달러에 이르고, 해마다 10%씩 늘어나고 있다. 엄청난 숫자다. 앞으로 더 늘어날 것이다.

④ 가정주부, 변호사, 건설업 종사자, 회계사 등 **사상 유례없는 각계 각층의 사람들**이 여기저기서 운집하고 있는 것이다.

2) 인간관계가 원동력

① **위험부담이 적은 반면 수익성이 높고 우수한 제품을 취급한다는 장점** 때문에 사람들은 NWM에 이끌리게 된다.

② NWM을 폭발적으로 성장하게 하는 **원동력은 인간관계이다.**

③ 사람들을 도와주고 **사람들과 더불어 자라고 사람들에게 봉사하는 인간관계가 자연적으로** 형성되는 것이다.

3) 일본이 세계 최대의 시장

① **일본은 오늘날 세계 최대의 NWM 시장이다.**

② 세계직접판매협회연합(WFDSA)에 따르면 일본에는 현재 200만 명의 디스트리뷰터가 있고 1년간의 매상고가 무려 300억 달러에 이른다고 한다.

③ 미국에서 시작된 NWM은 오늘날 전세계 125개국에서 크게 번창하고 있다.

④ 특히 한국, 일본, 중국 등이 있는 **동아시아 지역**에서 기세를 떨치고 있는 것은 놀라운 일이 아니다.

물류유통과 NWM의 발전이유

1. 물류유통의 정의와 전망

(1) 물류유통의 정의와 발전

1) 물류유통의 정의

① **물류유통이란** : 생산자에 의해 생산된 재화를 수요자가 구입하기까지 의 여러 계층적 단계에서 실행되는 매매의 연쇄적 과정으로서 '질 좋은 제품을 소비자에게 안정적으로 값싸게 공급함으로써 국민생활에 풍요 로움을 주는 역할' 을 하는 것을 물류유통이라고 한다.

② **물류유통의 발전** : 물류유통이 발전되면 정보와 재화의 흐름이 원활하 게 되어 생산 및 소비의 양과 질을 합리적으로 결정할 수 있고, 생산자 가 만든 좋은 품질의 제품을 소비자에게 값싸고 신속하게 전달할 수 있 게 된다.

③ **물류비용의 고비용 구조** : 우리 경제는 제조업 아니면 절대 안된다는 고 정관념 속에서 모든 정부정책이 이루어져 왔고 물류유통은 과소비의 온상, 서비스하면 유흥음식점을 생각하고 있는 동안 도·소매업, 금 융, 관광, 정보산업 등이 매우 낙후되어 있을 뿐만 아니라 유통과 물류 비용도 고비용 구조에 큰 몫을 하고 있는 실정이다.

2) 물류유통의 현황

① **우리나라의 유통산업** : 전체 GDP(국내총생산)에서 차지하는 비중은 1994년 11.7%(약 137조 원, 제조업 ; 26.8%, 농림수산업 ; 7.0%)가 되 며, 고용비중은 전체 경제활동 인구의 26.2%(215만 명, 제조업 ; 23.7%, 농림수산업 ; 13.6%)를 차지하고 있다 (자료 : 통계청, 「도·소 매업 통계조사 보고서」, 1995).

② **미국의 물류유통** : 미국은 GDP의 72%가 유통산업(제조업;23%)에서

산출되고 있으며 노동자의 76%(1992년)가 유통산업에 종사하고 있다.

(2) 물류유통의 여건과 전망

1) WTO와 세계시장

① **지구촌의 하나의 시장** : 세계 경제질서는 **산업경쟁력의 우위**를 바탕으로 재편되고 있으며 지구촌이 하나의 시장으로 형성(한국 시장의 지구촌 시장화)되어, 기본적으로 관세 등 무역장벽이 존재하지 않는 **자유무역**을 궁극적인 **목표로 삼는 무한경쟁** 시대로 돌입했다.

② **정부정책과 국민의 꿈** : 정부는 국민들에게 값비싸고 질 떨어지는 우리 제품을 사라고 강요했으며, 국민이 자의반 타의반 동의한 것은 보호무역 정책에 의하여 값싸고 질좋은 외국 제품을 접하기가 어려웠던 점도 있었지만, '우리가 희생하면 우리 기업이 언젠가는 세계 최고의 물건을 만들어 낼 것'이란 꿈이 있었기 때문이다.

③ **앞으로의 기업경쟁력** : 다국적기업들의 활동무대가 날이 갈수록 넓어져 이제 더 이상 **정부가 자국 기업들을 보호할 수 없는** 시대가 되었다.

2) 소비자 중심 정책 펴야

① **안전기준 강화와 리콜제도 강화의 대상은 모든 제품**을 상대로 넓혀져야 한다. 사후 치료적인 리콜제나 **제조물 책임법**(PL)의 도입뿐 아니라 사전예방 차원에서 소비자 이득이 늘어나게끔 수입품 유통규제의 철폐와 국내외 제품의 **가격차**를 좁혀야 한다. 즉 국내외 제품간의 경쟁을 촉진시켜 제조업자들간의 경쟁으로 위해제품이 시장에서 없어지게 하는 것이 보다 근본적인 대책이라는 뜻이다.

② 우리 제품의 경쟁력을 높이기 위해서라도 소비자의 **기호와 편익**을 고려하지 않을 수 없고, 합리적이고 건전한 소비행동이 정착돼야 장기적으로 국내 산업의 **고품질화와 경쟁력** 제고에 도움이 될 것이란 측면에

서이다.

③ OECD 가입을 계기로 우리에게 필요한 것은 의미도 정확하지 않은 과소비 추방운동에 중점을 두기보다 **합리적인 소비를** 유도하게끔 경쟁을 촉진시키는 것이다.

④ 소비자가 **합리적으로 행동해야** 기업이 엉터리 물건을 만들지 못하고 터무니없는 가격을 매기지 못한다. 따라서 기업들도 **제조물 책임법의 도입을** 반대할 이유가 없다.

⑤ 왜냐하면 외국 경쟁대상 업체에도 같은 기준이 적용되기 때문이다. 소비자를 보호하는 것은 정부가 나설 일이지만 단순히 법과 제도로 강제하는 방식이 아닌 **시장경쟁으로** 유인하는 방식이어야 한다.

3) OECD 가입과 세계화

① **세계화 개방화의 능동적 참가** : 한국은 OECD 가입을 통해 시장개방과 **기업의 자유로운 활동보장이라는** 세계경제의 물결을 받아들이고 그 안에서 활동하겠다는 약속을 국내외에 천명함으로써 **개방화, 세계화에 능동적인 참여가** 가능해졌다.

② **자본시장의 자유화**

　㉠ 금리가 하향하고 국내 유통기업의 외자도입이 쉬워져 기업경영에 기회요인으로 작용할 것이다.

　㉡ 내부적으로는 소비자 안전 및 거래에 관한 **규제가 강화될 것이다.**

　㉢ 불공정 거래, 경쟁 제한 행위 등에 대한 **정부의 감독이 강화될 전망**이다.

③ **물류유통의 국제화**

　㉠ 경제성장이 성숙단계에 들어서면서 중산층이 확대되고 이들의 합리 · 실용주의 성향과 신소비계층 출현에 따른 소비의 개성화 및 다양화 등 소비자의 **의식구조나 라이프 스타일에** 있어 엄청난 변화가 생겨

나고 있다.

   ⓛ 핵가족화, 맞벌이 부부의 증가 및 교통체증으로 기존 시내 중심가의 백화점과는 다른 형태의 보다 편리하고 접근성이 양호한 사업시설을 원하는 소비계층이 확산되었다.

④ **소비자 중심 정책** : 우리나라가 경제협력개발기구(OECD) 기업을 통해 얻어야 할 중요한 성과는 **성장의 혜택**이 소비자에게 돌아가도록 선진적인 정책과 제도를 만들어 가는 것이다.

(3) 물류유통의 전망

1) 21C에 변화하는 현실

① 정보화와 복잡화로 변화하는 현실

   ㉠ **정보화란** : 21C는 정보화의 진전으로 인력과 자원이 네트워크로 연결, 하나의 조직처럼 움직이는 **글로벌 경영**이 **가능**하다. 정보화의 대표적인 산물로서는 **인터넷**을 들 수 있다.

   ⓛ **복잡화란** : 21C는 서로 다른 요소와 기술들이 융합하여 **시너지**를 통한 새로운 가치를 창출하는 복합화가 새로운 흐름으로 등장하게 되었다.

② 세계화, 소프트화로 변화하는 현실

㉠ **세계화란** : 21C는 국가간의 벽이 없는 무국경화가 고도로 진행되면서 한 그룹이 전세계에 **개발 · 생산 · 사업 · 지원** 등의 기능을 분산시키고 시너지 효과를 발휘하는 **다국적 경영**을 **지향**하여 세계화로 나가고 있다.

ⓛ <u>**소프트화란**</u> : 21C는 제품 · 에너지 등의 물적 재화보다는 **정보 · 지식 · 서비스**와 같은 비물적 재화의 시장가치가 상대적으로 높아지는 소프트화로 이행하고 있으며 자본집약적 산업에서 **지식 · 정보 집약적 산업**으로 산업구조가 이전되어야 한다는 것으로 **소프트화가 발전**되고 있다.

2) 미국의 유통시장(파괴적 경영바람)

① 미국의 유통업계는 생산비용 절감이라는 전통적인 경영방식에서 탈
피, 유통과정의 과감한 개선을 시도하고 있다. 즉 미국 업계에서는 이
윤극대 창출을 위한 '유통전쟁' 바람이 거세게 불고 있다.

② '파괴'라는 혁신적인 개념이 급속히 확산되고 있는 가운데 파격적인
경영 아이디어와 운영체계의 개발을 통한 적극적인 마케팅 활동이 활발
하게 전개되고 있는 것이다.

③ 월 마트, QVC, 뉴스킨 등을 비롯한 상당수의 주요 기업들이 '생산비용
절감만이 살 길'이라는 전통적인 경영방식에서 탈피, 기업 내의 유통
과정의 과감한 개선과 전향적인 조정을 통하여 생산 외적 가격결정 요
소 운영의 효율화를 도모함으로써, 가격에 민감한 대다수 소비계층의
욕구를 보다 효율적으로 충족시키고자 노력하고 있다.

2. NWM의 발전이유

(1) NWM의 거대한 물결

① 오늘날 세계 최대의 초강대국이 국제사회에서 NWM을 옹호하고 있
다. 기술발전, 새로운 시장을 향한 기업 드라이브, 자유를 향한 인간의
자연스러운 열망에 힘입어 NWM이라는 잔잔한 파도는 이제 거대한 물
결로 성장하였다.

② 이 거대한 물결은 다름아닌 제4의 물결, 자유와 기업가 정신의 거부할
수 없는 엄청난 소용돌이다.

③ 앞으로 제4의 물결 혁명은 우리 경제를 뿌리째 흔들어 놓을 것이다.

④ 제4의 물결 혁명으로 인해 세상은 더 자유롭고 번성할 것이다.

⑤ 더불어 NWM은 새천년 가장 강력한 사업컨셉으로 떠오를 것이다.

(2) NWM의 혁명과정

① 미국 경제주간지 『포천』은 NWM 혁명과정을 주의 깊게 지켜보았다. 그러나 거대한 관료주의와 뿌리깊은 경계심 때문에 대부분의 우량기업들이 선뜻 NWM 흐름에 뛰어들지 못했다.

② NWM은 수백억 달러의 매출성적에도 불구하고 일반 기업에서는 여전히 따돌림을 받았다. 그러나 NWM에 대한 **인식에도 큰 변화**가 있었고 21C가 다가오면서 이 모든 것이 변했다.

③ 이제는 대기업들이 서로 앞다투어 **네트워크 마케팅 확보**에 신경을 쏟고 있다.

④ 월 스트리트 전문가들은 **다단계 판매**를 칭찬하는 내용을 보고서에 올리기 시작했다.

(3) 가장 역동적인 힘

① 제4의 물결 NWM은 정보화 시대 경제를 추진하는 **가장 역동적인 힘**이 되었다. IBM에서 시티그룹에 이르는 대기업들이 NWM을 이용하여 시장에서 경쟁적 우위를 점하려 하고 있다. 우리는 이제 『월 스트리트 저널』지에서 암웨이, 엑셀 같은 NWM 기업의 **성공담**을 더 많이 보게 될 것이다.

② NWM은 **지렛대 원칙**을 과학적으로 끌어올려 NWM을 선택한 사업자들은 들어 보지 못한 **엄청난 성장률**을 기록하고 있다.

③ 일반 사업은 20%만 성장해도 놀라운 성장이라 말하지만 NWM은 초기 **성장단계에서 연간 100%의 성장**을 기록할 수 있다.

④ 사업이 잘 안되고 어렵다 하지만 NWM은 지금처럼 **사업기회가 무한**한 때가 없었다.

3. NWM의 기대효과(대중민영화의 기여)

(1) 싼값의 소비생활과 개인소득

1) 싼값의 소비생활

① 컴퓨터 황제 빌 게이츠는 "내가 컴퓨터 사업을 시작하지 않았더라면 NWM 사업을 시작했을 것이다"고 밝힌 바 있다.

② 미국 내 NWM 사업은 연간 20% 이상 급성장하고 있다. 미국 내 NWM 사업에 참여하고 있는 사람만도 1천~1,200만 명 정도로 추산되고 있다.

③ 현재 50% 이상의 미국 가정이 NWM 방식을 통해 **싼값**에 소비생활도 하고 **돈**도 벌고 있다.

2) 성공을 맛보고

① NWM은 지칠 줄 모르는 **끈기**를 갖춘 특별한 소수의 사람들에게는 기하급수적으로 성장하는 **사업조직을** 구축할 기회를 제공한다. 이런 과정을 거쳐 많은 사람들이 실제로 성공을 맛보고 있다.

② 오늘의 NWM을 선택하는 사람은 **특별한 이익**을 얻게 된다.

③ NWM 업계의 발전과정에서 **강력한 단계**로 진입하는 바로 그 시점에서 뛰어드는 셈이기 때문이다.

④ NWM을 더 이상 **일확천금**을 노리는 사기꾼들이 득실거리는 미숙한 사업으로 보지 않는다.

(2) 경제의 핵심과 사업방식

1) 21C 경제의 핵심

① 선진국의 대기업 IBM, MCI, 월마트, 미츠비시 같은 대기업들도 NWM을 통해 자사 제품을 사업하고 있다. NWM은 21C 경제의 핵심이 되었다.

② NWM의 위력은 **승수법칙**으로 세포분열하듯 시동이 걸리면 그 위력이 대단하다.

③ NWM은 **직업과 신분**을 가리지 않고 많은 사람들이 합류하고 있다.

④ 우량기업들은 NWM **자회사**를 세우고 기존 NWM 기업들과 **전략적 제휴관계**를 형성하고 있다.

2) 인터넷 시대의 사업방식

① NWM 방식이 인터넷 시대의 **사업방식에 혁명**을 일으키게 된다.

② NWM은 자기 사업을 통해 개인의 **총체적 자유**를 성취하고자 하는 대중들의 열망에 기여한다.

③ 이제 NWM을 통하여 기업들이 **수익**을 **확대**하려는 경쟁이 시작된 것이다.

④ 21C 시작과 더불어 일자리가 사라지면서 수백만 NWM **사업기회**가 그 자리를 대신하기 시작했다. 또한 뉴 미디어 확산으로 광고의 힘이 쇠퇴하면서 소비자에게 직접 다가서기 위해 NWM에 눈을 돌리는 기업이 점점 더 늘고 있다.

(3) 유통 고속도로와 출발점

1) 새로운 유통 고속도로

① NWM 기업들은 '새로운 유통 고속도로'로 급속하게 발전하고 있으며, 『포천』지 선정 500대 기업 가운데 NWM을 선택하는 기업이 계속 증가하고 있다.

② NWM은 우리 경제의 **대중 민영화**에 기여한다고 생각하는 여러 가지 도구 중의 하나일 뿐이다.

③ 그러나 지금까지 고안해 낸 그 어떤 도구보다 가장 **성공적인** 것임에 분명하다.

2) 21C 프론티어의 출발점

① NWM은 많은 사람들에게 틀에 박힌 직장생활을 탈피할 수 있는 **진정한 기회**를 제공하고 있다.

② 미국 서부개척 시대 마차와 농가처럼 NWM은 **21C 프론티어의 출발점**, 근거리 역할을 한다.

③ 오르기만 하는 물가, 늘어만 가는 세금부담과 관료주의에 갈수록 압박감을 느끼는 시대에 NWM은 사람들에게 **프론티어 정신**을 되살려 주었다.

④ NWM으로 여러분의 **사업**이 **번성**하고, 결코 신념이 흔들리지 않기를 기원한다.

⑤ 아울러 전능한 자 외에는 어느 누구에게도 굴복하지 않기를 간절히 기원한다.

2

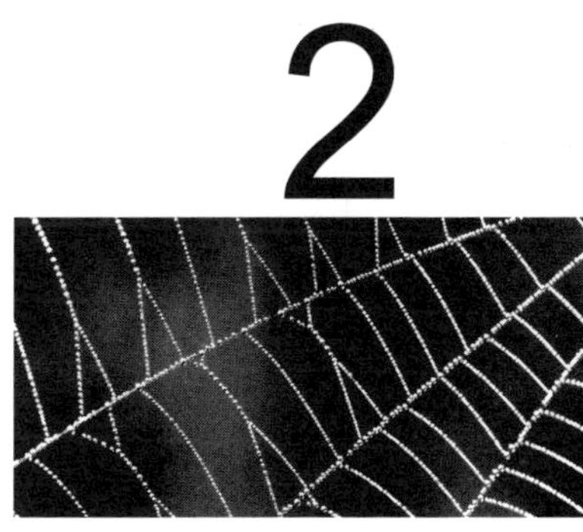

NWM(Network Marketing)의 본격적 구상과 현실의 입장

제1절 NWM 사업의 원동력과 선정기준

제2절 NWM의 대응책과 적응자세

제3절 NWM 사업의 보상플랜과 참고사항

제4절 NWM의 7대 욕구충족

NWM 사업의 원동력과 선정기준

1. NWM 사업의 원동력

(1) 보이지 않게 묶여지는 사업

① NWM 사업은 사람과 사람 사이에 신뢰하는 보이지 않는 실로 묶여지는 사업이다.

② 대개 Peoples Business, Human Business, Copy Business라고도 부른다.

③ 사람들에게 버려졌던 자유를 되찾아 주는 기회의 사업이다.

(2) 간접적인 원동력

1) 엄청난 부의 수입

① 지렛대의 원리는 훨씬 더 놀라운 사업의 효과를 가져온다. 나 혼자 100% 노력하기보다는 100명에게 1%의 도움을 주고받는 상호부조의 사업이다.

② 이는 로열티와 같이 24시간 계속해서 추가수입이 발생하며, 일단 NWM의 라인을 구축해 놓으면 휴가를 가서 놀더라도 수입은 계속 들어온다.

③ 누구든지 NWM 사업에 참여하여 엄청난 규모의 고수입을 올릴 수가 있다.

2) 기하급수적인 증가

① 자신이 직접 가입시킨 회원의 매출뿐만 아니라 가입자가 가입시킨 매출에 대해서도 보상을 받는다.

② 한 수에다 일정 수를 계속 곱하면 그 수는 기하급수적으로 증가한다. 등비수열의 신기한 마술은 NWM 회원들에게 자신의 사업을 엄청난 속

도로 성장시킬 기회를 제공한다.

(3) 직접적인 원동력

1) 정성과 적극 지원

① 그룹회원간에 상호 끌어 주고 밀어 주는 **인간관계**에 바탕을 두고 사업을 전개함으로써 계속 활동만 한다면 실패할 수 없고 성공할 수밖에 없다.

② 밀어 주는 사람이 성공해야 끌어 주는 사람의 수입이 늘기 때문에 **지극정성**으로 **지원**을 아끼지 않는다.

③ 이런 **후원관계**는 거미줄 같은 망을 형성하여 세포분열하듯이 분열하여 성공한다. 세포의 분열은 승수의 **법칙**이 작용해서 팀이 커지고 그룹이 형성되면 엄청난 위력을 발휘하여 NWM은 점점 **확장 발전**하며, 화려한 번창을 계속하여 울창한 숲을 이루게 되는 것이다.

2) 언제나 시스템 안에서 팀워크 형성

① 후원관계는 상하 수직적 관계는 아니다. 정보의 흐름관계로서 인간관계의 man power 사업이다.

② 별도의 그룹리더가 되고 자신의 노력 여하에 따라서는 더 많은 수입도 올릴 수 있다.

③ 당신 자신이 회원을 증가시키지 못해도 당신 라인의 **사람들**이 회원을 만들어 잠을 자지 않고도 **회원수**는 무한히 증가될 수 있다. 그러나 자신의 역할이 적을 때는 그 뿌리를 내리지 못한 채 시들어 버린다.

2. NWM의 구상과 특징 및 성공여건

(1) NWM의 개념파악

1) NWM의 구상

① **인적 후원마진 제도** : NWM은 방문판매 · 소개판매 · 회원제 판매 · 통신판매 등이 결합되고, 여기에 **인적 후원마진 제도**를 도입하여 마케팅의 궁극적 목표인 무한연쇄 **자가소비**를 추구하는 생산자와 소비자의 **직거래 방식**(Direct Marketing)의 한 부류이며, 사회적으로 사행심 조장과 소비자 피해를 유발해 내는 피라미드(Pyramid) 기업들과는 구분되는 **정상적인 상행위**의 한 방법으로 인식되고 있으며, 높은 평가를 받고 있다.

② **자영사업자의 개념** : 디스트리뷰터는 단순한 영업사원이 아니라, 자기 사업을 영위하는 **자영사업가**의 개념이 되며, 가가호호 방문이 아니라 자신이 아는 사람들에게 **정보를** 전달하여 소비자의 **권익을** 보장하는 **정보서비스**의 개인사업이다.

③ **소비자를 자사의 정보전달 요원으로** : 현대의 모든 소비자는 **부수입을** 필요로 한다는 점에 착안하여 소비자를 자사의 정보전달 요원으로 만듦으로써 소비자의 **욕구를** 충족시켜 주는 것이다.

④ 출퇴근하는 사무실이 정해져 있지 않고, 어떤 조직에도 속하지 않은 '프리랜서' 적인 성격을 지닌다. 제품과 함께 전하는 '이념' 이나 '삶의 방식' 을 전달하는 데 좋은 제도라고 할 수 있다.

2) 제품의 분배자 역할

① **NWM의 핵심 개념** : NWM 회사가 제공하는 제품을 사용해 본 소비자가 그 **제품의 우수성을** 인정하여, **스스로의 의사로** 그 회사의 디스트리뷰터로 등록하여 애용자가 됨과 동시에 **스스로 자발적 정보전달 요원**

이 되는 것이다. 따라서 이것은 수많은 **실업자**에게 **희망**과 **꿈**을 살리는
사업대책이라고 할 수 있다.

② **소비자가 정보전달 요원으로 전환** : 주위 사람들에게 권유하여 제품을
나누어 쓰게 되고, 이렇게 형성된 소비자가 다시 **정보전달 요원으로 전**
환되는 과정이 반복됨으로써 제품의 **사업범위**가 **점차**로 확대되어 가는
것이다. 따라서 이것은 하나의 구조조정이라고 할 수 있다.

③ **고차원적인 신유통 기법** : '무한연쇄 자가소비'를 추구하는 직거래
(Direct Marketing) 이론을 기반으로 한다. 이 사업방법은 **방문판매** ·
통신판매 · **회원제 판매** · **소개판매** · **무점포 판매** · **개인형 프랜차이즈** 방
식 등의 유통기법을 적절히 결합시킨 고차원적인 신유통 기법이다. 또
한 마케팅 이론적으로는 가장 이상적이고 공정한 제품유통 방식으로 인
식되고 있다. 또 한편으로는 하나의 정리해고요, **희망**을 찾아가는 꿈의
실현이요, 실업을 없애는 **실업대책**이요, 회사를 살리는 구조조정이라
고 할 수 있다.

네트워크 마케팅 개념도

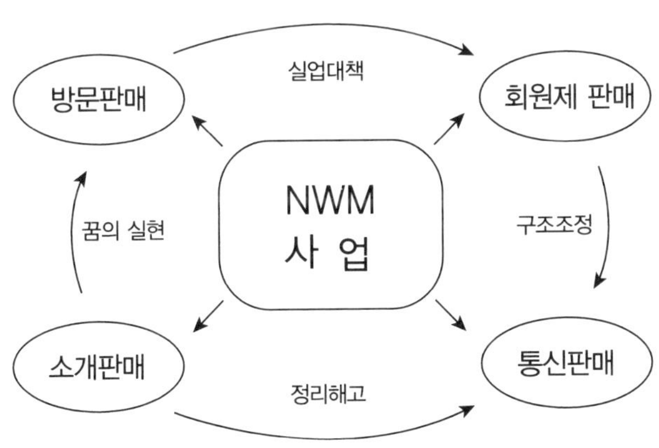

3) 일반 방문판매의 차이점

① **동료 디스트리뷰터로 만듦** : 방문판매의 목적은 오직 제품의 판매에만 한정되어 있지만, NWM은 제품판매와 동시에 **동료 디스트리뷰터를 만들어 나간다는** 데에 더욱 큰 중점을 두고 있다는 것이 가장 큰 **차이점**이다. 즉 이전의 세일즈 방식은 사업자가 일단 집 안에 들어오면 마지막까지 뭐든 팔고 가려고 안간힘을 쓴다.

② **신뢰와 믿음의 관계가 싹틈** : 지금까지의 방문판매는 소비자가 영업사원을 어떻게 돌려보낼까를 걱정했던 방식이라면, NWM은 디스트리뷰터와 소비자가 서로 **동료**가 되어 그 사이에서 **신뢰와 믿음**의 관계가 싹트는 방식인 것이다. 따라서 원대한 장래에 **고귀한** 희망을 품고 불철주야 노력해야 한다.

③ **제품의 훌륭함을 인정** : 제품을 써 본 고객이 그 제품이 좋은 물건이라고 믿고 있다면, 주위의 사람들에게 **권유**하게 마련이고, 주위에 권유한다는 것은 결국 그 제품의 훌륭함을 인정해 주는 **동료**를 늘려 가는 결과를 가져오고 나아가서는 **부**를 창출하는 결과를 가져온다.

④ **제품의 리베이트** : 일반 방문판매의 경우에도 제품을 써 본 고객이 좋은 제품이라고 인정하여 그 주위의 **사람들에게** 소개를 하면 소정의 사례비를 받는 경우가 있기도 하지만, 대부분은 어떠한 **보상**을 받지 못하기 때문에 강력하게 권유하지 않는다. 그러나 NWM에서는 본인이 소개한 사람뿐만이 아니라 그 **사람**이 소개한 사람, 또 그 **사람**이 소개한 사람이 산 물건에 대한 **리베이트**를 준다. 그렇게 함으로써 **상부상조**하며 번창해 나가는 것이다.

(2) 고려사항과 세부적 특징

1) NWM의 6가지 고려사항

① 인간관계에서 **장벽**을 무너뜨린다.

② 내가 하면 당신도 할 수 있다.

③ 무한한 성장성이 있다.

④ 적기에 물결을 타면 성공한다.

⑤ 반복노동에서 자유노동으로 해방된다.

⑥ 광고가 필요없는 사업이다.

2) NWM의 9가지 세부적 특징

① 자신의 존재가치를 확인할 수 있다.

② 부업으로도 가능하며 부담이 없다.

③ 무점포, 무자본 사업이다.

④ 시간, 목표량, 활동범위에 얽매이지 않는다.

⑤ 경험이 필요없다.

⑥ 구성원은 소비자이며 동시에 사업가이다.

⑦ 모든 업무관리는 본사에서 처리하므로 사업상은 시간과 노력만 투자하
면 된다.

⑧ 부부 중심의 평생사업이 가능하다.

⑨ 광고가 필요없다(광고는 가격상승을 가져온다).

(3) NWM의 3가지 공통된 성공여건

1) 유통비용 70% 환원

① 다이렉트 마케팅의 열매 : 유통비용은 소비자에게 70% 환원되며, 다이
렉트 마케팅의 꽃이요 열매이다.
NWM은 다이렉트 마케팅의 하나로서 생산자와 소비자와의 직거래를
통하여 중간 유통과정을 생략함으로써 유통마진을 소비자에게 되돌려
준다는 아주 단순한 원리에 기초해 있다.

② 유통마진의 절약 : 〈생산자 → 총판 → 도매상 → 소매상 → 소비자〉와

같은 일반적인 중간 유통경로를 거치지 않고, 직접 소비자에게 제품을 전달함으로써 유통마진을 절약하여 저렴한 가격으로 소비자에게 전달한다는 취지를 가진 '직거래(Direct Marketing) 방식' 의 하나이다.

2) 1 대 1의 계약성립

① 사장인 동시에 직원의 성격 : 모든 구성원이 본사와 1대 1 계약을 맺은 대리점 사장이 된다.

NWM에서 모든 계층은 수직적 관계가 아니라 서로 돕는 수평적인 관계이다. 모두가 똑같은 사장인 동시에 직원의 성격을 갖고 하나의 사업주체를 이루므로 한 사업자는 다시 자신의 밑에 여러 명의 사업자를 거느릴 수 있는 것이다.

② 단위조직이 여러 계층으로 : NWM 시스템 내에는 단위조직(사장과 디스트리뷰터를 합친 마케팅의 주체)이 여러 계층으로 존재하는 셈이다.

NWM을 시작하는 사람들은 기존에 형태가 갖추어진 일정한 조직체계 내에 말단사원으로 들어가 일을 해가며 승진하는 것이 아니라, 한 사람 한 사람이 말단이면서도 사장인 상태로 출발한다.

3) 무한연쇄의 확장

① 승수의 법칙 : 기하급수적 무한연쇄의 확장구조라고 할 수 있으며 NWM의 기본 속성은 제품을 사용해 본 소비자가 정보전달 요원이 되어 여러 명의 새로운 소비자들을 모집하고, 그렇게 모집된 소비자가 다시 정보전달 요원으로 전환되어 또 다른 소비자들을 모집하는… 이렇게 무한히 반복되는 시스템 구조에 있다.

② 기하급수적 증가 : NWM의 기본적인 특징은 바로 이렇게 '입에서 입으로' 전달되며 확산되는 놀라운 확산력에 있다. 이러한 NWM의 확장구조를 이해하기에 가장 쉬운 사례는 기하급수적으로 증가하여 순식간

에 엄청난 숫자로 성장해 버린다.

(4) 차이점과 선정기준

1) 전통사업과의 차이점

구분	전통사업	전통사업
자본금	많이 필요	불필요
장소	점포 사무실	무점포
재고	재고가 누적된다	재고가 전혀 없다
방법	경험이 필요하다	누구나 가능하다
관리	관리체계가 복잡	모두 본사에서 관리한다
위험부담	자금, 시장이 변동한다	없다

2) NWM 사업의 선정기준

① **언론의 평가**를 확인해 보라.

② **불만사항**을 확인해 보라.

③ **유망한 제품**이나 서비스를 선택하라.

④ **재무상태**를 확인하라.

⑤ 업계에 떠도는 소문을 확인하라.

⑥ 선택 회사의 성장단계를 알아보라.

⑦ 소송전력을 알아보라.

⑧ 윤리적인 기업을 찾아라.

⑨ 업계 전문지를 살펴보라(www.NWM Korea.co.kr).

(5) 비교사항과 보상기준 및 성공비결

1) NWM의 보상기준은?

① 보상의 선과 후의 기준

② 커미션과 보너스의 할당량

③ 조직성장의 잠재성

④ 커미션 지급비율

2) NWM의 성공비결?

① 복제 시스템을 잘 따라라.

② 절대 포기하지 마라.

③ 후원자를 잘 만나라.

④ 복제하는 방법을 쉽게 알려라.

⑤ 다운라인을 후원하라.

⑥ 자기의 체험담을 이야기하여 감동을 주어라.

⑦ 적극적인 사람을 가려 가입시켜라.

※ 이 비결은 너무 단순하고 고지식해 보일지 모르지만 중요한 것은 이
   원칙들이 효과가 있다는 사실이다.

3. NWM의 성공요소의 가능성

(1) 내 사업을 쉽게 못하는 원인

요즈음 구조조정이나 정리해고를 당한 직장인들이 직장을 그만두고
'구멍가게라도 좋다, 내 사업을 하겠다' 고 하지만 대부분은 쉽게 시작하
지 못한다. 그 이유는 아래와 같은 것들이다.

① 부업의 어려움 : 현 직장에서 일하는 것보다 더 많은 노력과 시간을 투
   자하여 전력투구해야 한다. 따라서 부업의 개념으로는 사업을 시작해
   볼 수가 없다.

② 자본소요 : 내 사업을 시작할 만한 돈이 없다.

③ **실패할 가능성** : 가장 중요한 이유는 주변에서 사업을 시작해서 성공한 사람보다 실패한 사람이 더 많아서 시작하는 것이 두렵다 등등의 이유 때문이다. 그러나 NWM에는 위와 같이 사업을 시작하기 어렵게 만드는 이유가 없으며, 다음과 같은 성공요소를 분석하면 성공할 가능성이 높을 뿐만 아니라 좀더 큰 꿈과 희망을 가지고 좀더 쉽게 갈 수 있을 것이다.

(2) 자본금과 점포 없이도 할 수 있다

1) 자본금 없이 할 수 있다(무자본금으로 가능 : 제1가능성)

① 어떤 회사를 설립하거나 사업을 시작하려 할 때에는 **반드시 자본금이** 필요하다.

② 자본금 문제야말로 새로운 인생을 설계하려고 마음먹고 있는 사람들에게 **가장 큰 부담**으로 다가오는 사항임에 변명할 여지가 없다.

③ NWM에서는 **자신의 노력 여하**에 따라 통상의 비즈니스보다 훨씬 높은 수익을 올릴 수 있을 뿐만 아니라, **투자금액이 필요없어** 자본금이라는 것이 필요없다. 따라서 **위험부담이 없다.**

④ 다만 사업활동을 하기 위해 필요한 **최소한의 기본 경비,** 교육 재료비와 세일즈 보조교재 구입비, **활동비용**은 어느 정도 있어야 한다.

2) 점포 없이 할 수 있다(무점포로 가능 : 제2가능성)

① 어떤 사업이든 **점포 임대료**가 부담스러우면 할 수가 없다.

② NWM 사업은 가정에서도 가능한 '**무점포 사업방식**' 이기 때문에 비싼 임대료를 주고 점포를 구할 필요가 없고 있다 해도 사무실 정도만 있으면 충분하다.

③ 점포가 없으므로 책상 · 전화 · 쇼파 · 사무용품 등의 **시설비 및 각종 공** 과금을 부담할 필요가 없다.

④ 자기가 처한 직장이나 집에서 즉시 시작할 수 있으며, 부업으로도 가
   능한 것이다.

(3) 시간이 자유롭고 누구든지 할 수 있다

1) 시간에 얽매이지 않고 자유로이 할 수 있다.
   (무간섭으로 가능 : 제3가능성)

① NWM 사업은 시작과 동시에 누구에게도 간섭받지 않는 **자유로운 시
   장, 무한한 시장**에 자기 마음대로 사업을 전개한다.

② 출퇴근 시간에 구애받지 않고 자신이 하고 싶은 시간에 일을 할 수 있
   으며, 과중한 업무가 없으므로 **여가를** 즐기면서 서서히 시작할 수 있다.

③ 몸이 불편해서 쉬어도 뭐라고 간섭하는 사람이 없으며 아무런 재촉을
   받을 리가 없다.

④ 친구의 경조사에도 만사 제쳐놓고 달려갈 수 있으며, 여기에서도 선전
   이 되며 선망을 받을 수 있다.

⑤ 친구의 도리를 다할 뿐 아니라 거기에서 만나는 사람들을 대상으로 사
   업을 펼칠 수도 있어 **일거양득의 효과가** 발생한다.

⑥ 출퇴근 시간대에 겪는 **고통 · 스트레스로부터** 벗어나 완전한 자유를 누
   릴 수 있으며, **전화로도 선전이** 가능한 것이다.

⑦ NWM 사업은 개인의 **자유와 사정을** 최대한 보장받을 수 있는 자유로
   운 직업으로서 **자아실현의 기회가** 되며 자기 능력을 **스스로 측정할 수**
   가 있다.

2) 어느 누구나 할 수 있다(무자격으로 가능 : 제4가능성)

① NWM 사업은 가입시 아무런 **제약조건이 없고** 누구나 할 수 있다는 것
   이 장점이며, 그 대상은 무한하다는 것이다.

② 성별 · 나이 · 학력 · 경력 · 종교 · 직업 등의 **제한이 전혀 없다.** 누구든

지 용기와 신념만 있으면 즉시 시작할 수 있으며, 꾸준한 노력이 성공의 비결이다.

③ 일단 사업을 시작한 이후에도 어떠한 차별이 없고, 노력에 따라 수입의 제한이 없는 매우 평등하고 이상적인 사업이며, 지금 바로 시작할 수 있는 사업이다.

(4) 경리업무나 경험이 꼭 필요한 것이 아니다

1) 회계나 경리가 간단하다(무장부로 가능 : 제5가능성)

① 회사와 관계를 하고 있다는 것은 금액의 많고 적음을 떠나 회계 및 금전관리를 하지 않으면 안된다. 그러나 이 사업은 장부가 필요없다.

② NWM 사업을 하는 디스트리뷰터는 장부정리 등의 경리·회계 업무를 할 필요가 없고 열심히 하기만 하면 자동으로 정리가 된다.

③ 경리나 회계 업무는 전문적으로 배운 사람일지라도 많은 시간이 걸리는 매우 신경쓰이는 일이지만 NWM은 그런 일이 있을 수 없다.

④ 회사의 경영자들에게 있어서도 기업경영에 필요한 노력의 50% 이상을 금전회계 문제에 쏟아야 된다는 사실을 생각해 본다면, 자금관리가 얼마나 어려운지 상상할 수 있을 것이다. 그러나 이 사업은 자금관리가 너무나 쉽다.

⑤ NWM 회사에서는 본사의 고성능 컴퓨터를 이용하여 완벽하게 처리함과 동시에 매월 자신의 활동결과 및 보너스를 계산하여 자동적으로 통장에 입금하기 때문에 기억할 필요가 없다.

2) 스폰서가 자기 경험을 바탕으로 상대방을 도와준다(무경험으로 가능 : 제6가능성)

① NWM 사업은 혼자서 하는 사업이 아니라 경험이 풍부한 후원자의 전폭적인 지원을 받을 수 있으며, 때로는 힘을 얻는 칭찬을 받을 수가 있다.

② 나의 발전이 곧 나의 스폰서의 발전이기 때문에 당연히 내가 **잘되도록** **적극 지원할** 수밖에 없는 것이 이 비즈니스의 **장점**이며, 힘을 얻는 원동력이 된다.

③ 영업이나 사업 경험이 전혀 없는 사람, 예컨대 집에서 살림만 하던 주부조차도 가능하며 잠을 자면서 **생각만 잘하면** 성공할 수가 있다.

④ 탁월한 리크루트 시스템과 **잘 정비된 교육 프로그램**을 갖추고 있는 회사와 스폰서의 도움을 받아 사업을 성공적으로 할 수 있으며, 그의 경험담을 듣고 그 경험을 자기의 사업에 적용시킬 수가 있다.

(5) 재고나 종업원 없이 할 수 있다

1) 재고 없이 할 수 있다(무재고로 가능 : 제7가능성)

① NWM의 디스트리뷰터들은 **회사와 직접거래**를 한다. 그 사람이 선임이든 말단이든 그것은 전혀 상관이 없으며 여기에는 **사랑과 애정**이 겸비되어 있다.

② 자신이 필요한 만큼의 제품에 대한 주문서를 회사에 제출하면 자신이 원하는 장소로 배달해 받는 시스템으로 운영되므로 모든 것이 **자동적으로 수행된다.**

③ 디스트리뷰터는 재고를 갖고 있을 필요도 없고, 제품을 배달하는 데 시간을 빼앗길 필요도 없고 모든 것을 온라인 인터넷으로 결정할 수 있는 것이다.

2) 종업원 없이 할 수 있다(무종업원으로 가능 : 제8가능성)

① 사업을 운영할 때 가장 지출이 많은 것은 인건비이다. 또 돈을 주고 고용한다고 해도 **인사관리**가 결코 쉬운 일이 아니기 때문에 신경이 쓰이지만 NWM은 그렇지 않다.

② 재고관리와 **장부정리**도 상당히 힘들지만, **종업원의** 관리는 항상 신경쓰

지 않으면 안되는 매우 귀찮은 업무이지만 NWM 사업은 신경쓸 필요
가 없다.

③ 종업원이 불필요하다고 하는 것은 그 사업의 규모가 크고 작음에 관계
없이 상당한 매력이라고 할 수 있으며, 우선 안심이 되는 것이다.

④ NWM 사업은 유급 종업원이 전혀 필요치 않다. 단지 본인과 사업을
같이하는 다운라인을 격려하는 것이 전부이며, 다운라인의 성공이 바
로 자기의 성공이다.

⑤ NWM 회사에서는 디스트리뷰터들이 성공할 수 있도록 종업원이 하는
역할과 똑같은 서비스를 모두 제공하고 오직 그들이 성공할 수 있도록
총력을 다해서 지도해 주어야 한다.

⑥ 제품의 설명에서부터 클레임 해결과 반품처리까지 모든 골치아픈 문
제를 디스트리뷰터의 입장에서 처리해 주고 어떻게 하면 쉽고 무난하
게 일을 처리할 수 있는가를 연구해서 실천에 옮기도록 해야 한다.

(6) 상속이 가능하고 부업으로 할 수 있다

1) 보험보다 낫고 상속이 가능하다(상속으로 가능 : 제9가능성)

① 사업을 하던 디스트리뷰터가 사망을 하면 배우자, 혹은 자녀에게 자신
의 권리가 상속되며, 또한 보험으로서의 기능성도 있으며, 그대로 무효
로 되는 것은 아니다.

② 상속받은 가족들은 여전히 같은 수입을 인계받아 안정된 생활을 누릴
수 있고 근심이 없어진다.

③ 이것은 재해보험이나 생명보험보다 확실한 보장이 되고 안전하다.

2) 부업으로도 할 수 있다(부업으로 가능 : 제10가능성)

① NWM 사업은 자기 직업을 충실히 이행하고 남는 시간을 이용해도 놀
라운 소득을 올릴 수 있으며, 때에 따라 주객이 전도될 수도 있다.

② 점점 수입이 많아져 현재 하고 있는 일보다 훨씬 더 생활이 보장될 때는 NWM 사업을 본업으로 할 수 있고, 장래가 보장되는 사업이다.

③ NWM 사업에 대한 자신의 적성과 능력을 일정 기간 동안 테스트해 볼 수 있는 좋은 기회를 가질 수 있으며, 이것이 성공으로 가는 시험이 될 수도 있다.

④ 부적합하다는 판단이 들면 언제든지 손을 털고 그만두면 되는 것이며, 더 연구할 수 있는 기회를 가질 수 있다.

⑤ 투자된 자본이 없기 때문에 손해볼 이유가 없다.

⑥ 혹자는 시간을 투자하지 않았느냐, 또는 얼굴 팔리지 않았느냐고 반문하겠지만, 그로 인해 얻은 경험은 인생을 살아가면서 그 이상의 가치가 충분히 있다고 할 수 있으며, 많은 경험을 쌓는 결과가 된다.

(7) 인간관계가 돈독하며 활동범위가 전세계적이다

1) 인간관계의 돈독(인간관계로 가능 : 제11가능성)

① 인간관계가 넓고 원만해지기도 하면서 더욱 돈독해진다. 매일매일의 생활을 통해 만나는 모든 사람들이 사업의 대상이 되고, 좋은 삶의 길을 인도할 수가 있다.

② 그들에게도 고소득을 올릴 수 있는 좋은 기회를 주는 보람 있는 만남이 되며, 값있는 시간을 만든다.

③ 더 많은 사람을 만날수록 더 많은 이익을 얻을 수 있는 사업이며, 더 좋은 기회를 활용할 수 있다.

④ 이와 같이 대인관계가 바로 비즈니스로 이어지는 커뮤니케이션 비즈니스이기 때문에, 모난 성격으로는 성공할 수 없어 원만한 성격으로 개조되어 더 좋은 인간관계가 이루어진다.

⑤ 더구나 점포가 필요없어 서로의 집을 방문함으로 인해 인간적인 유대관계를 더욱 돈독히 할 수 있으며, 친절과 명랑 더 나아가서는 사랑과

평화, 그리고 희망과 낙원을 이룰 수 있다.

2) 전세계적인 활동범위(전세계적으로 가능 : 제12가능성)

① 대부분의 NWM 기업은 다국적 기업이므로 세계 어느 나라든지 그 기업이 진출한 국가는 어디에서나 사업을 할 수 있고 넓고 큰 세계무대에서 활동할 수 있다.

② 국제적인 비즈니스이기 때문에 자신의 능력과 활동범위에 따라 무한한 수입이 보장되고, 영원불멸의 사업이라고 할 수 있다.

③ 세계 각국에 후원한 디스트리뷰터의 실적에 따라 매월 각종 수당이 자국 화폐로 은행계좌에 송금되며, 세계적 진출의 발판으로 삼을 수 있다.

(8) 수입이 신장되고 가정 중심 사업이다

1) 한없는 수입을 보장할 수 있다(무한수입 가능 : 제13가능성)

① 사람은 누구나 경제적인 궁핍에서 벗어나 물질의 자유를 누리고 싶어 한다. 이것이 사람의 근본이다.

② 물질의 속박에서 벗어나 자기의 꿈을 이루고 싶은 것이 공통된 생각이다. 왜냐하면 사람은 누구나 꿈이 있고 목표가 있기 때문에 원대한 장래에 고귀한 희망을 품고 불철주야 노력하는 것이다.

③ NWM은 이 꿈을 실현시켜 줄 수 있는 제품과 보상 시스템을 갖고 있다. 이것이 꿈과 희망의 원동력이 되는 것이다.

④ NWM을 통해 사업되는 제품은 품질이 뛰어나면서도 상대적으로 값이 저렴하기 때문에 한 번 사용한 사람은 계속 찾게 되고 이것이 바로 성공으로 가는 길이다.

⑤ 초기에 열심히 하여 많은 애용자와 사업자를 발굴하면 일정한 수익이 발생하는데, 일단 정상 궤도에 오르면 안정되고 높은 수입이 보장되어 행복한 낙원을 구상하게 되는 것이다.

2) 가정을 중심으로 한다(가정 중심 가능 : 제14가능성)

① 인간의 행복은 가정에 있다. 그러나 경제적인 **궁핍과 바쁜 생존경쟁** 때문에 가정의 화목과 부부의 애정이 메말라 가는 경우가 있다. 따라서 **가정은 행복의 보금자리**가 되고, 성공으로 가는 기틀이 여기에서 싹트는 것이다.

② NWM은 가족들이 적극적으로 참여하는 **가족사업의 성격**이 짙고, 부부가 함께 참여했을 때 훨씬 더 큰 성공을 할 수 있으며, 가족이 서로 기쁨을 맛보며 역경을 이기는 힘을 얻을 수 있는 것이다.

③ **공통된 대화의 소재**를 제공하기 때문에 부부간이나 **가족간의 화목**을 도모하게 되며, 나가서 무릉도원의 가정을 형성하여 **행복의 물결**을 타고 **탄탄대로**를 활보하게 되는 것이다.

④ 어차피 맞벌이를 해야 하는 현대에 부부가 같이 참여하는 것이 가장 바람직한 NWM 사업이야말로 **꿈의 비즈니스**라고 할 수 있으며 희망의 **등불**이라고 할 수 있다.

3) 해외여행의 기회가 온다(해외여행 가능 : 제15가능성)

① NWM 사업을 통해 **일정 레벨**에 오르면 본사로부터 **해외여행의 초대**를 받을 수 있고 유명한 외국 명산지를 나아가 볼 수도 있다.

② 세계적인 휴양지에서 열리는 각종 세미나와 컨벤션 행사에 참석할 기회를 제공받아 **견문을 넓히고 지식을 축적**할 수 있는 것이다.

③ NWM 사업을 통해 번 돈으로 얼마든지 전 가족이 해외여행을 할 수도 있어 **돈의 위력**을 맛보면서 한평생을 살아갈 수 있다.

④ 자신의 다운으로 심어 놓은 외국 사람이나 해외교포를 후원하기 위해서라도 해외여행을 해야 하며, 상위 라인 스폰서가 초청하는 해외여행의 기회도 즐기며 자기의 노력의 대가를 성취시킬 수 있다.

(9) NWM 사업의 결론사항

① 이상에서 NWM이 성공할 수 있는 15가지 가능성을 들었지만, 그렇다고 누구나 다 성공한다고 말할 수는 없다. 하지만 꼭 실천에 옮기는 자세가 필요하다.

② NWM도 엄연한 (유통)사업이다. 따라서 물류에 관한 지식이 있어야 한다.

③ 단지 큰 **자본과 경험**이 필요하지 않고, 비록 성공하지 못한다고 할지라도 금전적인 손해가 미미하기 때문에 마음만 먹으면 누구나 할 수 있다는 것이 다른 사업과 다르기 때문에 우선 **안심**하고 실행에 옮길 수가 있다.

④ 자본과 기술이 없어도 시작할 수 있기 때문에 오히려 더 **많은** 노력과 시간을 투자해야만 성공할 수 있는 사업이라는 것을 명심해야 한다.

NWM의 대응책과 적응자세

1. 자영사업과 개인의 자유

(1) 대중민영화 현상

1) 네트워크로 무장

① 정보화 시대 개척자 역시 특별한 무기, 즉 평범한 사람도 사이버 경제 체제에서 성공할 수 있도록 고안된 **턴키방식 사업전략**으로 무장하게 될 것이다.

② NWM이 비즈니스 업계에서도 **합법적**이며 뛰어난 마케팅 방식으로 인정받게 되면서, 미래학자 베리 카터가 말하는 대중민영화(Mass privatization) 현상이 **가속화**되고 있다.

2) 자유에 기초를 둔 시스템

① **대중민영화**란 사업주체, 기업소유 형태가 중앙에 집중되고 기업관료적이었던 것이 수백만 개인 **자영업자**의 손으로 이전되는 현상이다.

② NWM은 **자영사업과 개인의 자유**에 기초를 둔 시스템이다. 각 개인은 자신이 하는 일의 주인이 되고 인터넷과 **정보 초고속망**을 통해 다른 파트너와 상호 의존하게 된다.

③ 이런 관계 속에서 경영자나 월급, 상사, 계급, 종업원, 중앙 통제 같은 것은 사라지게 된다.

④ 이제는 수백만 세계인구가 매일 인터넷이라는 **사이버 공간**에서 물건을 사고 판다.

(2) 스스로 개발할 창조적 기회

1) 자영사업가란?

① NWM은 사람들에게 **자기 사업**을 시작하고 스스로를 **개발할 창조적 기**

회를 제공한다.

② **자영사업가**라는 용어는 근래 역사상 처음으로 경멸적인 의미가 아니라 존경의 의미를 갖게 되었다. 그에 따라 NWM 종사자 수도 수백 퍼센트 증가했다.

2) 근대 기술 개발

① 근대 기술 개발은 선진국의 **산업환경**을 바꾸어 놓았다. **업무의 자동화**를 통해 육체노동자들의 일자리가 사라지고, 사무직 근로자는 업무분산화로 인해 점점 더 **치열한 경쟁**에 내몰려 기술을 팔고 다니는 **자유계약자** 신세가 되고 있다.

② 안타까운 일이지만, 자신의 기업을 창출할 비전이나 자원, **독창성**이 결여되어 있다. 그래서 NWM 같은 **턴키사업**에 눈을 돌리는 사람이 증가하는 것이다.

(3) 끈기 강한 성격의 소유자

1) 야구장에 들어간 느낌

① NWM 사업을 분석하고 보니 그 느낌은 마치 야구장에 들어가 보니 시합은 이미 시작되었고, 시합에 나타난 팀은 우리 팀밖에 없는 그런 느낌이었다.

② NWM에서 큰돈을 번 사람들은 대개 **전직이 세일즈맨**이거나 타고난 사업가, 또는 동기가 매우 강한 내적 추진력과 끈기에 강한 성격의 소유자들이다.

2) 활동에 따른 성공기간

① NWM에 성공한 사람들의 이야기를 들어 보면 **종전에는 5~8년** 걸려야 성공할 수 있었던 것이 최근에 와서는 NWM 때문에 인식이 많이 달라

졌다.

② 취급하는 품목도 다양해져서 매출을 많이 올릴 수 있어 활동에 따라 성공기간을 1년으로 단축시킬 수 있다고 한다.

(4) 성공의 대열에 뛰어들 때이다

1) 당신이 성공의 대열

① NWM은 **입에서 입으로** 매일 수억 달러의 제품, 통신카드, 보험, 여행 서비스, 인터넷 사업 등이 이미 시작되었다.

② NWM은 **진취적인 기업과 개인들이 새로운 동향**을 만들어 내는 지금 막 시작되고 있는 사업단계에서 유리한 위치를 점한 이유들을 명확히 보여주고 있다.

③ 제4의 물결을 읽고 지금의 **세상변화**를 살펴보라. 이제야말로 당신이 성공대열에 뛰어들 때이다.

2) AT&T의 마법의 지팡이

① AT&T는 NWM에게 **역습당한** 최초의 대기업에 속한다.

② 미국 통신회사 AT&T는 인공위성을 64개, 태평양과 대서양에 해저케 이블을 설치한 **세계 최대의 통신회사**이다.

③ AT&T가 독식하던 통신분야의 세계시장을 1987년부터 5년 동안 NWM 회사들이 역공격하여 장거리 전화에 15%나 시장을 점유했다.

3) 두 회사의 암웨이

① NWM은 MCI와 스프린트에게 거대한 경쟁사 AT&T보다 훨씬 더 강 력하게 시장을 침투하게 해준 **마법의 지팡이**가 있었다. 그 마법의 지팡 이는 다름아닌 NWM이었다.

② MCI는 암웨이를 통해 장거리 전화 서비스 사업을 하였다. 두 회사가

손을 잡은 첫해에 암웨이는 MCI 사업의 25%를 차지하게 되었다.

(5) 합법성과 방문판매

1) 합법적인 시장

① 최근 피라미드 판매의 피해사례가 속출하면서 NWM 판매를 피라미드식 판매로 오해하는 사람들이 많다.

② 그러나 NWM 판매와 피라미드 판매는 판매방식은 유사하지만 내용은 다르다. 우선 NWM 판매는 합법적인 시장이고 피라미드 판매는 법을 어기는 행위이다.

③ 오해는 NWM 판매를 빙자해 피라미드 판매를 행하는 몇몇 악덕 기업주들 때문에 생긴다.

2) 방문판매의 한 형태

① 피라미드 판매는 디스트리뷰터가 소비자를 직접 찾아가 물건을 판매하는 방문판매의 한 형태이다. 그러나 NWM 판매는 등록된 판매원이 **직접 물건을 써 보고** 주위 사람들에게 회원으로 참여해서 **스스로 구입**케 한다는 점에서 일방적인 방문판매와 차이가 난다.

② 회원은 판매실적에 따라 소매마진과 **일정한 후원금**을 받을 수 있다.

③ 전통적인 유통망은 '제조업자 → 도매업자 → 소매업자 → 소비자'로 이어지는 반면 NWM 사업은 도소매 단계를 통하지 않고 곧바로 소비자에게 이어진다. 소비자들이 사업회원이 됨으로써 **연쇄적인 소개로** 시장을 넓혀 나간다.

④ 이에 따라 제품광고는 일체 하지 않으며 사업이나 유통을 위한 매장도 없다. 줄어든 유통비용 중 일부는 가격인하로 소비자에게 환원되며 일부는 회사가 기술개발비 등으로 사용한다는 것이 NWM 사업의 본질이다.

2. NWM과 현실의 입장

(1) 환경변화에 적응

1) 거칠고 험악한 황야

① 다른 사람들이 변화를 두려워하며 일자리를 잃지 않으려고 필사적으로 매달릴 때, 한 사람은 거칠고 **험악한 황야**로 내몰리고 말았다.

② 사람들은 실직에서 어려운 삶을 사는 그들을 마치 무슨 벌레 보듯이 하더란다.

③ 정상적인 기업고용의 가능성으로부터 완벽하게 차단되었던 그는 **정신적으로 무장**할 수밖에 없었다.

④ 그는 거칠고 무정한 환경 속에서 **스스로를 방어**해야 했다. 그는 매일 자신을 억누르고 그 모든 장애와 싸웠을 뿐만 아니라 자신의 가족을 위해 공포를 정복하고 **새로운 삶**을 개척하려 했다.

2) A 환경에 처해진 사람

① '**A 환경**' 사람은 실직한 지 2년밖에 되지 않았으나 그는 과거에 주어진 일들은 누구보다 성공적으로 해내는 능력이 있었다. 그러나 세상이 변하고 시대적인 흐름에 따라 좋았던 직장에서 퇴출된 시대적인 유랑아가 된 것뿐 그에게는 **무한한 능력**이 존재한다.

② 그에게는 또 다른 미래가 기다리고 있으나 **경직되고 고정관념**이 강한 그는 새로운 미래를 설명해 주어도 또 한 번 새로운 미래를 설명해 주어도, 믿지 않고 과거의 전통적인 직장(**정규직장에 정규급여**)이나 사업(**투자하면 성공하는**)만이 살 길이라 믿고 오직 구직에만 시간과 노력을 낭비하고 있다.

③ 그러나 이런 사람들을 찾는 기업은 많지 않다는 것이다.

3) B 환경에 처해진 사람

① 실직한 또 다른 사람 'B 환경'은 세상이 변하고 **시대의 흐름을 이해하**
였다. 관료주의적인 직장과 기술·자본 한계의 능력을 초과하는 개인
사업에서 과감히 탈피하여 새로운 조류의 NWM 사업이, 선진국 미국,
일본에 이어 우리나라에 흐르는 변화로서 거역할 수 없는 물결로 간파
하여 이해한 그는 NWM 사업 개척에 눈을 돌렸다.

② 그는 세계경제의 험난한 풍랑에도 **자신의 사업**, NWM만은 안전하고
견고하다는 확신을 갖고 뛰어들었다.

③ 그는 1년간 열심히 뛰어 평생 직장생활을 한 사람들보다 **훨씬 많은 수**
익을 올려놓아 젊은 나이에 이미 **안락한 노후**를 준비했다.

(2) 구직의 고충과 직업선택

1) 직업선택의 고충

① 과거에 기업은 감원조치를 비용절감 차원에서 **일시적인 조치로 보았**
다. 기업들은 힘든 시기에 인원을 감축했다가 경제가 회복되는 대로
해고한 직원들을 다시 **채용했다.** 그러나 이제는 상황이 다르다.

② 기술발전으로 인해 기업은 이제 **적은 인력으로 더 높은 효율성**을 올리
게 되었다.

③ **최고의 수익**을 올리는 기업일수록 인원감축을 가장 심하게 하며, 이러
한 과정은 계속 가속화될 것이다.

2) 계약직 사원의 선호

① 계속 직장생활을 한다 하더라도 정식 직원이 아니라 **계약직 사원으로**
일해야 하는 경우도 자주 발생한다. 기업에서는 필요한 만큼만 일을
시키고 각종 수당을 지불할 필요도 없기 때문에 당연히 **계약직 사원**을
선호한다.

② 지난 10년간 직장에서 해고된 수십만의 사람들이 예전과 같은 수준의 봉급, 혜택, 안정적인 일자리를 얻기 위해 다른 직장을 찾아보았지만 결국 허사였다.

③ 이렇게 기존의 일자리가 점점 줄어들면서, 업무시간이 **자유롭거나 파트타임**으로 일하는 계약직 사원, 즉 **임시노동 인구가 빠른** 속도로 증가하고 있다.

3) 직업의 종말

① 21C는 우리가 알고 있는 전통개념의 '**직업의 종말**' 이 도래할 것이라고 예측하고 있다.

② 미국의 통신회사 AT&T와 같은 대기업에서는 이미 모든 **영구직을 없**앴으며, AT&T 내의 대부분의 직책은 이제 **계약직이거나 임시직**이다.

③ **정보지식화 시대 개척자들은** 엄청난 도전에 직면할 것이다. 기업과 정부 연금 그 어디에도 기댈 수 없는 상황에서 정보지식화 시대 개척자들은 **강력하고도 독자적인 사업을 구축함으로써 자신의 생활터전을** 마련해야 한다.

4) 직업선택의 사이버 프론티어

① 한국 경제가 성장할 때 시골에서 농사일을 하던 사람들은 농토를 팔고 집을 버리고 도시로 몰려들었다. 오늘날 우리에게도 정보사회의 프론티어 시대가 다가오고 있다.

② 원하든 원치 않든 이제 **누구나 사이버 경제에 직면해야만** 한다.

③ 다가오는 시대를 어떤 모습으로 살아가게 될지는 이 불가피한 현실을 얼마나 빨리 받아들이고, 또 얼마나 열심히 **자급자족의 현실에 대비하**느냐에 달려 있을 것이다.

5) 뼈를 깎는 노동

① 사이버 프론티어 시대는 **뼈를** 깎는 노동, 격심한 경쟁, 위험, 공포, 불안
이 가득한 힘든 삶이 될 것이다.

② 그러나 시골 사람들이 도시로 왔듯이 과거 기업세계에서는 결코 상상
하지 못한 방식으로 발전하고 **성공할 기회**가 우리 앞에 놓여 있다.

③ 21C는 소비자가 원하는 건 무엇이든 입맛대로 대령하는 **맞춤식 서비스**
를 제공하는 인터넷의 시대, **풍요의 시대**가 될 것이라고 전문가들은 오
래전부터 예견해 왔다. 그 예견은 분명 실현될 것이다.

④ 그러나 노력 없이 그 어떤 풍요도 누릴 수 없다. 정보화 시대의 사업을
구축하기 위해 오늘 자신이 내리는 선택, 내가 **택하는 전략**이 곧 미래
의 삶의 모습을 결정할 것이다.

⑤ 그리고 NWM을 선택하는 사람들은 분명 올바른 선택을 한 셈이다.

NWM 사업의 보상플랜과 참고사항

1. NWM 사업의 보상플랜

(1) 스테어스텝/브레이크어웨이 방식
(Stairstep/Breakaway Plan)

1) 정의

① Unilevel plan으로, 평균 성공기간 5~8년 소요

이 플랜은 계약식 구조로 되어 있으며, 단계가 올라갈수록 더 높은 성취레벨을 나타낸다.

② 매달 제품을 많이 구매하거나, 일정 레벨에 오른 디스트리뷰터를 많이 가입시킬수록 더 높은 계단으로 올라간다.

③ 이 2가지를 모두 충족해야 하는 경우도 있다. 높이 올라갈수록 커미션 지급 비율도 높아진다.

④ 자신의 다운라인에 속한 사람들도 다같이 올라가게 된다. 다운라인이 일정 레벨에 도달하면 다운라인 그룹은 전체 조직에서 독립해 나간다.

2) 장점

① 무한한 소득이 보장된다.

② 지급범위가 깊다.

③ 다운라인 조직이 방대하다.

3) 단점

① 기하학적 성장이 늦게 시작된다.

② 매출 할당량이 높다.

③ 구조가 복잡하다.

(2) 바이너리 방식(Binary Plan)

1) 정의

① 평균 성공기간 1년 소요

본인 기준 앞 라인에 2명씩 확장해 나가는 방식이다.

② 2개의 레그로 나뉘는 조직이 생기게 되는데, 일반적으로 이를 **오른쪽**
레그와 왼쪽 레그라고 한다.

2) 장점

① **돈을 빨리 벌 수 있다.**

② **깊이가 깊다.**

3) 단점

① **레그간의 성장격차가 크다.**

② **실적단위별 보상을 지급한다.**

※ NWM 사업은 보상유형의 장단점을 판단하여 각자 선호하는 유형을
선택하되 초보자는 바이너리 방식이 유리하다.

2. NWM 사업에 적응할 수 있는 여건

(1) 재도전과 열정

① 사업에 실패하였으나 **재도전**하려는 용기 있는 사람들

② 특별한 기술은 없으나 매사에 **열정**을 불태우고 싶은 사람들

③ 아는 것은 없으나 배워서 **열심히** 해보겠다는 사람들

④ 한번 착수하면 **인내와 끈기**를 갖고 끝을 보려는 사람들

※ 무조건적으로 성공을 보장하는 것은 아니다. 다만 방법을 알고 하기 때문에 쉽다는 것이지 많은 노력과 시간을 남보다 더 기울여야 한다.

(2) 생존경쟁과 장래의 보장

① 직업이 없어서 직업을 구하고 있으나 좀처럼 직업을 구하기 어려운 사람들

② 직장 내에서 **생존경쟁에** 휘말려 불안한 나날을 보내고 있는 사람들

③ 지금 하는 사업으로 생활비 정도 벌지만 너무나 **사업이 어렵고 힘든** 사람들

④ **저축을** 해야 하는데 지금 하는 사업으로는 **도저히 불가능한** 사람들

⑤ 지금 하고 있는 일들이 생활에 적자를 보고 있으나 **별다른 대안이 없는** 사람들

⑥ 부부가 맞벌이를 하나 장래가 보장되지 못하는 사람들

⑦ 부부와 아이들과 떨어져 살면서 **생계를** 유지하는 사람들

⑧ **부자가 되어 남이** 보란 듯이 한번 잘살아 보고 싶은 사람들

(3) 희망과 노후대비

① 직업과 생활 속에서 남에게 **말 못할 가슴앓이를** 하고 있는 사람들

② 어떻게되겠지하고 5년 10년 가도 삶의 목표가 이루어지지 않는 사람들

③ 자기의 능력을 탓하며 희망마저 저버리고 고통스럽게 음지에서 사는 사람들

④ 비자금을 반드시 확보해야 하고, **노후를** 대비하기 위하여 준비하는 사람들

⑤ 현재의 일을 언젠가는 청산하고 **평생 하고 싶은 뜻을** 꼭 이루고 싶은 사람들

⑥ 더 이상 실패하지 않고 **구체적인 대안으로** 성공만을 원하는 사람들

3. 실직의 극복과 선택기준

(1) 실직한 부부의 예

실직한 부부가 사업선택의 기준을 먼저 생각해 본 내용은 아래와 같다.

① 부부가 **파트너**로서 같이할 수 있는 사업을 찾는다.

② 성장가능성이 높은 업계에서 일한다.

③ 절대 고용인을 두지 않는다.

④ 많은 돈을 투자하지 않는다.

⑤ 추가수입을 확보한다.

⑥ 남은 돈까지 날리고 싶지 않다.

⑦ 부부가 5~6년 동안 열심히 일한 후 **편안한** 삶을 살고 싶다.

(2) 마지막 선택

① 이러한 목표를 두고 여러 분야를 찾아보았으나 마지막 선택은 NWM 사업뿐이었다.

② 결론에 도달했을 때 즐겁지는 않았다. NWM 사업에 대해 별로 아는 게 없었지만 한 가지 아는 게 있다면 그다지 좋은 사업이 아니라는 거였다.

③ 따라서 여러 사업을 두루 조사해 본 결과 NWM 사업이 충분히 해볼 만한 사업이라는 것을 이해하게 되었다.

(3) 정보통신 사업

① 생필품을 파는 NWM 회사는 **사재기를** 강요하여 재고가 누적되고 쓸데없는 물건을 사게 된다는 것이다.

② 그러나 정보통신 사업은 NWM이라도 **인기가 매우 높았다.** 통신회사 (한국통신)는 100여 년 동안 한 번도 성장을 멈춘 적이 없는 사업이다.

③ 한국통신은 연 매출 20조 원으로 계속 성장해 21세기 사업이라는 것을 판단한 부부는 당초 사업기준과 맞는 통신 NWM 사업을 착수하여 성공하였다.

4. NWM 사업의 참고사항

(1) 무투자의 사업

사업에 필요한 경영관리 체제와 사무실 집기, 그리고 운용체제에 소요되는 여타의 경비 없이도 착수할 수 있다.

(2) 시간의 활용

① 이 사업은 당신의 기존 직업이나 **사업체를** 유지하면서 시간을 활용할 수 있는 사업이다.

② 하루 중 자신이 활용할 수 있는 시간을 조정해서 **부업으로** 발전시키다가, NWM 사업이 괘도에 오르면 **전업으로 전환**하면 되는 것이다.

③ NWM 사업은 시간에서 해방되고 **자유롭게 활동**할 수 있어 **평생** 하고 싶었던 일을 할 수도 있다.

(3) 경험이나 학력이 불필요

① 어떠한 사업도 최소 2~3년의 경험이 필요하나 NWM 사업은 복제사업이므로 후원자들이 닦아 **놓은 프로그램대로** 따라하면 성공할 수밖에 없는 사업이다.

② 이 사업은 경쟁상대가 아니라 **협력관계로** 팀이나 그룹의 많은 후원자들이 당신을 돕는다.

③ 오히려 **경험 없이** 고분고분 따라하는 자세가 더 중요하다. 학력은 이

사업과 아무 관련이 없으며 **참된 인간성**이 더 비중을 차지한다.

(4) 성별이나 나이 무관

① 이 사업은 20세 이상 남녀노소 가리지 않고 누구나 참여할 수 있다.

② 매사에 긍정적이고 인맥의 폭이 넓은 사람은 여자든 노령층이든 성공
에는 순서가 없다.

③ 이 사업은 특히 **여자들이 성공하는 사례**가 많다.

(5) 장래성, 수익성이 보장

① 21C는 유통에서 소비자가 주도권을 잡는 시대로, 소비자 각자는 **물품
과 서비스를 싸게 구매**하고 NWM 활동을 통해 **돈도 벌며** 평생 돈걱정
하지 않고 살 수 있는 기회를 마련할 수 있는 사업이다.

② 1년간 **활동**하여 성공자리에 오르면 **평생 수익이 보장**되고 유산까지 물
려줄 수 있는 사업이다.

(6) 성공과 실패

① NWM 사업은 꿈을 달성하는 사업으로 누구나 포기하지 않고 1년간 **충
실히 굳은 신념**을 가지고 활동하면 성공할 수밖에 없는 사업이다.

② 자신의 능력, 목표를 포기하는 것이 실패의 원인이다. 하지만 NWM의
사업 관련 교육을 철저히 받고 마음을 변화시키면 누구나 성공할 수
있는 사업이다.

NWM의 7대 욕구충족
(생산, 영업, 고용, 소비, IT, 가족, 적응)

1. 제1의 욕구충족 : 생산에 의한 욕구충족

(1) 고품질, 저가격의 실현

1) 많은 경비의 절감

① **광고를 하지 않음** : NWM 회사는 일체 광고를 하지 않기 때문에 비싼 모델을 쓸 필요가 없고, **포장**이나 **판촉자료**를 만드는 데 드는 비용을 절감하여 그것을 소비자들에게 분배하는 것이다. 이것은 제품의 생산에서부터 시작되는 것이다.

② **저렴한 가격으로** : 매장판매를 하지 않고, **도매점·소매점** 등과 같은 전국적, 세계적 조직망을 관리할 필요가 없으므로 많은 경비를 절감할 수 있다. 때문에 **제품의 질에 비해 저렴한 가격**으로 본사에서 소비자에게 직접판매가 이루어짐과 동시에 디스트리뷰터들에게 많은 수입을 되돌려줄 수 있는 기틀이 마련되는 것이다.

2) 낮은 가격을 무기로

① **우수한 질** : NWM 회사는 제품을 생산할 때부터 제품의 '**우수한 질**' 과 '**낮은 가격**' 을 무기로 삼아 전세계 유통시장을 공략할 수 있는 힘이 발휘되는 것이다.

② **냉철한 한계성** : 반면에 품질이 좋지 않은 제품을 가진 기업은 절대로 성장할 수 없도록 만드는, 어떤 면에서는 잔혹하리만치 **냉철한 한계성**을 지닌 마케팅 방법이 바로 NWM 방법으로 성공으로 가는 길을 마련하는 것이다.

③ **까다로운 마케팅 방법** : 자본력이 풍부한 대기업이라 할지라도 섣불리 손대기 어려운 부분들이 존재하는 **지극히 까다로운 마케팅 방법**이면서도 엄격하게 실현가능성이 있는 제도이다.

(2) 목표고객의 정확성

① **목표고객의 명확화** : NWM의 특징은 미사일 발사형이라고 불리듯 자사가 가지고 있는 독자능력에 비추어 생산제품에 의해서 목표고객을 명확히 설정할 수 있고, 이러한 목표고객을 향해서 **능동적이고 효과적인 마케팅**을 전개하여, 반응(response)의 **적중률을 높이고자** 하는 데 전략적인 목적이 있으며, **명중률이 높다.**

② **잠재수요력의 파악** : 중요한 점은 얼마나 자기 고유의 목표고객층을 **구체적이고 독특하게 설정**하는가와, 그렇게 설정된 목표고객층의 잠재수요력을 생산할 때부터 정확히 파악해 차질없도록 하는 것이다.

③ **편의성의 제공** : NWM은 다음과 같은 생산제품이 **편의성을 제공**하기 때문에 점점 비중이 높아지고 있다.

  ㉠ **통신수단** : 상권이라는 **지리적 공간의 제약**을 받지 않고, 통신수단을 통해 목표고객에게 접근할 수 있고 고객에 대한 **직접적인 정보전달**과 고객정보 처리시스템의 기능이 중시된다.

  ㉡ **제품구매 의사결정** : 소비자에게 생산된 제품의 구매의사 결정을 하기까지의 **제품탐색 비용**, 즉 구매시간 관련 비용이나 교통비 등을 필요없게 해준다.

  ㉢ **제품정보의 입수** : 사람이나 미디어를 통해서 점포에서는 찾기 어려운 품질이나 양에 비해 값이 저렴한 제품정보를 얻기 힘든 생산제품의 제품정보 등을 **집에 앉은 채로** 입수할 수 있다.

  ㉣ **제품주문 시간** : 수신자 부담 전화제도 등을 이용하면 제품주문 비용이 필요없게 되고 **제품주문 시간도 자유롭게 선택**할 수 있게 된다.

  ㉤ **해외까지 확대** : 구매제품이 가정까지 배달된다. 국제화 정보화의 물결로 인해 홈쇼핑을 위한 제품정보의 이용범위는 국내뿐만 아니라 해외까지도 확대된다. 그렇기 때문에 제품은 **생산할 때부터 좋은 제품**이어야 한다.

(3) 중소기업의 활로

① **품질경쟁을 지향** : 기술 위주의 중소기업의 활로가 될 수 있다. NWM은 '**자본경쟁**'이 아니라 '**품질경쟁**'을 **지향**하고 있어, 제품력은 있으나 마케팅이나 유통력이 없는 중소기업들도 대기업과 **경쟁할** 수 있는 힘이 발휘되는 것이다.

② **유통업체의 횡포** : 기술력 하나로 **우수한 품질의 제품**을 만들고도 광고비나 판매망이 없어 유통업체의 '**횡포**'에 시달리는 영세업체들이 직접 소비자에게 **품질로 호소**할 수 있는 길을 열어 놓는 것이므로 생산할 때부터 그 제품이 다른 제품보다 더 좋아야 하는 것이다.

2. 제2의 욕구충족 : 사업에 의한 욕구충족

(1) 사업방식의 변화

1) 전통적 사업의 퇴출

① **점포형 유통시스템의 퇴출**

　㉠ 소득수준이 높아짐에 따라 소비자의 구매심리가 **다양화 · 고급화**되고, 자신만의 삶의 질을 추구하는 '**개성화**'의 시대로 변해 가고 있다.

　㉡ 그래서 잠시 동안 물건을 사더라도 기왕이면 좀더 넓고 깨끗한 곳, 에어컨이 가동되는 시원한 곳을 찾는 경향이 소비자의 마음을 움직이고 있다.

② **더욱더 고급화 · 대형화된 환경**

　㉠ 고객들에게 제공하지 못하면 그 점포는 고객들로부터 **외면당하고** 결국 문을 닫게 되어 **전통적인 사업은 퇴출**되고 만다. 여기에 NWM이 등장하게 된 것이다.

　㉡ 극심하게 상승한 부동산 가격에 의한 점포세의 급등과 목이 좋은 장

소에는 당연히 지불해야 하는 권리금 등 소비자의 구미에 맞는 점포를 개설하려면 대자본이 투입되어야만 한다. 따라서 많은 자본이 필요한 것이다.

2) 앉아서 손님을 기다리기보다

① 날로 높아 가는 인건비의 부담으로 인하여 매장판매의 **전반적인 수익 감소**도 필연적이 되었다. 그러니 변화하지 않고는 유지하기 어려워진 것이다.

② 무엇인가 신선하고 **경쟁력** 있는 **새로운 유통방법**의 필요성이 대두되게 되었다. 많은 회사들이 막대한 고정비를 지출하며 앉아서 손님을 기다리기보다는 소비자가 있는 곳을 **찾아다니는 방법**을 연구하며 생각하게 되었다.

③ 매장의 고정비를 줄임으로써 얻어지는 **싼 가격으로 고객**을 **유혹**하는 방법이나, 발로 뛰어 **가망고객**을 찾아낸 후 집요하게 물고 늘어져 자신들의 **제품을 사도록** 설득하는 방법을 강구해 내야 했다. 그러나 그런 방법을 계속할 수는 없게 되었다.

(2) 사회적인 변화

1) 방문판매의 한계점 노출

방문판매에는 다음과 같은 사회적인 변화로 그 한계가 나타나며 문제점도 점점 더 나타나게 되었다.

① **고객의 수가 줄어** : 자동차의 증가로 출퇴근 시간뿐만이 아니라 하루종일 극심한 교통체증이 일어나, 예전보다 두세 배의 시간이 걸리기 때문에 자연히 영업사원이 하루에 방문할 수 있는 고객의 수가 급격히 줄어들어 **효율이 낮아지게** 되었고 더 이상 유지하기가 힘들게 되었다.

② **고용기회 증대** : 여성의 고용기회 증대로 낮에는 집에 사람이 없다. 그

렇다고 직장으로 방문한다는 것은 곤란하다. 또 밤에 방문할 수도 없으므로 그런 방법을 계속해 나갈 수 없게 되었다.

2) 지금은 저성장 시대
① 일상적인 대화 속에서 : 적게 먹고 작게 살자는 생각에 잠겨 있다. '하면 된다'로 무장해야 했던 시기가 고도성장 시대였다면 지금은 저성장 시대인 것이다. 이에 따라 다른 **편리한 방법**을 모색하게 되었다.
② 누구를 설득해서 팔아야 하는 때가 아니고, **일상적인 대화 속에서 매출**을 올려야 하는 시대가 되었으며, 이것이 서로의 인간관계에 의해서 **상호작용으로 성립되는 결과를 가져왔다.**

3. 제3의 욕구충족 : 고용에 의한 욕구충족

(1) 효율적인 유통인력의 활용

1) 효율적인 유통인력의 활용
① **유휴인력의 효율적 활용** : NWM은 거대 자본이나 시설이 없이도 건강한 사람은 누구나 사업에 참여할 수 있다. 요점은 자기 자신의 정신에 달려 있는 것이다.
② **최근의 명예퇴직, 조기퇴직** : 자리를 잃고 실업에 처한 유휴 **전문인력·고급인력** 등의 일자리를 제공할 수 있으며 국가적으로도 **실업률 저하**와 **고용창출 효과**를 얻을 수 있다. 이것이 NWM이다.

2) 인간관계에 기초한 네트워크
① **자기 능력에 맞게** : NWM은 소규모 **자본**과 개인이 갖는 인적 **관계**에 기초한 네트워크를 이용하여 자기 능력에 맞게 사업을 영위하여 **자기 소**

신대로 **자유로이 전력을 기울이는** 사업을 할 수 있다.

② **장소적 공간적 효용** : 흩어져 산재해 있는 소규모 자본들을 모아 유통부문에 **투입함으로써** 재화의 장소적·공간적 효용을 늘려, **부가가치를** 창출하면서 사업을 확장하고 편안한 마음으로 기쁘게 사업을 전개해 나갈 수 있는 것이다.

(2) 창업과 재취업의 방향

1) 창업의 완충역할

① NWM은 사업자들이 다른 직업을 얻기 전에 옮겨 가는 과정에 있는 징검다리로서 실업자 구제역할을 하고 나아가서는 **희망과 꿈을** 살리는 길잡이가 된다.

② 실업자들이 취직이나 창업을 하기 전에 NWM을 하는 이유는 초기비용이 거의 들지 않고 시작하기 쉽기 때문이다. 그러나 해보면 마음같이 그리 쉬운 것은 아니기 때문에 **처음부터 굳은 결심으로 끝까지 미는** 저력이 요구된다.

2) 80~90%의 실패

① 직장을 가졌거나 사업을 했던 사람이 많은 자금이 투자되는 새로운 일을 하게 되면 80~90%는 실패하는 것으로 나타나 있다. 어쨌든 큰 자본을 들이지 않고 할 수 있다.

② 하지만 NWM처럼 투자자금이 들지 않는 직접판매에서 새로운 사회생활에 적응하는 실습기간을 거친다면 그는 **새로운 삶의 에너지를 충전** 할 수 있게 되어 **보람을 느끼고 활기찬 행진을** 할 것이다.

4. 제4의 욕구충족 : 소비에 의한 욕구충족

(1) 소비자 필요성의 변화

1) 소비자 니즈의 변화

① 소비자 니즈(Needs)의 변화는 소비시장의 성숙화를 초래하였다. 이는 고도성장 시대로부터 안정성장 시대로의 이행에 따른 불가피한 현상이며, 발전할 수밖에 없다.

② 오늘날 소비자는 '정말로 원하는 것, 꼭 필요한 것을 산다' 는 점에 유의하여 여기에 알맞은 방책을 연구하여야 한다. 이것이 NWM의 핵심인 것이다.

2) 소비자의 특징

① **고급 지향적** : 과거에는 제품의 질이 다소 나쁜 것이라 하더라도 값이 싼 것을 선호했다면, 지금은 보다 비싸더라도 좋은 것, 자신의 마음에 드는 것을 선택하려고 한다. 이것이 인간의 심리인 것이다.

② **편리 · 절약형** : 제품을 구입하는 데에 많은 시간, 수고, 비용을 들이는 대신에 자신의 취미나 레저에 관심을 돌리고자 한다.

③ **건강 · 자연 지향적** : 빈곤에서 벗어나기 위해 우선적으로 가치를 두었던 물질적 만족감에서 이제는 정신적 풍요로움을 중시함에 따라 소비자는 자신의 '몸의 건강, 마음의 건강' 을 중요하게 생각한다. 천하를 얻는다 해도 건강이 불리하면 소용이 없기 때문이다.

④ **즐거움을 우선** : 하루일과 중에서 자신만의 생활과 공간을 갖고 싶어한다. 즉 마음속으로 기쁨을 맛보면서 조용히 부담없는 안정된 생활을 하고 싶기 때문이다.

(2) 풍요로운 시대의 변화

1) 풍요로운 시대의 소비자 행동

① **라이프 스타일의 변화**

  ㉠ 라이프 스타일(Life Style)이란 한마디로 말해 '삶의 방식'이라 할 수 있다. 이것이 풍요로움이다.

  ㉡ 사람들의 삶의 방식은 언제나 일정한 것이 아니라 **시대에 따라,** 사회 **환경에 따라, 경제적 상황에 따라,** 사회적 의식의 변화에 따라 함께 변해 간다.

  ㉢ 이렇게 변화된 라이프 스타일에 의해 사람들은 또다시 **영향을 받고,** 그때그때 **변화**하여 가고 있다.

  ㉣ 소비자의 라이프 스타일의 **변화를 파악**한다는 것은 곧 현상태의 소비자의 생활모습이 어떤 것인가를 정확하게 파악하여 **대처방안을 연**구 개발해야 한다.

② **사회적인 흐름의 고려**

  ㉠ 현재의 소비자 **의식,** 혹은 **취향**이 어떤 방향으로 변해 갈 것인지, 또 **언제쯤** 변해 갈 것인지, 그 속도는 어떠한 것인지 등을 판단해 보는 자세가 중요한 것이다.

  ㉡ 오늘날 고객의 라이프 스타일을 무시한 마케팅 전략은 존재할 수가 없다. 따라서 이를 실천하려는 전략이 있어야 한다.

2) 인구통계적인 구조변화

① **특징적인 변화** : 우리나라에서도 선진국형이라고도 할 만한 인구통계적(demographic)인 **구조변화가** 진행되고 있는데, 이미 현실로 나타나고 있는 특징적인 변화는 다음과 같은 점일 것이다.

  ㉠ 인구증가율의 둔화 ㉡ 핵가족 세대의 증가 ㉢ 일하는 여성의 증가
  ㉣ 맞벌이 세대의 증가 ㉤ 고학력화의 진행 ㉥ 고령자 인구의 증가 등

을 언제나 염두에 두고 있어야 한다.

② **새로운 집단의 출현** : 인구통계학적인 구조변화는 당연히 새로운 유형의 소비자층의 출현과 소비스타일의 변화를 가져온다. 즉 직업을 갖고 있는 여성, 독신자, 고학력자, 고령자 등 소비에 영향력을 갖는 새로운 집단이 출현하고 있는 것을 알고 여기에 대비해야 한다.

5. 제5의 욕구충족 : IT에 의한 욕구충족

(1) IT 산업의 발달

1) 정보전달 처리기술의 향상

① NWM의 성립을 촉진시키는 배경은 파는 측과 사는 측을 연결해 주는 여러 가지 **기술혁신의 진전**에서 찾아보고 이것을 실천에 옮겨야 한다.

② 이러한 기술혁신 중 한 가지로서, 커뮤니케이션 기술로서의 **정보전달** 및 **정보처리 기술**의 현저한 발달을 들 수 있으며, NWM은 더욱더 커뮤니케이션 기술이 요구되고 있다.

2) 카탈로그 제작기술과 영상기술의 발달

① 현물제품의 **재현성** 효과가 높아졌고, 일련의 업무운용 처리에 있어서 고도의 컴퓨터 시스템을 도입하여 **일대혁신**이 요구된다.

② 수주처리, 제품관리, 대금결제, 고객관리, 품목별 매출실적 관리는 물론이요 더 나아가서 NWM에서 빠뜨릴 수 없는 고객 데이터 베이스의 **구축**이나 활용을 할 수 있게 되었다.

③ 컴퓨터 기술을 구사한 **고객정보의 장악**에 있어서도 최근에는 개인의 프라이버시를 저촉할 정도의 영역에까지 접근하고 있으며 카탈로그 제작발달까지도 취급하고 있다.

(2) 배송기술과 영상기술 시스템의 혁신

① NWM의 한 가지 특징은 주문받은 제품을 가정까지 배달하는 데 있다. 제품을 택배하는 수단은 여러 가지가 있지만 물류업자에게 위탁하는 배송시스템이 연결되어 있어 **신속하게 제품을 배송**할 수 있다.

② 물류업자와의 제휴활동이 주시되며, 물류업자는 주문제품을 **확실하고도 신속하게 택배할 책임**을 가지고 항시 **자기 업무에 충실**을 기하고 있어야 한다.

③ NWM의 발달은 이러한 물류업자의 **기능혁신**을 통해서 더욱 촉진되어 왔으며, 제3자 물류와 신속 대응이나 **전사적 자원관리 제도**를 적용하고 있다.

④ 수주에서 택배까지의 **소요시간이 짧을수록** 고객의 만족은 높아지고, 반대로 그 시간이 길어지면 길어질수록 고객으로부터의 불만이 더욱 더해지는 것이다.

⑤ **매출규모가 커질수록** 당연히 **물류량은 증대**하고 업무는 복잡해지는 것이다.

⑥ 늘어나는 주문제품을 신속히 처리하기 위해서는 입고에서 출고에 이르는 일련의 **업무운용**(operation)을 **효율적으로 관리**해야 하므로 상위권의 기업일수록 자사의 물류센터에 적극적인 투자를 하는 경우 **공급망 관리**(SCM)나 **효율적 대응관리**(ECR)를 적용하고 있다.

6. 제6의 욕구충족 : 가족에 의한 욕구충족

(1) 가족 위주의 생활습관

① 아시아의 문화는 네트워크 마케터들에게는 거름이 잘되어진 **옥토**와 같은 환경이다. 즉 가정 위주의 일상생활이 전개되고 있는 것이다.

② 특히 한국은 **지역사회의 중요성**을 강조하는 사회이기 때문에 NWM의
가족 같은 분위기는 디스트리뷰터들에게 커다란 이점으로 활용할 수
있다. 그리고 한국인들은 **일과 가정**을 분리하지 않고 **연결시키며 일상
생활**을 하고 있다.

③ 일하는 사람들은 늦은 저녁식사 시간에도 일하는 데 익숙해 있으므로,
개인시간에도 제품을 팔거나 세미나에 참가하여 새로운 사업자들을
리크루팅하는 데 온 가정이 혼연일치가 되어 업무를 추진해야 한다.

(2) 혁신적으로 가정 위주로 변하는 이유

이외에도 일부 마케팅 연구소들이 NWM이 혁신적으로 **가정 위주로 변하**
는 이유를 내세우고 있는 것은 다음과 같은 이유에서이다.

1) 인사관리상의 이유

① 판촉사원을 비롯한 인건비가 높아졌다. 따라서 **가정 위주로** 되어 가고
있다.

② 인사관리가 고통스럽다. 가정에서는 인사관리상의 문제점 같은 것은
없다.

③ 유통구조의 문란으로 대리점 관리 문제가 복잡해지면 가정 위주로
NWM이 이루어질 수도 있다.

2) 비용관리상의 이유

① 아무리 좋은 제품을 개발해 놓아도 **선전과 사업**이 없이는 판매가 불가
능하다.

② 광고비와 사업비는 점차 증가되고 있는 반면에 그 **효과는 점차 줄어들**
고 있다. 미국의 한 조사에 의하면 'TV 광고를 보고 구매동기를 얻는
소비자는 7명 가운데 1명에 불과하며, 나머지 6명은 그 제품을 실제로
사용해 본 사람에게서 전해 들은 정보를 기초로 하여 구매하기 때문에

가정에서 **가정으로** 전달하는 것이 **최선의 방법**이다.

③ 지가의 상승 등으로 사무실 임대료가 차지하는 비중이 큰 부담이 되기 때문에 가정으로 숨어드는 것이다.

7. 제7의 욕구충족 : 적응의 욕구충족

(1) 두 얼굴을 가진 양날의 칼

1) NWM이 요구하는 조건

① NWM이 여러 가지 **마케팅 기법의 장점만을** 결합하여 만들었다는 것은, 역으로 여러 가지 마케팅 기법들이 요구하는 **조건들을** 모두 **충족시켜야만 실현 가능한** 것을 의미하는 것이 된다.

② 만약 이에 대한 모든 뒷받침이 충분치 못할 경우, 오히려 이 여러 가지 기법의 문제점이나 **단점들만이 표출**될 수도 있기 때문에 언제나 **뒷받침**을 해주어야만 NWM은 잘 진행될 수 있다.

③ NWM을 '야누스(주 : 앞뒤로 서로 다른 2개의 얼굴을 가진 로마신화에 나오는 신)적 두 얼굴' 을 가진 '양날의 칼' 이라고 말할 수 있기 때문에 날카로운 결단력이 요구되는 것이다.

2) 양심과 책임의 문제

① **충분한 노하우를** 바탕으로 잘만 활용된다면 안정적이고 높은 성장률을 가져오게 되며, **사회적 · 경제적으로** 크게 기여할 수 있는 기업으로 성장할 가능성을 지닐 수 있고 이에 따라 개인의 풍요로움도 이루어질 수 있다.

② 반면 그렇지 못하면 거꾸로 커다란 **사회적 행패와 피해자를 양산시킬** 수 있는 **위험성을** 동시에 내포한 마케팅 방법으로 잘 성공될 수 있도록

밑거름과 물을 적시어 주어야만 할 것이다.

③ 악덕기업과 선량한 기업과의 차이는 **시스템**에 달려 있기보다는 오히려 그것을 운영하는 기업주의 **양심과 책임**의 문제가 되며 항시 조심조심 바른길로 갈 수 있도록 인도해 주어야 한다.

(2) 피라미드 상술

1) 불법적인 사기행각

① 과거 사회적 물의를 빚었던 피라미드 상술은 피라미드 구조의 하부에 위치한 많은 사람들의 가입금으로 상부에 위치한 몇몇 사람에게 **부당한 이득**을 안겨 주는 **불법적인 사기행각**으로 신용이 타락되고 사회적으로 많은 비난의 대상이 되었다.

② 제품의 우수성에 의한 **자연적 소매판매**가 아니라 '단기간에 많은 돈을 벌게 해준다' 는 유혹을 앞세우고 그 회사에 가입하는 조건으로 제품을 품질에 비해 고가로 책정하여 **반강제적으로** 판매를 했기 때문에 소비자들은 많은 손해를 보고 **고충**에 시달리게 되었다.

③ 승진·수당지급 등을 미끼로 은근히 **제품의 구입**을 유도하여 제품의 판매가 아니라 사람을 끌어들임으로써 직접적으로 수익이 발생되는 것이 아니다. 따라서 디스트리뷰터 스스로의 의사가 아니라 기만·사기·강박·착오의 유발 등 비정상적인 상행위로 볼 수 있으며 **환불 및 품질보증 제도**가 미비한 폐단이 있었던 것이 피라미드 상술로서 사회에 큰 무리를 자아내게 되었다.

2) 피라미드 조직의 선의의 피해

① 악덕기업들로 인해 많은 사람들이 선의의 피해를 입어야 했고, 건전한 NWM 회사를 보는 시각이 아직도 모든 사람의 심중에 깊이 파고 들어와 있는 후유증이 있다.

② 피라미드 상술은 **법률로 금하고** 있기 때문에 피라미드 운영자들은 자기네 조직을 NWM 회사로 위장하는 경우가 비일비재하여 부작용이 연속되고 있다.

③ NWM 회사로 위장하기 위하여 피라미드 조직은 일련의 소비재 제품을 취하여 이를 소비자에게 판매하는 사업을 벌이고 있어 **그물선을 자**아내고 있다.

④ 실제 제품판매를 위한 노력이나 활동은 거의 없으며 이윤의 대부분은 피라미드 상술의 전형적인 방법, 즉 참가자에게 **고가의 가입비**를 내게 하여 그 마진을 관리자가 **독식하는** 결과를 가져오게 되었다.

(3) 피해사례의 영향

1) 불건전한 피라미드 판매

① 피라미드 조직은 생산원가가 싸고 뚜렷한 시장도 형성돼 있지 않은 엉터리 **제품**이다. 즉 사탕발림으로 가득찬 기적의 **묘약**이라든지 듣도 보도 못한 이상한 물건을 선전하기 때문에 실제 이 제품들의 시장성이 있는지 없는지를 가입자들이 쉽게 판단할 수 없고 **자칫 잘못하면** 함정에 빠져서 나오지 못하고 마는 고충의 나날을 보내게 된다.

② 국내에 NWM에 대한 인식이 많이 오염되어 있는 이유는 그간에 존재했던 불건전한 피라미드 판매 기업들이 배출해 냈던 피해사례의 영향 때문에 선의의 피해자가 속출되며 그런 비슷한 사업은 모두 사기행위로 몰리게 되었다.

2) 우리나라 NWM의 시장현실

① 기업들의 피해사례가 사회적으로 큰 물의를 일으키게 되었다. 미리 고**정관념의 두꺼운 장막**을 거두어 버리지 않으면 안되게 되었다. 사람들로 하여금 그 장막 내부의 실상을 들여다보기 꺼려하게 만든 것이 이

런 여러 가지 이유에서 발생한 것이다.

② 내막을 알지 못하는 일반인들에게 마치 그 전체가 몹쓸 것인 양 비춰
   지게 되었다. 이것이 우리나라 NWM 시장의 현실이라고 할 수 있다.

③ 다음에 제시하는 내용에 맞춰 비교하면 정상적인 NWM 회사와 피라
   미드 기업을 정확하게 구별할 수 있는 기준이 될 것이다.

(4) 정상적인 NWM 회사와 피라미드 회사의 대조구별

1) 미국의 피라미드 기업 판단기준

① 미국 연방거래위원회의 피라미드 기업 판단기준을 분석해 보면

② 1979년 미연방거래위원회(FTC : Federal Trade Commission)는 피
   라미드 기업과 건전한 NWM 기업을 구분하는 데 다음 3가지 기준을
   사용하였다.

　㉠ 사람을 가입시키는 행위만으로도 수익이 발생하는가?

　㉡ 제품의 반품 및 환불 규정이 합리적인가?

　㉢ 어떠한 형태로 제품을 강매하는가?

2) 토니 케스라 씨의 주장

미국 MLM 협회 회장인 토니 케스라 씨가 지적한 NWM의 **3가지 사항**

① **최초의 투자를 필요로 하지 않는다.**

② **재고의 반품은 자유스러워야 한다.**

③ **소매활동을 중시하는 것이 NWM 방식이다.**

3) 롱아일랜드 대학의 스릭멀 라오 교수의 6가지 사항

소비자가 NWM 디스트리뷰터로서 활동하고자 할 때 생각하지 않으면 안
될 6가지의 사항을 다음과 같이 지적하였다.

① 우선 제품이 좋은지 안 좋은지 **직접 시험**해 본다.

② 회사의 **경영상태**를 체크해 본다.

③ 선배 디스트리뷰터들의 **활동상황**을 유심히 살핀다.

④ 재고에 대한 **책임감**이 있는지 없는지 알아본다.

⑤ 사업행위에 강매라는 인식을 받은 적이 있는지 없는지 생각해 본다.

⑥ 회사의 모든 면이 윤리적인지 판단해 본다.

8. NWM 요원의 9대 욕구충족

(1) 욕구충족의 개요

① 이 사업원리는 NWM 요원으로서는 누구나 꼭 알아야 할 사업기술을 총망라한 것으로서 NWM 요원의 필수사항이라 할 수 있다.

② 인격개발, 정신력 개발은 물론 대인관계의 중요함과 사업의 원칙을 철저하게 파헤쳤다. 이 원리를 잘 깨닫고 수시로 마음에 새기면서 남보다 빨리 큰 꿈을 꼭 실현해야 할 것이다.

(2) 성공적 NWM

① **승자와 중단자** : 승자(勝者)는 절대로 중단하지 않고 중단자(中斷者)는 절대로 승리할 수 없다(Winners never quit, Quitters never win!). 가다가 중지를 하면 아니 간만 못하니라.

② **티끌 모아 태산** : 태산이 높다 하되 하늘 아래 뫼이로다. 오르고 또 오르면 못 오를 리 없건만 사람이 제 아니 오르고 뫼만 높다 하더라.

③ **꾸준한 노력이 성공의 비결** : 높은 데 올라가려는 자만이 사다리를 생각해 낼 수 있다.

④ **유명한 선장** : 순풍에 돛을 달고 가는 데 있지 않고 폭우가 태산처럼 휘

몰아칠 때에도 굴하지 않고 끝까지 이기고 나가는 데 공이 있고 가치가 있다.

⑤ NWM 맨십(NWM manship)이란 : 필요를 찾아서 그것을 충족시키는 것(Finding a need and filling it)이라고 강력히 주장할 수 있다.

⑥ 황금률(Golden Rule)이란 : 무엇이든지 남에게 대접을 받고자 하는대로 너희도 남을 대접하라. 이것이 율법이요 선지자이다(「마태오 복음」 7장 12절).

⑦ 황금률 세일즈맨십(Golden Rule Salesmanship)이란 : 바로 이것을 의미하는 것으로서 NWM 요원은 이것을 명심하고 필요를 찾아서 그것을 충족시켜야 하는 것이다.

(3) NWM 요원의 9대 욕구충족

1) NWM 요원의 금전적(金錢的) 욕구충족

NWM 요원은 돈을 많이 벌 수 있다(make more money). 사람은 누구나 돈이 제일 중요하다. 이를 충족시킬 수 있는 장이 마련되는 것이다.

2) NWM 요원의 지위적(地位的) 욕구충족

① NWM 요원 당신이 바로 사장이다(Boss yourself).

② 어떤 분야에서 세일을 하든지 남의 간섭을 받지 않고 자기 스스로 행동하며 자기 스스로 쾌감을 맛볼 수 있으며 스스로 하루의 업무계획을 세우고 실천에 옮기며 실력을 발휘한다.

3) NWM 정신적(精神的) 욕구충족

① 대중스피치와 대화의 기술, 그리고 자기 판매법을 배우고 실천에 옮기면서 자기 능력을 시험하고 정신력을 강화시켜 나간다(Learn to speak before groups, to converse to sell yourself).

② NWM 요원은 사업훈련과 경험을 통해 **정신무장을 튼튼**하게 할 수 있고 어떤 어려운 사항에서도 타개할 수 있는 **강인한 정신의 소유자**가 될 수 있다.

③ 산전수전을 겪은 NWM 요원은 만병통치에 약이 되며 언제 어디서나 지침 없이 자기의 소견을 발표하고 **옳고 그름**을 잘 알 수 있으며 **어려운 난관**을 잘 극복할 수가 있다.

4) NWM 요원의 영업적(營業的) 욕구충족

① 이리저리 하루에도 수십 군데에서 수많은 사람을 상대할 수 있기 때문에 많은 **낯선 사람을 친구로 사귈 수 있다**(Enjoy being a friend maker).

② NWM 요원은 처음 만난 사람들도 쉽게 친구로 변화시킬 수 있는 수완을 갖추고 있다. NWM 요원은 각계각층에서 종사하는 사람들을 만날 수 있고 그들에게 **영향력을 끼칠 수 있다**.

③ 훌륭한 성공적 NWM 요원은 대화의 명수이기 때문에 자기가 취급하는 제품이 무엇이건 간에 그것을 **자기가 생각하는 대로 전력**을 기울이면 자기 마음대로 팔 수 있는 능력을 가지고 있다.

5) NWM 요원의 승진적(昇進的) 욕구충족

① NWM 요원은 **업무성과 여하에 따라서** 다른 사람보다도 훨씬 승진이 빠르다(Win Promotion faster). 성적만 좋으면 극진한 대우도 받을 수 있다.

② 최근에 조사한 국제 NWM 전문회사에 의하면 미국의 각 회사 시장들의 38%가 NWM 요원 출신이라는 것도 중시해야 할 일이다.

6) NWM 요원의 건강적(健康的) 욕구충족

① **사람은 건강이 제일이다.** 건강하지 않고서는 매사를 해낼 수가 없다. NWM 요원은 **몸과 마음을 건강하게 조정할 수가 있다**(Enjoy better health). 매일 자기 임무를 수행하기 위하여 이리저리 뛰면서 **열심히** 일하기 때문이다.

② **일하는 사람은 건강을 얻을 수가 있다.** NWM 요원은 사람들을 만나기 위해서 늘 활동을 해야 하기 때문에 건강을 유지할 수가 있다. 즉 활동적인 NWM 요원은 평소에 사람답게 청년답게 살 수가 있다.

7) NWM 요원의 사교적(社交的) 욕구충족

① NWM 요원은 자기 능력만 있다면 언제나 **직장을 쉽게 구할 수가 있다** (always have a job).
   즉 유능한 NWM 요원은 **자연** 소문이 나서 서로 그를 스카웃하려고 유혹한다. 언제나 유능한 요원은 필요하기 때문이다.

② NWM 요원은 NWM맨십(고객창조 기법, 사업기술, 사업수완)을 잘 알고 있으며 매사에 자신을 가진다. 그것은 자기가 죽을 때까지 유일한 자산이 될 것이다.

8) NWM 요원의 존경적(尊敬的) 욕구충족

① NWM 요원은 그 **업무를 충실히** 수행할 때 언제 어디서나 누구에게도 **존경받는 대상이** 된다(you can get respect form others).

② NWM 요원은 항시 남의 존경을 받을 수 있다. 왜 그런가 하면 회사는 물론 국가경제도 유능한 세일즈맨이 좌우하기 때문이다. 국가도 회사도 질 좋은 NWM 요원을 찾고 있기 때문이다.

③ 환언하면 대통령이 외국을 방문하는 것도 세일의 한 방법이며 아들이 아버지에게 용돈을 타는 것도 하나의 세일이기 때문이다.

④ 앞으로 더더욱 많은 NWM 요원, **훌륭**하고 유능한 NWM 요원이 계속
더욱더 필요하기 때문이다.

9) NWM 요원의 성장적(成長的) 욕구충족

① NWM 요원은 본래부터 태어나는 것이 아니라 **훈련을 통하여** 창조되는
것이다(Salesmen are not form they are trained).

② 인간은 이 세상에 올 때부터 NWM 요원으로 온 것도 아니요, 다만 몸
과 **마음을** 잘 수련함으로써 NWM 요원의 자질을 기를 수가 있다. 인간
은 극히 **평범**하게 똑같은 모양으로 태어나지만 그가 태어난 **환경**에 따
라 인간의 됨됨이나 직업이 결정된다.

③ 인간은 어떤 직업을 가지고 살아가든지 **생존경쟁의** 대열에서 제외될
수는 없고 어떤 형태의 세일을 하든 세일즈 활동을 한다는 사실을 간
과할 수는 없는 것이다. NWM의 기법을 터득하고 **슈퍼 세일즈맨**이 되
는 것은 언제까지나 이 방향의 **노력과 연구**가 뒷받침되어 있는 유능한
선배나 스승의 **가르침에 의해서** 이루어지는 것이다.

3

NWM(Network Marketing)의 사업추진 방법

제1절 리더가 되는 길잡이

제2절 NWM 사업의 9대 사업능력 촉진방법

제3절 NWM 사업의 11대 사업능력 분석요령

제4절 NWM 사업의 5대 성공비결

리더가 되는 길잡이

1. 성공한 리더

(1) 시스템의 전개와 5가지 성공여건

1) 결심과 행동으로 극복

① 전화로도 카운슬링 : 나 자신과 스폰서가 아무리 멀리 떨어져 있을지라도, 같은 시스템으로 사업을 하고 있다면 전화로도 연결을 할 수 있다. 반대로 스폰서와 전혀 다른 시스템으로 사업을 하고 있다면, 전화로 연락을 하기는커녕 스폰서가 아무리 이해시키려 해도 소용이 없을 것이다. 요점은 NWM이라는 같은 시스템이어야 가능하다.

② 확률을 높이려면 : 나 자신이 NWM으로 성공할 수 있는 확률을 높이고 싶다면 스폰서, 업라인과 같은 NWM 시스템을 이용하는 것이 중요하다. 즉 NWM 시스템 안에서 결심과 행동으로 모든 것을 잘 극복해야 한다.

2) 시스템대로 사업전개

① 많은 성공자의 경험 : NWM에서의 성공은 스폰서와 업라인이 쓰고 있는 시스템으로 사업을 하고 안하고에 크게 좌우됨을 알 수 있다. 따라서 자신의 스폰서는 나 자신이 정말로 그들의 NWM 시스템으로 사업을 하고 있는지가 문제가 된다.

② 100% 신뢰 : 나 자신은 오늘이라도 스폰서에게 "나는 나 자신을 100% 신뢰한다. 또는 나 자신이 사용하고 있는 시스템대로 사업을 하겠습니다"라고 유언이든 무언이든 심중에 들어 있어야 한다.

3) 성공여건의 착각

① 착각하는 경향 : 일반인들과 디스트리뷰터, 혹은 이미 NWM으로 성공

한 사람들 중에는 'NWM으로 성공할 수 있는 것은 다음과 같은 배경을 가진 사람들뿐이다' 라고 생각하는데, 이는 잘못된 것이다.

② 성공할 수 있는 것 : NWM에서 성공할 수 있는 것은 ㉠ 사회적으로 알려진 사람이다 ㉡ 30대의 **연령층**이다 ㉢ 큰 사업을 하고 있다 ㉣ 독신이다 ㉤ 아이가 **없다** ㉥ 사장이다 ㉦ **결혼했다** ㉧ 사회적으로 **영향력**을 가진 사람을 스폰서했다 ㉨ 아이가 있다 ㉩ 대학졸업자이다.

③ 성공자의 어떤 특징 : 많은 성공자가 어떤 특정 그룹 사람들만, '학력 있는 사람들' 만을 골라서 스폰서했어도 어떤 사람은 NWM에서 성공하고 어떤 사람은 성공하지 못했다. 오늘날에는 많은 성공자의 귀중한 경험에서 NWM으로 성공하는 데에 있어, 그 사람의 연령, 성별, 학력, 직함, 국적, 종교, 인종 등의 **어떤 특정 사항**은 아무런 관련이 **없이** 오직 자신의 전력투구로 최종까지 싸워 보는 것이다.

(2) 성공여건의 구비

① 그룹리더란 : 스폰서와 업라인이 사용하고 있는 시스템을 100% 신뢰하며 9가지 그룹리더의 방법을 전부 NWM을 하고 있는 디스트리뷰터를 다른 디스트리뷰터들과 구별해서 '**그룹리더**' 라고 편의상 호칭하고 있는 것이다.

② 열쇠가 되는 사람 : '그룹리더' 를 특별한 단어를 사용해서 '키 퍼슨' 혹은 '**열쇠가 되는 사람**' 이라고 부를 수도 있다. 만약 나 자신이 가능한 단기간에 그룹을 **효율적**으로 크게 만들고 싶다면, '그룹리더의 방법' 을 **충분히** 이해하는 것이 매우 중요하며, 그를 존경하고 그 뒤를 따라야 한다.

③ 리더를 중심으로 : 무엇 때문에 그룹리더가 되는 것이 중요할까? 그것은 NWM에서 그룹은 **그룹리더를 중심으로** 모든 일이 이루어져 성공의 기틀이 되기 때문이다.

④ NWM에서 성공한 사람들은 모두 '그룹리더의 방법'을 갖추고 있다.
  NWM에서 성공하고 싶으면 왜 '그룹리더의 방법'을 갖추고 사업을
  해야 하는지를 이해하고 **자신도 그를 닮아 가야** 하는 것이다.

※ 5대 성공여건

◆ 제1의 성공여건(**리더의 자세**)

◆ 제2의 성공여건(**진지한 자세**)

◆ 제3의 성공여건(**가르치는 자세**)

◆ 제4의 성공여건(**협력하는 자세**)

◆ 제5의 성공여건(**선택하는 자세**)

1) 제1의 성공여건(리더의 자세)

① 어떻게 성공여건을 갖추어야 하는가? 그 첫번째 이유는 NWM으로 성
  공한 모든 사람이 **'그룹리더의 방법'**을 전부 갖추고 그대로 수행했기
  때문이다.

② 그리고 **그룹리더가 되지 못하면** NWM에서 성공할 수 있다는 보장도
  없고, 반대로 성공했다고 해도 긴 세월이 소요되며, 또 실패하기 쉽고,
  또 그 **뿌리를 내릴 수가 없다.**

③ 이때에 그룹리더가 되지 않으면 어느 정도 성공해도 어떤 레벨 이상으
  로는 절대로 올라갈 수가 없다. 따라서 **행동으로** 보여주면서 실천에 옮
  기도록 최선을 다해야만 성공할 수가 있다. 이것이 바로 '**리더의 자세**'
  가 된다.

2) 제2의 성공여건(진지한 자세)

① 어떻게 성공여건을 갖추어야 하는가? 그 두번째 이유는 **스폰서의 시간**

은 한정된 것이므로 그룹의 모든 사람들을 동시에 동일하게 서포트할
수 없기 때문이다. 그러므로 항시 이를 염두에 두어야 한다.

② 스폰서는 나 자신이 성공하기를 바라고 있다. 처음 디스트리뷰터가 되
었을 때는 여러 가지로 도와주지만 당신이 원한다면 나 자신이 성공할
때까지 필요한 충고를 아끼지 않고 언제나 한결같이 꾸준하게 노력할
것이다.

③ NWM에서는 의무나 강제가 전혀 없다. 모든 일들이 자원봉사 활동이
되며, 따라서 스폰서의 도움에 대해 나 자신은 피드백을 해야 하고 이
해를 해야 한다.

④ 스폰서의 그룹에는 나 자신만 있는 것이 아니며, 그의 시간은 한정적이
고 매우 귀중하기 때문에 상부상조하는 자세로 나가 주어야 한다.

⑤ 그렇기 때문에 아무리 어드바이스를 하고 도움을 주어도, 나 자신이
진지한 사업자세를 보여주지 않으면 스폰서도 돕기를 포기할 것이며,
여기에 천조자자조자의 노력이 필요하다. 하늘은 스스로 돕는 자를 도
울 것이다. 이것이 성공으로 가는 진지한 자세인 것이다.

3) 제3의 성공여건(가르치는 자세)

① 어떻게 성공여건을 갖추어야 하는가? 스폰서는 나 자신이 진지하게
사업을 해서 성공하고 싶어하는지를 알고 싶어할 뿐만 아니라. '그룹
리더가 되는 9가지 방법'을 갖추고 사업을 하는지 어떤지를 알고 싶어
하며, 늘 마음속으로 주시하고 감시하고 있어야 한다.

② 그러므로 스폰서는 NWM으로 성공한 사람들이 모두 그룹리더의 조건
을 갖추고 있음을 알고 있다. 때문에 그는 나 자신에게 그것을 가르쳐
주려고 항시 유념하고 있다.

③ 따라서 나 자신이 스폰서에게 "나는 그룹리더의 조건을 갖추고 사업을
하겠습니다"라고 말을 해도 그는 나 자신이 정말로 그것을 갖추고 사

업을 하는지의 여부를 직접적으로 알 길이 없다. 그러므로 항시 **접근**하려고 하며, **확인**하려고 **노력**하고 있다. 이것이 **성공**으로 가는 가르침의 자세이다.

4) 제4의 성공여건(협력하는 자세)

① 어떻게 성공여건을 갖추어야 하는가? NWM이란 그룹 내 사람들이 서**로 신뢰하고 서로 돕는** 협력관계에서 성립되기 때문이다. 언제나 낙오자를 주시하고 경계하고 있다.

② 이와 같은 협력관계는 당신이 "스폰서나 업라인을 신뢰하고, 그들이 쓰고 있는 시스템대로 사업을 하겠습니다"라는 결심을 그들에게 밝히는 것에서 시작되며, 사실 직고해야 한다.

③ 이때에 가장 좋은 방법이 '**그룹리더**' 가 되는 것이며, 스폰서와 업라인은 당신에게 귀중한 **시간과 노력을 투자**하는 것이 적합하다는 확신을 갖게 되며, 더욱더 기뻐하며 접근하려고 한다.

④ 그렇기 때문에 일반적인 사업에 있어서 **경영자의 최대 관심사는 채산성과 효율성**이다. 이 2가지를 도외시하면 성공할 수 없으며, NWM도 사업인 이상 가능한 한 손실을 적게 하고 큰 **성과**를 올리는 방법을 연구하여 크고 많은 성과를 거두도록 상시 **기도하는 마음**을 가지고 있어야 한다. 이것이 바로 **성공여건의 협력하는 자세**이다.

5) 제5의 성공여건(선택하는 자세)

① 어떻게 성공여건을 갖추어야 하는가? 나 자신이 '**그룹리더의 조건**' 을 충족시키면, 다음에는 나 자신의 다운라인 그룹에서 누가 '**그룹리더의 조건**' 을 갖추고 있는가를 구분할 수 있어야 되기 때문에 당신을 예의 주목하면서 질문과 타이름을 게을리하지 않는다.

② 이와 같이 할 때에 나 **자신**이 먼저 그룹리더가 되는 것을 가려 낼 수가

있다. 그렇다면 왜 다운라인에서 누가 그룹리더인지를 구별해 내야 하는가? 거기에는 몇 가지 이유가 있다. 이것을 분석해 보면

㉠ **그룹리더를 중심으로** : 다운라인 그룹도 눈사람을 만들 때의 원리와 똑같이 '그룹리더'를 중심으로 **차츰차츰** 순차적으로 키워 나갈 수 있는 것이다.

㉡ **시간과 노력을 낭비하지 않도록** : 나 자신의 시간도 한정되어 있으므로 그룹원 전체에게 시간을 할애할 수 없기 때문에 다운라인 그룹에서 누가 '그룹리더'인가를 파악하면, 귀중한 **시간과 노력**을 낭비하지 않고 **최대한 효과적**으로 사용할 수가 있으며, **짧은 시간에 많은 성과**를 거둘 수 있기 때문이다.

㉢ **도움을 필요로 한다고 착각** : 나 자신의 서포트를 필요로 하는 것은 그룹리더뿐이기 때문에 스폰서 경험이 적은 디스트리뷰터들이 범하는 잘못 가운데 하나가 디스트리뷰터가 된 모든 사람들이 **자신의 도움을 필요로 한다고 착각**하는 것이다. 그러나 그는 이미 **자생력을 갖추고 스스로의 행동**을 하고 있다.

㉣ **사업의 포기** : 스폰서한 사람들이 단기간에 좋은 결과를 얻지 못하면 그들은 낙담하게 되며, 사업을 포기해 버릴지도 모른다. 그룹리더가 아닌 사람들은 언젠가는 일을 그만둬 버린다. 왜냐하면 조건 중에서 하나라도 빠지면 결과가 나오지 않으므로 NWM에서는 크게 성공할 수 없기 때문에 자포자기하지 않도록 '자라나는 나무도 물이 필요하듯이 항시 거름과 물을 생각' 해야 한다. 이것이 바로 성공여건의 선택하는 자세이다.

2. 성공으로 가는 키 포인트는 그룹리더가 되는 것

(1) 신념을 가지고

① 신념을 갖고 '상기한 5가지 성공여건과 뒤에서 설명하는 9가지 방법'
을 확실하게 갖춰 사업을 하면, NWM에서 성공할 확률이 비약적으로
높아지며, 결실을 거둘 수가 있다.

② 왜냐하면 NWM에서 성공한 사람들은 모두 '5가지 성공여건과 9가지
방법'을 갖추고 있기 때문에 성공할 수 있었다고 보아도 과언은 아니
기 때문이다.

(2) 일정 랭크 위로

① '5가지 여건과 9가지 방법'을 전부 알지 못하면 절대로 일정 랭크 위로
올라가지 못하기 때문에 이것을 철저히 철저히 연구하고 분석하고 관
찰해야 한다.

② NWM 사업은 그룹리더가 아닌 사람들은 좋은 결과를 얻지 못하므로
언젠가는 NWM을 그만두게 되고 결국 실망과 좌절의 비애를 맛보게
된다.

③ NWM에서 그룹은 눈사람을 만들 때의 원리와 같이, 그룹리더를 중심
으로 성장하기 때문에 그룹리더가 언제나 의욕적으로 이것을 수행하지
않으면 안된다.

(3) 신뢰와 협력으로

① NWM 사업은 서로를 신뢰하고 서로 돕는 협력관계에서 성립한다. 그
리고 그 협력관계의 첫걸음은 스폰서의 도움에 피드백하는 것이다. 그
리고 가장 좋은 피드백은 나 자신이 그룹리더가 되는 것이다. 이것은
뒤에서 수없이 강조했다.

② 나 자신이 그룹리더가 된다는 것은 나 자신의 스폰서나 업라인에게 나 자신이 ⊙ 업라인과 스폰서를 **신뢰**하며 ⓒ 열심히 사업을 하겠다는 결의를 보여주는 것이다. 그리고 이것은 **최초의 기회**가 되기 때문에 한시라도 방심해서는 안된다.

③ 만약 나 자신이 스폰서의 서포트를 원한다면, 가능한 빨리 **그룹리더**가 되어야 한다. 그렇게 하면 스폰서도 나 자신에게 **주목**할 것이며, 당신을 믿고 신임할 것이다.

④ 다운라인 그룹도 예외 없이 '그룹리더'를 중심으로 그룹이 확장된다. 아무쪼록 열심히 해서 그룹리더가 되기를 바란다.

(4) 아낌없이 시간을 써라

① NWM 사업은 그룹이 커지면, **시간적·체력적**으로 그룹 내 모든 사람들에게 나 자신의 시간을 투자할 수 없게 된다. 그렇다면 누구에게 **시간을 많이** 할애할 것인가? 그 대답은 그룹리더이다. 왜냐하면 그룹리더가 성공의 **키 포인트**이기 때문이다.

② 그리고 나 자신의 다운라인에서 누가 **그룹리더**인가를 파악하고 그에게 아낌없이 시간을 써야 한다. 그러기 위해서는 먼저 자기 자신이 그룹리더가 되어야 한다. 여기에 불 같은 **열정**이 필요한 것이다.

③ 그렇기 때문에 당신이 스폰서한 사람들 중에서 정말로 나 자신의 도움을 필요로 하는 사람들은 '**그룹리더의 방법**'을 갖추고 스폰서한 사람들을 비교적 단기간에 성공시키지 못하면 그들은 **좌절한다**.

(5) 자기 자신의 체크

① **자기 자신을 체크**하면서 나 자신이 이 사업에서 성공하려면 무엇을 해야 하는지에 대해서 알아야 한다. 이제 나 자신이 가장 먼저 **그룹리더**가 되어야 한다는 것을 알았을 것이다. 지기지피면 백전백승이기 때문

이다.

② 그럼 그룹리더가 되는 방법은 정말로 9가지뿐일까? 개인적으로 나는 그룹리더가 되려면 수없는 방법이 있고, 또 그것을 준비해야 성공할 수 있다고 생각한다.

③ 이와 같이 실제로 그룹리더가 되기 위해서는 9가지 방법을 갖추기만 해도 가능할 수 있다.

④ 어떤 사람은 "그룹리더가 되는 데에는 9가지 방법밖에 없다지만 실제로 어떤 식으로 일을 해야 하는가?"라고 의문을 품을지 모른다. 이것은 아래 절에서 상세하게 설명하고 있다.

NWM 사업의 9대 사업능력 촉진방법

1. 장기적이며 안정적 사업

(1) 사업촉진방법 9가지 순서

① 제1사업능력 촉진방법 : 기도하는 자세 → 매일 3회 이상

② 제2사업능력 촉진방법 : 사업계획 설명 → 매주 1회 작성 설명

③ 제3사업능력 촉진방법 : 자사 제품 → 100% 사용

④ 제4사업능력 촉진방법 : 고객유치 → 최소한 15명

⑤ 제5사업능력 촉진방법 : 정기적 카운슬링 → 월 2회

⑥ 제6사업능력 촉진방법 : 테이프 청취 → 하루 20분씩

⑦ 제7사업능력 촉진방법 : 매일 독서 → 매일 20분 이상

⑧ 제8사업능력 촉진방법 : 회의 참석 → 빠짐 없이

⑨ 제9사업능력 촉진방법 : 팀워크의 학습 → 월 1회

(2) NWM과 직접 관련된 요건

① NWM 사업에서 사업을 촉진시키는 방법으로 제일 먼저 해야 할 것은 기도하는 자세이다. 그 다음 3가지 방법은 ㉠ 최소한 1주일에 1회, 사업계획을 보여준다 ㉡ 100% 자사 제품을 사용한다 ㉢ 사업활동에서 최소한 고객을 15명 확보할 것 등이다.

② NWM 사업에서 3가지 방법은 모두 NWM에 관련된 것이다. NWM이란 일반적으로 ㉠ 제품을 자신이 100% 사용 ㉡ 스폰서 활용 ㉢ 소매활동 3가지를 가리킨다. 이 세 조건만이 매출규모를 증가시키는 데 직접 관여하기 때문에 꼭 필요한 것이다.

③ 처음부터 남에 대한 배려, 적극적인 마음자세, 리더십을 발휘하는 법, 성공하는 사람의 사고방식을 갖추고 있는 사람은 위의 3가지 사항을 실행하면 NWM에서 성공할 가능성이 높은 것으로 본다.

(3) 단기간에 성공한 이유

① NWM 사업은 **모두 같은 조건에서** 사업을 하는데, 어째서 어떤 사람은 단기간에 성공하는데, 왜 오랜 시간이 걸리는 걸까. 그 이유를 분석해 보면 아래와 같다.

② NWM 사업에서 단기간에 성공한 사람은 사업을 하기 전부터 타인에 대한 배려심과 적극적인 마음자세, 리더십, 성공하는 자의 사고방식이 갖춰져 있기 때문이다.

③ 나머지 6가지 방법은 ㉠ 매일 추천받은 **책을 20분간** 읽는다 ㉡ 매일 성공한 사람들의 테이프를 듣는다 ㉢ 모든 미팅에 참가한다 ㉣ 팀 플레이로 사업을 한다 ㉤ 정기적으로 카운슬링을 받는다 ㉥ 기도하는 자세 등이다. 이들 6가지 방법은 직접적으로 NWM과 관계가 없다. 따라서 이들 6가지 방법을 실행해도 직접적으로 매출규모를 올릴 수 있는 것은 아니고 여기에 **분석과 연구가** 겸비되어야 하는 것이다.

④ NWM 사업은 책과 테이프에는 포인트가 없으며, 미팅에 참가해도 포인트가 쌓이지 않기 때문에 어떻게 **활용하느냐가** 성공의 비결이다.

⑤ NWM 사업은 팀 플레이로 사업을 해도 **포인트는 가산되지 않는다.** 이들 방법은 전부 당신이 인간적으로 성장하는 데 필요한 조건으로, 장기적으로 강한 네트워크를 구축하는 데 **없어서는 안되는 조건이다.**

(4) 누구나 할 수 있는 사항

① '그룹리더가 되는 9가지 방법' 을 전부 실행함으로써 NWM에서 성공하는 태도, 마음자세, 사고방식을 확실하게 익힐 수 있으며, 장기적으로 이득이 되는 안정된 생활을 구축할 수 있게 되며, 마음이 언제나 기쁜 상태로 유지될 수 있다.

② 나 자신은 자사 제품을 쓸 수 있는가? 주 1회, 사업계획을 보여줄 수 있는가? 고객 15명을 유지할 수 있는가? 하루에 **20분간 책을** 읽을 수 있

는가? 테이프를 들을 수 있는가? 미팅에 참가할 수 있는가? 회의에 빠짐 없이 참석할 수 있는가? 정기적으로 카운슬링을 받을 수 있는가? 팀워크 학습을 할 수 있는가? 기도하는 자세를 가질 수 있는가? 물론 그들 9가지 사항을 갖추는 데에 **당신의 백그라운드**(연령, 학력, 경력, 직함, 성별, 국적, 용모 등)는 전혀 상관이 없이 **자기의 마음과 행동**에 달려 있다.

③ 머리의 좋고 나쁨, 남 앞에서 연설을 잘하고 못하고, 안경을 썼느냐 안 썼느냐, 키가 작은가 큰가, 20세 젊은이인가 70세 연장자인가, 미국인이든 한국인이든 필리핀인이든 독일인이든 **전혀 관계가 없이** 누구나 다 할 수 있고 언제나 어디서나 할 수 있다.

④ **하고자 하는 의지만** 있으면, 누구나 이 **9가지 방법을 충족**시킬 수가 있다. 그리고 9가지 방법을 전부 충족시켜서 사업을 하면 누구나 **성공**을 손에 쥘 수가 있으며, 이 세상 모든 사람이 부러워할 것이다.

⑤ 이것이 일반 기업이었다면 어떨까? 학력도 없고, 나이도 너무 많고, 여성이고, 한국 국적이 아니고, 미경험자라는, 스스로 컨트롤할 수 없는 이유로 면접도 보지 못할 것이다. 그런 의미에서 **누구나 받아 주는** NWM은 위대하고 **높은 차원**의 과제이며, 사람이면 누구나 할 수 있는 기회가 부여되는 것이다.

2. 제1사업능력 촉진방법 : 기도하는 자세를 갖자

(1) 언제, 어디서나 마지막으로 한 번 더 기도한다

1) 기도하면서 기대해 본다

① 사람은 누구나 **자기의 힘**을 믿고 일하지만 자기 위에서 하느님이 나를 보고 있기 때문에 나 **자신이 총력**을 다해서 이 일이 성공될 때까지 온

힘을 다하겠다는 **마음의 자세**가 되어 있어야 한다. NWM에서 성공한 디스트리뷰터들을 조사해 본 결과, 이상에서 설명한 '그룹리더가 되는 9가지 방법'을 전부 갖추고 열심히 했지만 어딘가 **하느님의 힘**이 있었다고 믿고 열심히 일했다고 했다.

② 하느님은 **스스로 돕는 자를 돕는다**는 성서구절을 명심하고 NWM을 하고 있는 자기 자신이 거짓이 없고 남을 괴롭히거나 남에게 해가 되는 일은 하지 않겠다는 것을 명심하고, 또 그렇게 해서는 절대로 안된다. 사람은 하고자 하는 일에 불타 있을 때에 잠이 오지 않고 그 일을 수행해 나가는 데에는 꼭 **기도**가 요망되는 것이다.

③ 만약 당신이 NWM을 해서 단기간에 성공하고 싶다면 '그룹리더의 방법'을 충분히 이해하는 것이 매우 중요하지만 이때 많은 기도와 정성이 요구된다. 즉 매일 3회 이상 기도가 필요하다.

2) 기도는 성공의 열쇠이다

① 왜 기도가 중요한 것일까? 그것은 NWM에서 **자기 자신의 수련**은 물론이요, 자기의 잘못이 없을 때에 행동을 보고 그것을 배우면서 그대로 따라오는 것이다.

② 커다란 눈사람을 만들려면, 처음에는 작은 것이 '**중심**'이 되는 덩어리를 만들고, 그것을 굴려서 점점 큰 눈덩어리로 만든다. 이때에 무에서 **유를 창조**하고, 작은 것을 크게 만드는 원리는 **자기의 노력과 행동**이 중요하지만 그것보다 더 중요한 것은 **정성과 정신, 기도와 결심**이 앞서야 하는 것이다.

(2) 리더가 중심이 되어 기도하는 자세를 가져라

1) NWM과 기도

① 우리의 행동 뒤에는 언제나 **세심한 계획**과 이에 따른 **기도**가 있어야 한

다. 나의 힘도 중요하지만 하느님의 도움 없이는 성공할 수 없다는 마음의 자세를 가지고 정성 어린 기도를 하면서 일에 착수해야 한다.
② NWM에서 그룹을 크게 만들어 가는 과정이란, 그룹의 중심이 되는 그룹리더를 찾는 일이다. 또한 **그룹리더는 모범**을 보이는 것이다. 여기에는 자기 잘못이나 자기의 사리사욕이 앞서서는 안된다. 따라서 하느님과 맹세하면서 나보다는 주위 사람을 위해서 주위 사람보다는 **정의**를 위해서 노력한다고 생각하고 정성 어린 기도를 해야 한다.

2) 기도하는 습관을 기르자
① 우리가 매일 되풀이해서 행하는 **기도하는 습관**은 개개인의 **인생행로**를 결정하는 가장 좋은 **정신**이며, 또한 구체적인 **기본 원리** 가운데 하나이다.
② 불교, 기독교, 천주교, 유교 등 어느 **종교를 막론**하고, 미국, 중국, 영국 등 어느 **국가를 막론**하고, 어른, 아이, 학생, 군인 등 어느 **누구를 막론**하고 하느님을 부정하는 사람은 없다. 따라서 우리는 하느님 앞에 엎드려 기도해야 한다. NWM은 기도 없이는 이루어질 수 없다.
③ 『명심보감』에 제일 먼저 나오는 말이 하느님은 착한 일을 하는 사람에게는 복으로써 갚아 주고 착하지 않는 일, 즉 악한 것을 하는 사람에게 화로써 갚아 준다는 것이다(子曰爲善者는 天而報之以福하고 爲不善者는 天而報之以禍니라).

3) 기도는 준비하는 자세이다
① 우리는 무엇을 기다리는 **초조한 마음**이야 이루 헤아릴 수 없지만 그 기다림 속에서 조금씩이나마 **미래를 설계**하고 기도하는 마음으로 준비하는 것도 무엇보다도 큰 기쁨이 될 수 있다.
② 우리의 **삶을 가치 있게** 하기 위해서 **미래를 준비**하는 자세로 다시 한 번

마음을 가다듬고 위에서 말한 '남에게 해가 되거나, 남을 괴롭히거나, 남을 못살게 하거나, 남에게 죄가 되는 일을 하지 않도록 기도하는 자세가 필요하다' 는 것을 준비하는 자세이다.

4) 다운라인의 기도

① 오랫동안 땅 위에 엎드려 있던 새는 한번 날면 높이 날아간다. 사람도 이와 같이 엎드려 기도하면 힘을 기르는 기간이 길면 길수록 한번 일어서면 힘차게 활약할 수 있다.

② 사업 초기 단계에서 우리가 해야 할 일은 되도록 빨리 그룹리더가 되도록 **마음의 자세, 기도하는 자세**를 가져야 한다는 것이다. 자신이 그룹리더가 되어 이 9대 사업능력 촉진방법을 모른다면 자신은 앞으로 그룹리더가 되지 못하며, 다운라인의 그룹리더의 방법을 가르칠 수가 없을 것이다. 여기에서 하느님 앞에 엎드려 기도하는 자세가 거듭거듭 필요한 것이다.

(3) 책임완수의 기도를 하라

1) 우리의 책임을 다하도록

① 우리가 생활하고 있는 가운데 어떤 형태로든 자기에게 주어진 **책임**을 완수하면서 삶을 엮어 가고 있기 때문에 우리는 기도해야 한다.

② 자신의 책임을 다하지 못한 사람도 그 책임이 갖는 의미와 그 실행방법을 몰라서라기보다는 **철저한 사명감**을 갖고 자기에게 **맡겨진 책임감**을 다하려는 행동과 여기에 따른 기도가 필요한 것이다.

2) 일정한 목표를 향해

① 우리는 주위에서 입버릇처럼 책임을 들먹이는 사람을 종종 볼 수가 있다. 잘못했다가 책임이 나에게 돌아오지 않을까? 공연히 긁어 부스럼

을 내지 않을까? 이런 식의 여러 가지 눈치를 본다.

② 얻어맞기를 두려워하는 권투선수는 크게 성공할 수 없다. 사고나는 것을 두려워하는 사람은 차를 운전할 수 없다. 자기에게 돌아올 책임 불이행의 추궁이 두려우면 책임을 질 수 없으며 조직의 한 사람으로서 자격이 없는 것이다. 일정 **목표**를 향해 나아가는 조직으로서 **책임**을 다하는 **자세**가 무엇보다 중요하다. 여기에 기도가 앞서야 된다.

3. 제2사업능력 촉진방법 : 사업계획을 작성하자

(1) 최소한 1주일에 한 번 사업계획을 수립

1) 뿌린 씨앗과 수확량을 정확하게 하라

① NWM 사업에서는 '자기 자신이 뿌린 씨앗의 수로 수확량이 결정된다.' 자신의 수입, 친구의 수, 소유물, 사회적 지위, 그리고 가족 등 전부 나 자신이 **뿌린 씨앗이 자란** 결과이다. 따라서 노력하라.

② 이 **씨를 뿌리는** 일이 바로 행동을 개시하는 것이다. 행동을 개시하면 반드시 반응이 있고, **수확**으로 이어지면 보람이 된다.

③ 우리는 사랑의 **씨**를 뿌리면 사랑의 **결실**이 열리고, 사회에 **이익**이 되는 씨를 뿌리면 **풍작**이 된다는 자연의 섭리를 알고 있어야 한다.

④ 이와 같이 NWM에서 씨앗을 뿌리는 행위란 무엇일까? 그것은 사람들에게 **사업계획을 설명**하는 것이다. 그리고 뿌린 씨앗의 수로 수확량이 결정되는 사업계획을 잘 작성해서 그대로 실천에 **옮기는** 방안을 모색해야 하는 것이다.

2) 사업계획을 보여준다

① NWM 사업에서 그룹리더가 되는 또 하나의 조건은 **정기적으로** 사업계

획을 프로스펙터에게 보여주는 것이다. 이것은 사업계획을 설명하는
회의에 프로스펙터를 데리고 간다는 의미가 아니다. 당신 자신이 최소
한 1주일에 1회는 프로스펙터 앞에서 **사업계획을 설명한다.** 이것은 바
로 사업을 추진할 수 있는 기틀이 마련되는 것이다.

② NWM 사업에서 홈 미팅이나 1 대 1 미팅도 프로스펙터 앞에서 계획을
설명하면, 그것을 보고서 **가능성을 평가하며** 수행할 수 있는 방법을 연
구하는 것이 된다.

③ NWM 사업에서 말하는 정기적이란 '매주 1회' 반드시 사업계획을 보
여주는 것이다. 이것이 **습관화되면** 스스로 그것을 하고 싶고, 그 평가
에 의해 힘을 쏟고 또한 **자기 자신을 구속해서** 성공으로 몰고 가는 기
틀이 되는 것이다.

3) 자기 자신의 테크닉이 녹슨다

① NWM 사업에서 자기 자신이 작성한 **정기적인 사업계획을** 보여주지 않
으면 **테크닉이 녹슨다.** 가령 내가 새롭게 두 사람을 스폰서했다고 할
때에 한 사람은 정기적으로 최저 1주일에 한 번 사업계획을 보여주고,
또 한 사람은 첫째 주에는 네 번, 나머지 3주 동안에는 전혀 계획을 보
여주지 않았다고 가정할 때에 그 달은 양자 모두 평균으로 보면 1주일
에 한 번씩 계획을 보여준 셈이 되지만, 그 사람 중 어느 누가 더 잘했
느냐고 따진다면 전자가 훨씬 더 잘한 것으로 볼 수 있다.

② 그렇기 때문에 1주일에 1회 계획을 보여주지 않으면 테크닉은 **쓰지 않**
는 도구처럼 녹슬어 버리는 것이다. 또 NWM을 자동차에 비유해서 말
하면, 계획을 보여주는 것은 시동을 걸고 처음 차를 출발시키는 것과
같다. 정기적으로 계획을 보여준다는 것은 액셀러레이터를 서서히 밟
고 차를 계속 가속시키는 것과 같은 이치로 분석할 수 있는 것이다.

③ NWM 사업에서 한편 정기적으로 계획을 보여주지 않는다는 것은, 일

단 움직인 차의 액셀러레이터에서 발을 떼고 차를 서서히 세우는 것이나 다름없다. 사업계획은 자기만 알고 있을 때와 프로스펙터 앞에서 설명했을 때와는 차이가 너무 큰 것이다. 계획을 외부에 설명했을 때는 더욱 **책임감**이 강해지기 때문이다.

(2) 누구나 모방할 수 있도록

1) 간단하게 정리하여 발표한다

① 자기 자신의 사업계획은 누구라도 모방할 수 있도록 **간단하게 정리**하라. 그룹리더의 제2조건은 최저 주 1회 사업계획을 발표하고 보여주어 **자신을 스스로 구속**하는 것이다.

② 이와 같이 성공한 사람들의 오랜 경험에서 볼 때 "정말로 NWM에서 성공하고 싶다!"고 의욕에 넘치는 사람이라면, 주 1회가 아니라 주 몇 회라도 또 수정하고 작성해 보고 또 깊이 생각하여 수정해 보고 한 다음 이것을 보여주면서 설명함으로써 평가도 받고 확정시키는 결과가 되는 것이다.

2) 빨리 성공하려면 계획을 잘 작성하라

① NWM 사업에서 자기 자신이 가능한 빨리 성공하고 싶다면, 주2, 3회 계획을 작성 검토한 후에 보여줘도 상관없다. 한 주에 **몇** 번이고 보여 도움을 청해야 한다.

② 따라서 프로스펙터에게 보여주는 사업계획은 누구나 이해하기 쉬운 것이어야 한다. 그와 동시에 **누구든지 모방할 수 있는 심플**한 것이어야 한다.

③ 왜냐하면 NWM이란 초보자가 경험자를 따라하는 '카피 비즈니스'라고 할 수 있기 때문이다.

④ 자기 자신이 사업계획을 세웠는데, 미팅에 참가한 프로스펙터들은 '그

렇게 어려운 설명을 평가해야 한다면 이 일을 해낼 수 없기 때문에 누구나 알기 쉽고 보기 쉬우며 이해하기 쉽도록 작성해야 한다.' 이것은 자기가 해나갈 수 있다는 의지표현이 되기 때문이다.

4. 제3사업능력 촉진방법 : 자사 제품을 사용하자

(1) 제1방법은 100% 자사 제품을 사용해야만 된다

1) NWM의 기본 사항이다

① NWM 사업은 **자사 제품의 100% 사용자**가 되어야 한다. 그룹리더의 제1조건은 자사 제품의 100% 사용자가 되는 것이다. NWM 회사가 취급하는 제품을 조사해 보면 알겠지만, 제품은 '팔려는 목적' 보다는 '사용할 목적' 으로 만들어진다. 따라서 여기서 취급하는 제품은 제일 가치가 있고 품질이 좋아야 한다.

② 좀더 쉽게 말하면, 제품은 가장 먼저 디스트리뷰터들 **자신이 사용하기** 위해 만들어진 것이라고 생각하고 이 제품을 꼭 사용해야 한다.

③ NWM 사업은 **회사를 신뢰**하고 디스트리뷰터가 된 사람들에게 최고의 물건을 쓰게 하고 싶은 바람에서 **고품질의 제품**을 만들고 있다. 여기에 불량품이 있어서는 안된다.

④ 그러므로 자사 제품의 100% 사용자가 되는 것은 **사업의 기본 중의 기본**이다. 이것을 어기고 NWM을 하려면 그것은 사기이다.

⑤ NWM 사업은 "자사 제품의 100% 사용자가 되라!"고 말하면, 어떤 디스트리뷰터는 수많은 자사 제품 중에서 2~3점의 제품을 쓰면서 "나는 자사 제품의 100% 사용자다!"라고 착각하는 경우도 있다. 그것은 자기가 필요한 제품만을 뜻하는 것이다.

⑥ NWM 사업의 100% 사용자란, 현재 당신이 쓰고 있는 **생필품 전부**를

자사 제품으로 바꾸는 것을 의미한다. 만약 타사 제품을 쓰고 있다면 그것은 배반자이며, NWM을 해서는 안되는 것이다.

2) 신뢰와 모범을 보여야 한다

① **자사 제품을 100% 신뢰** : 대부분의 액티브 디스트리뷰터들은 한 번쯤 경험해 봤겠지만, 제품을 실제로 보고도 아무 반응이 없는 프로스펙터가 있다. 그것은 제품의 품질이 나빠서가 아니라 그 제품의 필요성이 없기 때문이다.

② 따라서 그것에 대해 너무 걱정할 필요는 없다. 그것은 제품의 품질이나 설명방식에 문제가 있는 것이 아니라, 제품을 보고 있는 프로스펙터의 감수성에 문제가 있기 때문이다. 그리고 우선 그 제품이 꼭 필요한 것이 아니기 때문이다.

③ **자신이 그룹 사람들의 모범** : 당신이 디스트리뷰터가 된 회사가 화장품을 취급하고 있다고 가정해서 이를 설명해 보면

④ 나 자신은 "지금 쓰고 있는 립스틱을 다 쓰고 나서 자사 브랜드로 바꾸자"고 생각한다면, 또 나 자신이 타사 제품을 쓰고 있다면, 그룹 사람들에게 "자사 제품을 100% 쓰세요" 하거나, "자사 제품은 피부에 좋고 품질도 뛰어나니까 사용해 보세요"라고 말할 수 없을 것이고, 또 그렇게 말했다면 사기행위나 다름없는 것이다. 왜냐하면 자기는 사용하지 않으면서 권유했기 때문이다.

⑤ 그리고 또 그룹 사람들 앞에서 타회사의 립스틱을 꺼내 화장을 했다면 그것은 큰 잘못이다. 그렇기 때문에 그들은 '내 스폰서는 말하는 것과 행동하는 것이 일치하지 않는다' 라고 생각할 것이다. 그러므로 자기 자신이 먼저 행동으로 옮기고 다른 사람에게 권유해야 올바른 거래행위가 되는 것이다.

(2) 사고방식과 불량품의 제거

1) 소심한 사고방식은 금물이다

① NWM 사업은 몇백 원을 절약하려는 소심한 사고방식으로는 큰 성공을 기대할 수 없다. 디스트리뷰터 중에는 "이 제품의 냄새가 싫다" 라면서 자사 제품을 쓰지 않는 사람들이 있다. 그래도 상관없다. 그러나 절대로 그룹리더는 될 수 없고 NWM의 자세가 아니다.

② "자사 제품은 가격이 비싸다"고 말하면서 타사 제품을 쓰고 있는 사람도 있지만, 그래도 상관없다. 가끔 슈퍼마켓에서 사업촉진을 위해 손해를 각오하고 특매품을 반액 세일한다. 이런 행위를 구체적으로 살펴보면 그 속마음은 다르다.

③ 임시변통의 눈가림으로 특매품에 싼 가격을 책정해서 전단에 싣고 손님을 끌어들인 뒤, 찾아온 고객에게 다른 제품을 충동 구매하게 만드는 상술이다.

④ 그러므로 특매품의 가격과 자기 회사가 취급하는 제품의 가격을 비교해 보면, 물론 자기 회사 제품의 가격이 비쌀 것이다.

⑤ NWM 사업은 이와 같이 가격이 싼 타사 제품을 사면 그때는 절약한 것처럼 생각되지만, 절대로 당신의 꿈을 이룰 수는 없을 것이다. 더욱이 NWM 사업에서는 이것은 허용될 수가 없는 것이다.

2) 불량품은 신용을 타락시킨다

① NWM 사업에 있어서 불량품은 모든 신용을 잃게 한다. 어떤 사람은 "우리 회사 제품은 정말로 품질이 좋습니까?"라고 말하지만, 품질이 나쁘다면 처음부터 그 제품을 시장에 내놓지 않을 것이다. 그것은 우선 팔리지 않은 것이며, 팔린다 하더라도 반품이 계속될 것이다.

② 그렇기 때문에 불량품을 하나라도 내놓으면, 자기 회사는 몇억 원의 손해를 입을 뿐만 아니라, 그때까지 구축해 온 신용을 전부 잃어버리기

때문이다. 특히 NWM이 취급하는 제품은 품질만은 어느 제품보다 좋아야 한다.

5. 제4사업능력 촉진방법 : 양질의 고객을 확보하자

(1) 최저 15명 정도의 고객 확보

1) 정기적으로 제품주문 고객을 확보해야 한다

① 제품주문 고객이란 정기적으로 제품을 주문하는 사람을 뜻하며 **최저 15명의 고객**을 유지하는 것을 말한다. 그리고 15명의 고객을 서비스해서 얻은 이익을 **사업경비**에 쓰거나 다단계로 NWM 요원에게 분배하는 것이다.

② NWM 요원의 **가계에 도움**이 되고 **사업도 번창**하게 되는 것이다.

③ 여기에서 말하는 고객이란, 디스트리뷰터 이외에 정기적으로 **제품**을 **주문**하는 사람으로 한 번 제품을 사 주는 사람이 아니라 **계속해서 소비**하는 사람을 뜻하며, 매달 제품을 1개라도 주문하는 사람은 NWM의 고객이 되는 것이다.

④ 자기 자신이 프로스펙터의 **네임 리스트**를 작성해서 그와 함께 **고객 리스트**도 만들어 두면, 그룹 사람들에게 보여줄 수가 있다. 고객 리스트를 보여주고, 이 제품을 권유할 수 있다.

2) 자신이 원하는 수만큼 확보해야 한다

① NWM 사업에서 고객은 **자신이 원하는 수만큼** 갖는다는 목표를 가지고 15명의 고객을 갖는 것이지만, 어떤 사람은 "100명을 가져도 괜찮을까요?"라든가 "고객을 전혀 갖지 않아도 괜찮습니까" 같은 의문을 가질지도 모른다. 물론 NWM 사업은 자기 자신이 생각하기에 따라 각각 달

리할 수 있다.

② 자기 자신이 만약 본업은 따로 있고, 아르바이트로 NWM 사업을 해서 큰 수입을 얻고 싶어한다면, 정기적으로 50명의 고객을 서비스하여야 한다. 이것은 시간적으로나 체력적으로 어렵지만, NWM을 본업으로 하고 있다면 이것은 가능하다고 생각된다.

③ NWM 사업에서 성공하려면 몇 명의 고객을 갖고, 제품을 얼마나 유통시켜야 할까? 그 대답은 ㉠ 자사 제품의 100% 사용자가 되고 ㉡ 최저 15명의 고객을 확보하는 것이다. 이렇게 될 때에 틀림없이 한 달에 최저 몇십만 원의 제품을 유통시키는 것이 가능할 것이며, 이에 따라 자기에게 돌아오는 수입도 크게 늘어날 것이다.

(2) 최저 15명과 악덕 판매법을 써서는 안된다

1) 15명의 고객확보

① 왜 고객은 최저 15명인가?

NWM 사업에서 그룹리더가 되는 조건은 최저 15명의 고객을 보유하는 것이다. 20명도, 50명도 아닌 '왜 15명인가?' 라고 이상하게 생각하는 사람은 아래와 같은 생각을 해보면 이해가 잘될 것이다.

② NWM 사업은 예를 들어 100명의 디스트리뷰터들이 최저 15명의 고객을 갖고 있다고 하면, 자신을 포함해서 총 인원은 1,515명(101×15)의 고객을 서비스하는 결과가 된다.

③ 이와 같이 가령 1,515명의 고객 전원이 평균 1만원만큼 제품을 구입하면, 그룹 전체적으로는 한 달에 1,515만 원의 제품이 유통된다는 뜻이 된다. 이것이 10곳 100곳으로 확장되면 어떻게 되겠는가?

④ 우리 자신이 디스트리뷰터가 되어서 사업에서 성공하자고 결심했다면, 회사와 제품을 믿고, 시스템과 스폰서나 업라인을 믿고, 그들이 어드바이스한 대로 사업을 하면 성공할 수 있다. 자동차 엔진 속의 자세한 구

조까지는 몰라도 운전을 할 수 있듯이, 스폰서나 업라인이 말하는 것을 잘 이해하지 못해도 그들이 하라는 대로 사업을 하다 보면 그렇게 성공할 수 있는 것은 분명하다.

⑤ NWM 사업에서는 원한다면 15명을 보유하는 데 10년이 걸려도 상관없다. 그러나 '그룹리더의 조건'을 구비하지 못하는 한 NWM을 해도 절대로 성공하기 어렵다. 그렇기 때문에 스폰서는 '이 NWM에서 성공하고 싶다면 가능한 빨리 100%의 제품을 사용하고 가능한 빨리 고객 15명을 발견해야 된다.' 따라서 스폰서나 업라인의 어드바이스로 사업을 하면 NWM은 성공하는 것이다.

2) 악덕 판매법을 써서는 안된다

① NWM과 악덕 판매법의 차이는 무엇인가? 악덕 판매 행위의 대명사인 '피라미드 판매'의 특징은

ㄱ 디스트리뷰터를 등록시키는 행위 자체에서 수익 발생.

ㄴ 권유활동을 목적으로 하는 금전배당 조직이다.

ㄷ 사업구조의 전업화 유도.

ㄹ 품질보증 및 환불제도가 없다.

ㅁ 재고부담을 강제적으로 의무화한다 등을 들 수 있다. 그러나 NWM은 이러한 특징에 전혀 해당되지 않는 합법적인 사업이다.

ㅂ 가입자에게 많은 입회금을 의무화한다.

ㅅ 품질이 나쁜 고가의 내구재를 판매한다.

ㅇ 사업성격이 단기간에 손쉽게 돈을 벌려는 판매방식이다.

② NWM 사업에서 판매활동을 일체 하지 않고 스폰서 활동만 한다면 NWM을 잘 모르는 사람들이 "사업방식이 피라미드 같아"라고 평가해도 잘못된 평가라고 볼 수는 없다.

③ 이와 반대로 판매활동만 하면 세일즈 사업이 되어 NWM으로 크게 성

공할 수 없다. NWM의 특징은 NWM을 만들어서 그 NWM 속에 제품을 유통시키고 그것을 기초로 마진을 분배하기 때문이다.

6. 제5사업능력 촉진방법
: 정기적으로 카운슬링을 하자

(1) 성공촉진 방법과 상담

1) 리더의 조건은 어떤 것인가?

① 9가지 방법 중에서 어떤 방법이 보다 중요한가? NWM 사업에서 그룹리더가 되는 방법은 '정기적으로 카운슬링을 받는다' 는 것이다. "9가지 방법 중에서 어느 것이 가장 중요합니까?"라는 질문에 대한 내 대답은 "전부입니다"일 것이다. 이와 같이 여기서 나오는 추진방법은 모두가 금언이요, 추진요령이요, 방법이다.

② NWM 사업에서 그룹리더의 방법을 생각해 보자. 천을 짜려면 여러 가지 실이 필요하다. 그룹리더의 조건도 천을 짜는 것처럼 여러 요소가 섞여 한 장의 천으로 성립되는 것이다. NWM 사업도 똑같다.

③ 그러나 천을 봐도 어떤 실이 중요하고 어떤 실이 중요하지 않은가를 지적할 수는 없다. 각각의 실이 전부 섞여서 아름다운 천을 만들기 때문에 옥석을 가리려고 애써서는 안되며, 더 열심히 더 착실히 할 수 있도록 지도해 나가는 것이다.

2) 카운슬링이란 어떤 것인가?

① NWM 사업에서 '카운슬링' 이란, 고통스러운 일이나 괴로운 일이 있을 때, 그 분야에서 성공한 사람에게 의논하고, 의견을 묻고, 충고를 받는 것으로 선지자가 미지자를 도와주는 것을 의미한다.

② 예를 들면 병원에 가서 전문의로부터 식생활과 운동방법 등 건강에 대한 충고를 받는 것은 '카운슬링을 받는다' 고 말하고 그로 말미암아 깨닫지 못한 부분을 새롭게 깨닫게 되는 것이다.

③ 이때에 의사가 권한 식이요법을 실행하는 것, 담배를 끊는 것, 음주량을 줄이는 것, 매일 운동하는 것 등은 본인이 **실천에 옮기느냐** 하지 않느냐 하는 **본인 자신에게** 달려 있다.

3) NWM 회사는 많은 카운슬링을 해준다

① NWM 회사는 NWM에서 가장 중요한 '**사업계획**' 을 우리에게 제공할 뿐만 아니라, 신제품의 연구개발, 제품 제조, 공급, 배달, 각종 사무관리, 시장조사를 하고, **매달 보너스를** 계산해서 디스트리뷰터들에게 지불해 주기 때문에 **용기와 힘을 북돋아** 준다.

② NWM에 필요한 여러 가지 **정보, 어드바이스, 카운슬링**을 개인적으로 해주는 것은 예전이나 지금이나 스폰서와 업라인임에 변함이 없다. 그러나 왜 사업방식을 설명한 매뉴얼 북을 보면서 혼자서 사업을 할 수 없는 걸까? 여기에는 생동하는 사람이 없고 **정성과 따뜻한** 인정이 살아서 흐르고 있지 않기 때문인 것이다.

(2) 카운슬링의 필요성과 가이드 라인의 도움

1) 카운슬링의 필요성은 무엇일까?

① 왜 NWM에서 성공하려면 정기적인 카운슬링이 필요한 것인가? 우리는 다른 사람의 도움이나 이런 분야에서 **여러 가지 지식과 테크닉을** 가르쳐 줄 **지도자나 코치의** 도움이 절실히 요망되는 것이다.

② 자기 힘만으로 그 분야에서 프로가 되려고 하는 자신의 모습을 상상해 보면 프로 스키어나 골퍼가 되기는 매우 힘들다. 혹시 됐다고 하면 많은 시간이 걸릴 것이다. 지도자나 코치는 그 분야에서 이미 성공했고,

당신의 성공을 믿으면서 당신에게 뭐가 필요한지, 어떤 일을 집중해서 하지 않으면 안되는지를 잘 알고 있기 때문에 그런 것들을 당신에게 가르치는 방법도 알고 있다. 따라서 우리는 언제나 어디서나 **지도자나 코치의 카운슬링**을 받아야 한다.

2) 카운슬링을 해주는 지도는 꼭 필요한 것이다

① NWM 사업에서 **카운슬링은 업라인이 다운라인에게**, 또 업라인이면 누구나 자신의 다운라인에게 카운슬링을 해주려고 노력하고 있다. 그러나 카운슬링이란 다운라인이 자기 계열 내에서 자기보다 레벨이 높은 '업라인 그룹리더'에게 요청하여야 바람직한 것이 된다.

② 우리는 카운슬링이란 신규 디스트리뷰터들만 받는 것이라고 생각하는 경향이 있지만, 실제로 이미 성공한 디스트리뷰터들도 정기적으로 그들의 업라인 그룹리더로부터 카운슬링을 받아야 한다. 그리고 그 업라인 그룹리더들도 정기적으로 그들의 업라인 그룹리더에게 카운슬링을 받는 것이 자기가 수행하는 사업에 큰 도움이 된다.

7. 제6사업능력 촉진방법 : 매일 테이프를 듣자

(1) 스폰서가 추천한 테이프를 듣는다

1) 인간적인 성장을 뜻한다

① **인간적으로 성장하려면 좋은 정보를 받아들여라.** 세상만사를 잘 발전시키려면 보고 듣는 것이다. 따라서 스폰서나 업라인이 추천하는 카세트 테이프를 듣는 것이 발전의 유일한 방법이다. 왜 그룹리더가 추천한 카세트 테이프를 매일 들어야 하는가? 그것은 자신이 이제까지 걸어온 가치관, 인생관, 사고방식을 새로이 전환하지 않는다면 성공하거나

꿈을 실현할 수 있는 힘이 나오지 않기 때문이다.

② 우리가 우리 자신의 꿈을 실현하려면, 현재 생활의 리듬을 바꾸거나 **무언가를** 희생해서라도 기필코 해내겠다는 각오와 결의가 있어야 한다. 그리고 **참다운** 사람으로 성장하려면, 즉 좋은 정보를 많이 입수해야 한다. 그 좋은 정보를 받아들이는 방법의 하나가 **성공한** 사람의 연설을 녹음한 테이프를 통하여 들어 보는 것이다.

2) 잠재의식을 키워 나가야 한다

① 우리가 들어 본 테이프의 내용을 **잠재의식에 입력**하려면 적어도 몇 번 들어야 한다. 상식적으로 테이프는 한 번밖에 듣지 않는 것이 통상인데 업라인이 추천한 테이프는 최저 7번은 듣도록 해야 한다. 한 번만 들으면 대강의 내용은 이해해도 **중요한** 사항을 놓쳐 버릴 가능성이 있기 때문에 늘 기억에 새롭게 하기 위하여 **7회** 정도는 들어 봐야 한다.

② 인간이 어떤 것에 집중할 수 있는 시간은 다르다. 어떤 순간은 집중력이 올라가도, 다음 순간 오늘 저녁은 무얼 먹을까? 같은 다른 생각을 하면서 정신이 산만해지기 때문에 **수없이** 반복하는 가운데 내용이 숨어들어 그 일을 성공으로 끌고 가는 것이다.

(2) 무리 없는 청취

1) 헤드폰을 이용하는 것이 좋다

① 헤드폰을 이용하면 **무리 없이** 테이프를 들을 수가 있다. NWM에 필요한 **최신 정보**를 가장 **효과적**으로 디스트리뷰터에게 **전달**하는 방법은 카세트 테이프를 이용해서 정보를 제공하는 것이다.

② 대부분의 가정에는 카세트 플레이어가 한 대씩은 있고, 차에 카세트 플레이어가 붙어 있는 경우가 대부분이기 때문에 이를 고려하여 헤드폰을 이용하는 것이 좋다.

2) 테이프를 듣는 이유는 무엇일까?

① NWM을 하는 것을 '대학에 가는 것'으로 가정하면, 그룹리더는 낮에
는 본업인 일을 하고, 밤에 대학에 다니는 '야간 대학생'과 비슷한 것
이다.

② 우리가 테이프를 듣는 것은 강의를 듣는 것에 해당한다. 강의를 듣지
않으면 시험에 합격할 수 없으며, 학위도 딸 수 없다. 따라서 대학 졸
업도 할 수가 없고 대학을 다닐 필요도 없는 것이다.

8. 제7사업능력 촉진방법 : 매일 독서를 계속하자

(1) 하루에 20분간 추천받은 책을 읽는다.

1) 독서하는 이유는 무엇일까?

① NWM 사업에서 그룹리더는 하루에 최저 20분간 책을 읽는 사람이 되
어야 한다. 이때 책은 스폰서나 업라인이 추천한 것이어야 하며, 다른
책을 읽어서는 안된다.

② 일일부독서면 구중에 생형극(一日不讀書면 口中에 生荊棘)이란 말이
있다. 아무리 바쁜 사람이라도 통근시간과 회사의 점심시간을 잘 이용
하면 특별히 시간을 만들지 않아도 매일 20분 정도는 독서시간이 있을
것이다. 책 읽는 시간은 20분으로 짧지만, 매일 계속하는 것이 비결이
다. 여기에서 인생의 진리를 찾을 수 있고 희망을 가져올 수 있다.

③ 매일 20분간 책을 읽어야 하는 이유로는 3가지가 있다.

　㉠ 대부분의 사람들은 일단 회사에 나가면 책을 멀리하기 때문이다. 모
신문사에서 성인 남녀가 한 달에 책을 몇 권 읽는가를 앙케트 조사
한 결과를 보면 한 달에 책을 한 권도 읽지 않는 사람이 전체의 56%
를 점하고 있었다. 무엇 때문에 책을 읽지 않는지 원인을 물어보자,

책을 읽는 것보다 컴퓨터나 TV를 보는 게 재미있기 때문이라고 대답하였다.

ⓛ 이와 같은 시간을 **한 달간 지속**하면 보통 몇 권의 책을 읽을 수 있는 시간이 되기 때문이다.

ⓒ 모 고등학교에서 학생들이 책과 멀어지는 것을 염려한 선생님이 어떻게 하면 학생들에게 책을 읽게 할 것인가를 고민한 끝에 생각해 낸 아이디어가 수업 전에 20분간 독서를 하는 방법이었다. 이것은 수개월 후에 아주 **크나큰 성과**를 거두었다고 한다.

ⓔ 이렇게 집중력이 산만해지기 전인 20분을 독서시간으로 고안해 낸 것은 긴 시간을 할애하는 것보다 단기간에 집중해서 책을 읽는 것이 보다 **효율적**이기 때문이라는 것을 명심하기 바란다.

2) 독서로 여러 가지 지식을 습득한다

① 사람이 매일 독서하는 것은 여러 가지 **지식을 습득하는 최상의 방법**이다. 하지만 NWM을 하는데 왜 책을 읽어야 하는가? 그것은 비교적 단기간에 여러 가지 **지식과 지혜를 습득**하는 최상의 방법은 책을 읽음으로써 책 속에 등장하는 주인공과 자신을 비교하여 주인공이 시련과 체험을 통해 얻은 교훈과 지식을 **실제로 자신이 체험**한 것처럼 느낄 수 있기 때문이다.

② NWM을 하려면 책을 읽는 것이 정말로 중요할까? 대답은 '좋습니다'라고 할 것이다. 우리 몸이 먹은 음식에서 영양을 얻어 성장하듯이, 우리들의 정신과 행동은 정신이 '먹은' 음식에서 영양분을 얻어 차츰차츰 자라나기 때문이다.

③ 사람의 주위환경이 사람들의 인생관, 가치관, 사고방식에 영향을 준다면, 환경을 개선하면 **가치관들도 개선**할 수 있게 된다. 가령 NWM에서 성공하는 데 부적절한 인생관, 가치관, 사고방식에 물들어 있을지라

도, 환경을 좋은 방향으로 변화시키면 가치관들도 사업에서 성공할 수 있는 좋은 길잡이가 될 수 있는 것이다.

(2) 유연한 가치관과 인생관

1) 아이디어를 받아들이려면 어떻게 하면 되나?

① NWM 사업에서 새로운 아이디어를 받아들이려면 유연한 가치관, 인생관이 절실히 필요하다. 일반적으로 사람들이 갖고 있는 '직무'에 대한 이미지는 아침 8시 50분까지 회사에 출근해서 오전 9시부터 12시까지 자기가 맡은 직무를 수행하고, 12시부터 1시까지 점심식사를 하고, 오후 1시부터 저녁 6시까지 회사규정이나 상사의 지시에 따라 사업을 수행한다는 것이다.

② NWM을 올바르게 이해하려면, 이제까지 없었던 유연성 있는 가치관과 인생관, 사고방식에 의해 사업을 수행해야 한다. 유연성 있는 가치관과 인생관, 사고방식을 가지려면, 보다 폭넓은 경험과 지식, 새로운 정보, 현재 움직이는 실정 등이 책을 통하여 재조명되기 때문에 책이 선생님이 되는 것이다.

2) 리더의 사고방식을 가져라

① NWM 사업에서 리더에게도 폭넓은 인생관과 가치관, 사고방식이 요구된다. NWM에서 큰 그룹을 만들려면, 그룹리더가 되어 좋은 리더십을 충분히 발휘해야 한다.

② 여러 사람 위에 서서 여러 사람을 지휘하려면 폭넓은 인생관과 가치관, 사고방식을 골고루 갖추고 있어야 한다. 그러기 위해서는 새로운 정보와 지식, 성공과 실패 등의 다양한 경험을 쌓아서 이것이 밑거름이 되어 좋은 열매를 갖도록 해야 한다.

③ 사람이 어느 누구를 막론하고 인간적으로 성장하는 가장 좋은 방법은

자기 스스로 여러 가지 체험을 통해 새로운 정보와 지식, 사고방식을 넓혀 나가는 것이다 그러나 우리의 인생은 스스로 **다양한 체험**을 하기에는 너무도 짧다. 그래서 책을 읽는 것이 가장 적합한 방법인 것이며, 이것을 매일 20분씩 계속한다면 큰 성과를 거둘 수 있을 것이다.

9. 제8사업능력 촉진방법
: 빠짐 없이 회의에 참가하자

(1) 모든 회의에 참가한다

1) 빨리 가고 늦게까지

① 회의장에는 가능한 빨리 가고, 늦게까지 남는 것이 습관화되어야 한다. 또 될 수 있으면 '**모든 회의에 참가한다**' 는 것이 좋다. 그러나 그냥 단순히 참가하는 것이 아니라 회장에는 되도록 빨리 가서 늦게까지 남는 것이 좋은 것이다.

② NWM에서는 각종 미팅(홈 미팅과 그룹 미팅), 컨벤션, 세미나, 모임 등 비즈니스에 관한 행동의 총칭을 '**회의**' 이라고 한다. 'Function' 을 영어사전에서 찾아보면, ㉠ 기능, 작용, 역할 등의 의미 외에 ㉡ 행사, 의식, 제전, 식전, 회합 등의 의미가 있기 때문에 회의를 'Function' 이라고 한다.

2) NWM은 90일 비즈니스이다

① NWM은 90일 비즈니스라고도 한다. 일반적인 NWM 회사는 3개월에 한 번 꼴로 수천 명에서 수만 명 규모의 회의를 기획하고 있다. 왜 3개월마다 여는가? 그것은 NWM은 3개월 비즈니스(90일 비즈니스)를 해 보아야만 승패를 결정할 수 있기 때문이다.

② NWM에서 성공하려면 가장 먼저 큰 **꿈을 갖고,** 그 꿈을 이룰 수 있는 기간을 정해서 **'목표'**를 설정해야 한다. 그 중요한 목표설정은 집에 있으면 좀처럼 하기가 어렵다. 그러나 목표를 정한 때와 정하지 않은 때는 차이가 있다.

(2) 회의에 참가한 사람과 참가이유

1) 회의에 참가한 사람

① NWM에서 성공한 사람은 모든 회의에 참가한 사람들이다. 그러면 **'모든 회의'**란 어떤 모임을 의미하는 것일까? 시작한 지 얼마 안되는 디스트리뷰터에게는 스폰서나 **업라인이 추천하는** 모든 모임이 회의로 시기나 장소는 그때그때 정해진다.

② 그 모임은 홈 미팅, 회장 미팅, 컨벤션 등으로 때에 따라서 **스폰서나 업라인이 참가하라고** 권한 모임이 여기에서 말하는 모든 회의로 그것을 점검하고 꼭 참가해 보아야 한다.

③ 그러므로 현재 NWM에서 성공한 사람들을 조사해 보면, 성공한 사람들은 예외 없이 사업을 시작한 초기부터 지역에서 개최하는 모든 회의와 당일 귀가가 가능한 모든 회의에 **반드시 참가해서** 다른 사람과 미팅을 함으로써 그 방법을 알아보고 **자기 사업에 적용시켰다.**

2) 회의에 참가하는 이유

① NWM 사업을 하려면 모든 회의에 참가해야 할 이유가 있다. 미팅, 모임, 회의, 컨벤션 등에서 매번 연설자는 바뀌지만, 기본적으로 그 **원리, 원칙은 같은** 것이다.

② 그렇기 때문에 NWM을 잘 모르는 사람들이 보면, 스폰서는 "비즈니스에서 성공하려면 **모든 회의에 참가해야 한다**"고 말하지만 "같은 일에 몇 번씩 참석하는 것은 시간낭비이다"라고 말할지도 모르지만 사실

여기서 얻는 소득은 매우 큰 것이다.

③ 왜 모든 회의에 참가하지 않으면 안되는가? 그 이유는 모든 회의에 참가할 목적의 하나가 성공한 사람이 어떻게 성공했는지, 왜 운이 좋은지, 그 비결은 무엇인지, 어떤 방법으로 그 역경을 극복했는지를 듣고 그 시행착오를 방지하려는 것이다.

(3) 존경과 고정관념

1) 남을 존경하는 자가 존경받는다

① 남을 존경하는 자는 언젠가 자기도 꼭 존경을 받는다. 그룹리더는 그냥 회의에 참가만 하는 게 아니라 되도록 빨리 가서 의자를 배열하거나 칠판과 마이크로폰을 준비하고 **스스로** 나서서 **돕는** 사람으로 언제나 타의 모범이 되는 사람이다.

② 리더는 회의가 끝난 뒤에도 가능한 회장에 남아서 의자를 정리하고 청소를 돕는 사람이다. 회장에 나와 있는 의자와 책상은 누군가가 배열해야 하고 칠판과 마이크로폰도 누군가가 준비하지 않으면 안된다. 리더는 이것을 누가 하라고 하지 않아도 **스스로** 자청해서 하는 것이다.

2) 그룹의 리더가 되어야 성공할 수 있다.

① 여러분은 음악회에 가 본 경험이 있을 것이다. 거기에 가는 대부분의 사람들은 음악회가 시작되기 조금 전에 음악회장에 들어간다. 그 이유는 무엇일까? 그것은 **시간을 맞추려는** 것이다.

② 자기 자신이 집에서 음악회장까지 몇 분 걸리는지 계산해 보고, 음악회가 시작되기 조금 전에 도착하도록 시간을 조정해서 집을 나오기 때문에 시작하기 몇 분 전에 그 자리에 앉게 되는 것이다.

3) 고정관념을 바꿔야 한다

① NWM을 이해하려면 고정관념을 바꿔야 한다. 긴 역사로 볼 때, NWM이 매스컴의 화제가 된 것은 극히 최근의 일이다. 따라서 아직 보통 사람들은 익숙하지 않고 그들이 갖고 있는 사업관념에서 NWM은 멀리 떨어져 있다. 그래서 일반인들은 무작정 NWM을 오해해 버리고 그 원칙을 무시해 버리는 것이다.

② NWM을 이해하려면 그 고정관념을 바꿀 필요가 있다. 그러기 위해서는 여러 회의에 참가해서 자신과 비슷한 처지의 수많은 사람들이 진지하게 사업에 임하고 있는 모습을 보고 왜 그런가를 분석하고 그대로 배워야 한다.

10. 제9사업능력 촉진방법
: 팀워크의 학습, 조직을 하라

(1) 팀워크를 훈련하는 것이다

1) NWM은 팀 비즈니스이다

① NWM 사업에서 그룹리더가 되는 가장 좋은 방법은 '팀워크를 배우는 것이다.' 즉 팀 플레이어가 되는 것이다. NWM에서 성공하려면 타인의 성공을 질투하지 않고, 팀 메이트의 성공을 서로 기뻐하고, 칭찬하고, 서로 도와 가고, 타인의 험담이나 잘못을 일절 말하지 않으며, 남을 흥보는 것보다는 자신을 잘 가꾸는 것이다.

② 이와 같은 이유는 NWM은 야구나 축구처럼 팀워크로 하는 사업이지, 권투 선수나 마라톤 선수처럼 혼자서 하는 사업이 아니기 때문에 여기에 상부상조가 필요한 것이다.

2) 자기 자신이 팀 플레이어

① NWM을 **휴먼** 비즈니스, 또는 **피플즈** 비즈니스라고 부르는 것은 이런 의미가 숨겨져 있기 때문이다.

② NWM 사업에서 팀워크를 배우려면 가장 먼저 자기 자신이 **팀 플레이어**여야 한다. 그리고 팀 플레이어가 되려면 언제나 다른 사람한테 배우려는 **겸허한 자세**를 가지고 **열성과 노력**을 해야 하는 것이다.

(2) 모방한 사업방식과 겸허한 태도

1) 모방한 사업방식

① 스폰서나 업라인을 모방해서 사업방식을 바꾸지 않는다. NWM에서 생각할 수 있는 스폰서 방법은 수십, 수백 개가 있을 것이다. 그러나 모든 방법이 매번 프로스펙터를 100% 스폰서할 수 있는 것은 아니다. 여기에는 **자발적인 연구와 끊임 없는 노력**이 요구되는 것이다.

② NWM 사업에서 가령 자신이 스폰서나 업라인의 스폰서 **방법을 흉내**내어 자기식으로 스폰서 활동을 하고, 운좋게 누군가를 스폰서했다 하자. 그 경우 자신은 한동안 그 방법을 **계속해서 사용**할 것이다. 그러나 그것은 정상적으로 업라인의 스폰서 방법을 모방한 것만 못하다. **많은 역경과 고난, 산전수전**을 겪은 것이 아니기 때문이다.

2) 겸허한 태도

① **겸허한 태도**를 가진 사람들이 성공한다. "나는 새로운 방법을 생각해 내는 것이 아주 싫습니다. 그러나 다른 사람이 하는 방법을 **흉내내는 것**은 매우 잘합니다"라고 어떤 사람이 말했다. 그렇다, 여기서는 그대로 **모방해서 흉내내는 것**이 중요하다.

② NWM에서 추구해야 할 것은 그와 같은 사람이다. NWM에서는 그처럼 "리더가 말한 것을 전부 할 테니까, 나에게 사업방식을 가르쳐 주세

요”라고 다른 사람에게 무언가를 배우려는 **겸허한** 태도를 가진 사람을 찾아야 한다. 그와 같은 사람은 **성공률이** 매우 **높다.**

③ 이런 사람이 장래에 '그룹리더'가 되고, 성공할 가능성이 가장 높기 때문에 될 수 있으면 이런 사람을 가려 내야 된다.

제3절 NWM 사업의 11대 사업능력 분석요령

1. 분석요령과 사업방식

(1) 사업분석 요령의 11가지 순서

① 제1사업능력 분석요령 : 약속방법(접근과 설득요령)

② 제2사업능력 분석요령 : 대상찾기(명단작성)

③ 제3사업능력 분석요령 : 정신자세와 목표달성(꿈과 희망)

④ 제4사업능력 분석요령 : 연결고리(종적 구축)

⑤ 제5사업능력 분석요령 : 의논요령(상호미팅)

⑥ 제6사업능력 분석요령 : 사후접근(분류관리)

⑦ 제7사업능력 분석요령 : 유사성과 동일성(공동운명)

⑧ 제8사업능력 분석요령 : 자신의 행동방향(칭찬과 신뢰)

⑨ 제9사업능력 분석요령 : 상호의존(상부상조)

⑩ 제10사업능력 분석요령 : 사람다운 자세(리더의 준비)

⑪ 제11사업능력 분석요령 : 성장발전(매출증가)

(2) 성공의 공통된 여건을 알아본다

1) 성공인의 여건

① **시행착오** : NWM을 시작한 여러분도 **시행착오**를 겪으면서 사업을 전
개하게 될 것이다. 원래 사업에서 시행착오란 자신뿐만 아니라 그룹에
포함된 사람들의 **귀중한 시간과 노력**을 헛되게 하고, 결과적으로 자신
의 꿈뿐만 아니라 타인의 꿈까지 망가뜨리게 되어 자칫하면 **실망과 좌
절**의 경지로 자신을 몰고 간다.

② **시간과 노력의 낭비** : '현재 사업을 하고 있는 사람들', 그리고 '이제부
터 사업을 하려고 하는 사람들'이 시행착오에 의한 **귀중한 시간과 노력**
을 낭비하지 않도록 하며 더 나아가서는 어떤 사람은 왜 단기간에 성

공하는지, 그 조건과 그 이면에 숨겨진 요령을 설명해 보면 그것은 무엇인가 남다른 점이 있다.

2) 리더의 여건

① 9가지 사업촉진 방법 : 무엇 때문에 리더의 방법을 갖추면 성공할 수 있는가? 모든 성공한 사람은 예외 없이 '성공할 수 있는 9가지 사업촉진 방법'을 실행하고 있음을 알 수 있다. 그것을 실행하려면 어렵고 힘들지만 성공한 사람들이 갖추고 있는 그 이유가 **사업촉진 방법과 사업분석 요령**을 체계 있게 해나가는 것이다.

② 11가지 사업분석 요령 : '그룹리더의 성공'을 상세히 분석해 보면 NWM에서는 '11가지 사업분석 요령'을 누구나 잘 알고 있고, 또 실천에 옮기고 있기 때문에 이것을 상세하게 설명해 보고자 한다.

(2) 사업방식과 사업의 일관성이 있어야 한다

1) 사업요령의 모색

① **균형 있는 영양소 섭취** : NWM을 우리의 몸이라고 가정하면, 건강을 유지하기 위해서는 위장에서 영양소가 들어간 음식을 골고루 적당량을 섭취해서 이것을 잘 전달시켜야 하는 것이다.

② **장기간 안정된 사업** : NWM에서 건전하고 장기적으로 안정된 사업을 실시하는 데 필요한 에너지는 11가지가 있다. 그 에너지가 이제부터 설명할 'NWM 사업의 11가지 사업분석 요령'이다. 그리고 그 에너지를 보급하는 요소는 9가지가 있다. 전에 설명한 '9가지 사업촉진 방법'이 이에 적용되는 것이다.

2) 사업의 일관성

① **어떤 요령이 있는지** : NWM이든 어떤 사업이든 똑같은 이치로 사업에

서 성공하는 데 필요한 에너지(방법)를 모르면, 무엇을 해야 좋을지 모른 채 시간과 돈을 낭비하고 허사가 된다. '성공으로 이끄는 11가지 사업분석 요령'이 분명해졌으며 누구나 성공하는 데에는 **어떤 분석요령**이 있고, 어떤 일을 어떻게 하면 좋을지를 알게 되었다.

② **자기 생각대로 사업** : NWM은 '가족과 아는 사람에게 제품을 소개하고 부수입을 올리는 사업' 처럼 보인다. 그래서 일반 디스트리뷰터들은 '물건을 파는데 스폰서한테 요령을 물을 필요가 있을까' 라고 생각하고, **자기 생각대로 사업**을 하는 경향이 있다. 이것은 **바람직한 생각**은 못된다.

③ **사업방식을 모를 때** : 사업방식이 잘못되면, 10년간 NWM을 한다 해도 다운라인이 사업분석 요령을 모를 때는 업라인에게 묻는 것이 철칙이지만, 이제부터 설명하는 'NWM의 11가지 사업분석 요령'은 장기적으로 안정된 균형 잡힌 사업을 형성하는 가이드 라인이 되어 줄 것이 분명하다.

2. 제1사업능력 분석요령 : 약속방법(접근과 요령)

(1) 약속과 사업분석 요령

1) 약속은 양심이다

① **약속**을 지키지 않는다는 것은 **양심**을 버리는 것이나 다름이 없는 것이다. 지키지 못할 약속은 하지 않는 것이 좋다. 고객과의 만남에서 약속을 지키지 못한다면 이것은 **큰 잘못**이다. 어느 누구와의 어떠한 약속도 반드시 지켜야만 한다.

② 모든 대인관계는 **약속**에 의해 이루어진다. 약속은 사람의 양심을 나타내는 바로미터다. 약속은 기회가 되고, 인격이 되고 때로는 개인의 가

장 중요한 재산이 되기도 한다. 비즈니스 세계에서건, 연예계에서건 성공한 사람들은 약속을 하는 요령이 다르며, **지킬 만한 약속을 하는** 습관을 갖고 있다. 따라서 **약속은 양심**이다.

2) 약속과 사업접근 요령을 알라

① **2가지 접근의 자기 나름대로의 명단을 작성해 놓고 명단에 적힌 프로스펙터를 홈 미팅이나 그룹 미팅에 초대하기 위해 접근해야 한다.** 접근요령은 크게 나눠서 ㉠ **전화로 접근하는 방법**과 ㉡ **직접 만나서 접근하는 방법** 2가지가 있다.

② **미팅에 참석** : 두 방법에서 주의해야 할 것은, 접근하는 목적은 어디까지나 프로스펙터가 '미팅에 참석하도록 약속을 잡는 것'이며, 어떤 내용의 사업인가를 프로스펙터가 이해하도록 친절과 사랑으로 잘 설명해야 한다.

(2) 효과적인 약속시간의 불이행

1) 바람맞는 것은 당연하다

① 처음에 약속하고 실행에 옮기지 않는다고 실망할 필요는 없다. 교육으로 무장된 확실한 마인드로 사업에 임할 때에 고객으로부터 **바람맞는 것은 당연**하다고 느껴야 한다.

② 만약에 고객으로 모신 분 모두가 사업에 동참한다면 갑자기 백만장자가 될 것이다. 공장에서 일하는 공원 모두가 우리 사업에 동참한다면 공장은 모두 문을 닫을 수밖에 없다는 것이다.

2) 고객을 쉽게 포기하지 마라

① 끝까지 물고 놓치지 않는 **끈질긴 정신**으로 임해야 한다. 한번 권장해 보고 안한다고 거절할 경우 쉽게 포기해서는 안된다. 고객은 처음에

NWM에 대한 이해가 잘되지 않기 때문에 현재 상황을 벗어나기 위하여 수단과 방법을 모두 동원하고 있다는 것을 알아야 한다.

② 끈질긴 노력과 설득으로 반드시 등록을 시켜서 성공시키겠다는 굳은 마음으로 임할 때 성공할 수 있다는 것이다. 가다가 중지하면 아니 간만 못하다. 꾸준한 노력이 성공의 비결이다. 태산이 높다 하되 하늘 아래 뫼이로다.

(3) 자신 있고 당당한 태도로 약속하라

1) 의도적으로 강렬하게 약속한다

① 많은 사람 앞에서 자신이 발표를 하거나 약속을 할 때 **의도적으로 강렬**한 색상, 이를테면 빨강색의 넥타이를 매는 것도 좋은 방법의 하나이다. 이때의 의상은 모습을 좀더 **신뢰감이 느껴지도록 연출**한다.

② 다음은 **자신 있고 당당한 태도**를 갖고 약속해야 한다. 허리를 구부리고 서 있거나 삐딱하게 서면 소극적이고 자신감이 없는 사람으로 보인다. 허리를 꼿꼿하게 펴고 명치끝을 살짝 올리는 자세가 가장 좋다. 이때에 주의할 것은 팔짱을 끼거나 허리에 양손을 올려놓는 것인데 이런 자세는 거만한 자세이다.

2) 약속이나 계약을 할 때 주의점

① 사과를 자주하지 말 것, 사과를 너무 자주 하거나 지나치게 겸손한 말을 많이 하는 것은 **상대방에게 약점**을 줄 수 있다.

② 사과를 하더라도 어린애 같은 말투는 삼가해야 좋고 대중 스피치인 경우에는 시작하면서 제가 말을 잘못하는데… 등의 **부정적인 표현으로** 시작하지 않는 것이 좋다.

3. 제2사업능력 분석요령 : 대상찾기(명단작성)

(1) 사업의 자신감은 명단작성에서부터 시작한다

1) 명단작성

① **사업자산이란** : NWM에 있어서 사업자산이란 어떤 것인가?

제2요령은 명단 작성, 즉 '네임 리스트' 이다. 어떤 사업이든 그 사업 특유의 **자산**이 있다. 어떤 사업에서는 **건물이 자산**이고, 또 어떤 사업에서는 **토지가 자산**일 수도 있기 때문에 그때그때 사정에 따라 달라질 수 있다.

② **자산은 사람** : NWM에서 가장 중요한 사업자산은 '사람' 이다. 즉 당신이 알고 있는 사람들의 이름과 전화번호를 적은 **'네임 리스트'**, 혹은 **프로스펙터 리스트**(후보자 리스트)가 NWM에서 가장 중요한 사업자산이라고 할 수 있다.

③ **피플즈 비즈니스** : NWM을 시작함에 있어서 잊어서는 안되는 것은, NWM이란 '피플즈 비즈니스' 라는 것이다. 이 사실은 암웨이, 뉴스킨, 룩소르, 유웨이즈에서도 마찬가지로 사용하고 있다.

④ **설명방법** : 만약 당신이 그룹의 디스트리뷰터들에게 "당신이 누군가를 스폰서했을 때, 처음에 해야 할 중요한 것이 무엇인지 압니까?"라고 질문하면, "짐작도 안 갑니다" "제품 설명법을 가르치는 것입니다" "사업계획 설명법을 가르치는 것입니다", 혹은 "신청서에 사인하는 것입니다" 등등 **각양각색**의 대답이 나올 것은 분명하다. 왜냐하면 사람의 입장이 각각 다르기 때문이다.

2) 가장 먼저 시작할 일

① **명단작성** : NWM을 시작할 때에 가장 먼저 할 일은 **명단작성**이다. 만약 당신이 레스토랑, 미용실, 혹은 세탁소 등을 개업한다면 맨처음 개

업식에 초대할 사람들의 명단을 작성할 것이다. 명단에 올라간 사람들은 장래에 당신의 고객이 되어 줄 가능성이 있는 사람들로, 가족이나 친척은 물론 친구, 동창, 이웃 사람들, 신세를 졌던 사람들과 얼굴을 아는 사람 등을 포함시킬 것이 당연한 일이다.

② 개인적 전달 : 명단작성이 끝나면 그 사람들에게 개업축하 초대장을 보내거나 개인적으로 개업했다는 사실을 통보하고 와 주기를 청한다.

③ 모든 사람의 이름 : 디스트리뷰터가 된 지 얼마 되지 않은 사람에게 네임 리스트를 작성하게 할 때는, 네임 리스트란 NWM을 할 것 같은 사람의 리스트가 아니라 '당신이 알고 있는 모든 사람의 이름을 적은 리스트'라고 설명해야 한다. 이것이 바로 이 사업의 시작인 것이다.

(2) 주의점과 공통된 특징을 찾아서 명단을 작성하라

1) 명단작성시 주의점

① 명단을 작성할 때의 주의점은 아래와 같다.

㉠ 네임 리스트를 종이에 쓴다. 가능한 리스트를 만든다. NWM을 할 가능성이 있는 사람만 올리는 것이 아니라, 당신이 알고 있는 사람의 이름을 모두 기재하고 한 분 한 분 신중히 생각하면서 분석하고 또 분석한다.

㉡ NWM의 사업계획을 설명하기 전부터 프로스펙터를 판단하지 않는다. "저 사람은 바쁘니까 아마 안될 거야"라든가, "저 사람은 부자니까 이런 이야기에 관심이 없겠지" "저 사람은 대학을 나오지 않았으니까 해도 성공할 리가 없어" 등등 자기 멋대로 상대를 판단하지 말 것이며 사람은 겉만 보고서는 알 수 없으니 심층 분석해야 한다. 실제로 전혀 가능성이 없는 것 같은데 협조하는 사람이 있고 꼭 협조할 것 같은데도 협조하지 않는 경우도 있기 때문이다.

2) 공통된 특징

① **당신의 모든 사람** : 성공하는 사람들의 공통된 특징은 자기가 아는 사람들의 명단을 작성하는 것이다. 그리고 사업계획을 설명하기 전부터 상대를 자기 마음대로 판단하지 말아야 한다. 그러나 과거 역사를 통해 성공한 사람들의 4가지 공통된 특징이 있음을 알 수가 있다.

② **4가지 공통된 특징** : 그 첫째는 **적극적인 사고**, 둘째는 그 사람이 갖고 있는 **열정과 정열**, 셋째는 그 사람의 **최선과 정성**, 그리고 넷째는 **정의, 정심, 정도**이다. 아래에서 그것들을 자세히 설명하고자 한다.

㉠ **적극적인 사고**

ⓐ **항상 밝고 낙천적인 사람**, 긍정적인 사고를 가진 사람일수록 성공할 가능성을 내면에 감추고 있으며, 소극적인 사람보다는 교섭하기가 좋다.

ⓑ 낙천적인 사람과 NWM을 하는 것은 즐거운 일이며 성공가능성이 아주 높다.

㉡ **열정과 정열**

ⓐ NWM 사업계획을 한두 번 들어도 이해하지 못한다. 그러나 **열정과 정열**을 갖고 사업에 달려드는 모습은 보여줄 수 있으며, 그 열정과 정열은 주위 **사람들에게 전염**되어 좋은 결과를 가져온다.

ⓑ 따라서 **정열**을 가진 사람일수록 **내면에 성공할 가능성**을 감추고 있으며, 이같은 정열은 NWM을 하고 성공하는 데 **매우 중요**하지만, 그 정열을 장기적으로 같은 수준으로 유지하는 것은 쉽지 않다.

㉢ **최선과 정성**

ⓐ **다양한 지식**을 갖고 있는 사람일수록 당신이 전하고자 하는 것을 이해하는 속도가 **빠르며**, 성공 **또한 빠를** 것이다.

ⓑ 그러나 지식은 학력이나 직업, 경력 등으로 알 수 있는 것이 아니다. 그러므로 **최선과 정성**이 요구된다.

ⓡ 정의, 정심, 정도

  ⓐ NWM은 사람과 사람을 **신뢰**의 끈으로 연결해 주는 사업이다. 따라서 항상 **정의, 정심, 정도**를 걷지 않으면 사람들로부터 신뢰를 얻지 못하며, 사람을 신뢰의 끈으로 묶을 수가 없다.

  ⓑ **정직**이야말로 사업에서 성공하는 기본 중의 기본이다. NWM에서도 **정직한 사람**일수록 성공할 가능성이 내재되어 있다.

4. 제3사업능력 분석요령
: 정신자세와 목표달성(꿈과 희망)

(1) 정신자세가 중요하다

1) 성공하기 위한 첫걸음

① **성공을 위한 첫걸음** : NWM을 성공시키는 제일 중요한 것은 **정신자세**이다. 내 **정신**은 어떠한가, 내 **꿈**은 무엇인가, 원하는 것이 무엇인가를 아는 것은 인생이나 스포츠, 사업 등 모든 부분에서 성공하기 위한 첫걸음이라고 할 수 있다. 요행을 바라는 사람이 되지 말고 다운라인들이 꼭 필요한 업라인이 되는 **진정한 성공자**가 되어야 한다.

② **꿈과 희망이 무엇인지** : 많은 사람들이 인생에서 아무것도 달성하지 못하는 가장 큰 원인은 자신의 정신이 어떠한지, 무엇을 원하고 있는지를 모르기 때문이다. **평생 무언가를 꿈꾸며** 행동을 하는데, 그 꿈이 무엇인지 확실하지 않기 때문에 목적도 없이 헤매거나, 같은 곳을 맴돌거나, 결국에는 돌고 돌아서 출발점에 되돌아오거나 전혀 다른 방향으로 다시 돌진하거나 한다. 이렇게 될 때 성공은 기대하기가 어렵다.

2) 계속할 수 있는 힘

① **정신자세** : NWM을 계속할 수 있는 파워는? 정신자세이다.

회사규모에 관계없이 어떻게 경영자는 5년, 10년씩 같은 사업을 계속할 수 있을까? 현재의 사업으로 **생각한 만큼의 이익**을 올리지 못하더라도 **꾸준히 노력하면** 언젠가는 성공할 수 있는 것이다.

② **사업경비의 지불** : NWM 사업 외에 다른 어떤 사업도 **사업경비를 지불**할 의무가 있기 때문에 성공하기가 매우 힘들다. 사업경비는 종업원의 급료, 보험과 연금으로 내는 돈, 사무실 임대료, 대출금 변제, 전화료, 난방비, 광열비, 수도세 등 다양하기 때문에 수입이 있다 하더라도 이익은 얼마 안된다.

3) 가장 먼저 할 일과 자신과 감정

① **꿈과 사업** : 정신 → 행동 → 습관 → 인격 → 운명이라는 원칙에 따라 NWM에서 가장 먼저 할 일은? 정신이 바뀌어야 한다.

NWM에서 가장 먼저 할 일은, 당신의 꿈과 사업을 해서 얻고 싶은 것을 분명히 정하는 정신자세이다. 꿈을 갖는 것, 사업할 목적을 명확하게 하는 것이 NWM에서의 **성공 여부를** 크게 좌우하는 요소가 된다.

② **꿈을 갖고 있다면** : 만약 당신이 무언가 정신과 꿈을 갖고 있다면 스폰서는 당신에게 아무 말도 할 필요가 없다. 당신에게 꿈이 있다면 무얼 해야 성공할지 당신 쪽에서 스폰서에게 물어볼 것이고, 스스로 미팅에 참가할 것이며, **책도 읽고 공부도 하고** 갖은 노력을 다할 것이다.

③ **정신과 꿈만 갖고 있으면** : 자기 의지로 적극적으로 행동하게 되고, NWM은 매우 간단한 사업이 된다. 따라서 급성장할 것이다.

④ **사업계획 설명** : NWM 사업에 대성공한 사람들의 대부분은 사업계획 설명을 들었을 때, "이거 굉장하군!"이라면서 그 엄청난 사업기회를 당장에 간파했다고 한다. 그렇다고 해서 그들이 특별한 **지식과 지능을**

갖고 있었던 것은 아니다. 오직 철저한 정신자세가 되어 있을 뿐이다.

⑤ 정신적, 물질적인 것 : NWM 사업은 자신의 감정을 뒤흔드는 정신과 꿈을 갖는다. 정신이란, 어떤 사람에게 있어서는 '가족이 더욱 행복해졌으면 좋겠다' '이 세상에서 고통받고 있는 사람들을 돕고 싶다' 등등의 정신적인 것일지도 모른다. 혹은 '경제적으로 자립한다' 라든가, '집을 짓는다' 등의 물질적인 것일 수도 있다.

⑥ 감정을 뒤흔들어 : NWM 사업에서는 정신과 꿈은 단순히 '돈이 많이 있었으면 좋겠다' 라는 막연한 것이 아니라, 당신의 감정을 강하게 뒤흔들어 놓을 수 있는 것이어야 한다. 그 꿈을 생각하는 것만으로 뜨거운 것이 치밀어 올라서 몸이 떨리는 듯한 그런 것이어야 하며 성공으로 갈 수 있는 희망이 보여야 한다.

(2) 돈의 목적은 정신과 꿈의 실현이다

1) 돈의 목적은 무엇인가?

① 돈은 목적이 아니라 수단이다 : 아직도 많은 사람들이 돈에 대한 부정적인 생각을 가질 수도 있다. "돈으로 모든 것을 사는 것은 불가능하다!" "돈이 전부는 아니다!" "돈은 인간을 타락시킨다!"라는 말은 돈에 대한 과잉 반응이라고 해도 큰 잘못은 아닐 것이다.

② 동정하는 마음 : NWM 사업에서 당신이 돈을 부정한 것이라는 생각을 갖고 있다면, 다음을 잘 생각해 보기 바란다. 이 세상 곳곳에 있는 경제적으로 어려운 사람들과 병으로 고생하는 사람들을 보면, 대부분의 사람들은 "불쌍해" 또는 "가엾어"라고 말하면서 동정하는 것 또한 돈의 문제인 것이다.

③ 경제적 여유 : 이런 불쌍하고 가엾은 사람에게 실제로 구원의 손길을 뻗치는 사람은 극히 드물다. 왜냐하면 대부분의 사람들은 자기 생활을 생각하는 것만으로 빠듯해서 타인을 생각할 만한 경제적인 여유가 없

기 때문에 하고 싶어도 하지 못하는 것이다.

④ 배경의 관계 : 정신과 꿈을 실현하는 것과 배경은 관계가 없다. "당신이 품고 있는 꿈이 크다면, 당신의 배경은 그 꿈을 실현하는 것과는 아무 관계가 없다"는 것은 어떤 의미일까? 여기에서 말하는 '배경'이란 학력, 경력, 직함, 연령, 성별, 국적, 피부색 등을 말한다. 이런 배경과 관계없이 꿈이 크면 실현도 큰 것이다.

2) 쟁취와 가능한 꿈과 정신

① **성공은 쟁취** : 성공이란 자기 힘으로 쟁취하는 것이다. '성공이란 운과 기회가 아닌 자기 힘으로 쟁취하는 것이다.' 당신이 NWM으로 성공한 것은 운이 아니라 스스로의 힘으로 일궈 낸 것이다. NWM에서 성공했다는 것은 그때까지 많은 희생을 치르면서 몇 년간 노력했기 때문이다. 그 영광의 자리를 쟁취하는 것이다.

② **본래의 유통시장 시스템** : NWM에서 얻고 있는 수입은 본래의 유통시스템에서는 전부 대리점과 도매상, 소매점 같은 중간업자의 유통마진으로 사라졌을 돈이다. 그리고 그 돈의 일부는 TV, 잡지, 라디오의 광고비나 중간업자의 사리사욕을 채우는 데 쓰였지만 이 NWM에서는 이것이 소비자에게 분배되는 것이다.

③ **감정의 호소** : 가능한 큰 꿈을 갖고 정신을 바로잡아야 한다. 꿈은 당신의 감정에 강하게 호소하는 것이어야 한다. 성공한 사람의 연설을 들으면, '반드시'라고 해도 좋을 만큼 "NWM 사업 아이디어는 처음에는 가족과 친척, 친구들에게 수용되지 못했다"고 누구를 막론하고 말하고 있다.

④ **단기간 실현 가능한 목표** : 꿈이 생각나지 않으면 단기간에 실현 가능한 목표를 가져 본다. '희망과 꿈' 그것은 밤에 잘 때 우리가 꾸는 꿈이 아니다. 여기에서 말하는 꿈이란 마음속으로 생생하게 상상해서 그릴

수 있는 꿈이다. 즉 희망을 말하는 것이다.

5. 제4사업능력 분석요령 : 연결고리(종적 구축)

(1) 종적인 연결수단이 NWM이다

1) 2가지 방법

① **그룹 만들기** : NWM에서 그룹을 만드는 것에는 크게 2가지 방법이 있다. ㉠ 프론트 라인 디스트리뷰터 수를 늘려서 **그룹을 '횡'으로 넓혀** 가는 방법과 ㉡ 그룹의 범위를 나무뿌리처럼 **'종'으로 뻗게 하는 방법**이다.

② **종적인 확장** : NWM 사업은 일반적으로 '종적인 확장'이라고 한다. 그리고 'NWM 성공으로 이끄는 11가지 분석요령'의 제4요령은 당신의 **그룹범위를 나무뿌리처럼 밑으로 파들어가서 수많은 뿌리를 내리고 그 나무가 무성해지는 것이다.

③ **되도록 빨리** : 대상이 발견되는 대로 명단을 작성하게 하고, 홈 미팅을 두 번 열어 주고, 되도록 빨리 그 사람에게 프론트를 5명(팀) 서포트해 주어 기반을 튼튼히 해서 한없이 뿌리가 내려가도록 도와주고 이끌어 주어야 한다.

2) 타입 A, B, C의 발견

① **최대의 목적** : 타입 A 디스트리뷰터란 어떤 것인가? 미팅을 하는 최대 목적은 **사후 관리의 기회를 만들기 위해서**라고 할 수 있다. 그리고 사후 관리의 최대 목적은 사업계획을 들은 프로스펙터 개개인이 다음의 3가지 타입 A, B, C 중에 어느 타입에 속하는가를 분류하는 것이다.

② **소비자 타입** : 타입 C는 디스트리뷰터는 되지 않지만, 가끔 제품을 사 주는 '소비자 타입'이다. 타입 B는 디스트리뷰터가 되지만, 주로 자신

이 제품을 사용하는 '자기 소비형 타입'을 뜻하는 것이다. 타입 A는 다른 소비자에게 권유하고 자기도 소비자가 되는 타입이다.

3) 그룹리더의 발견

① **그룹리더를 찾는 방법** : NWM 사업에서는 디스트리뷰터가 된 초기부터 그룹리더의 조건을 가르치지 않으면 아무도 그룹리더가 되지 않을 것이다. 따라서 그룹리더를 찾는 최초 조건은, 당신 그룹에 들어온 모든 디스트리뷰터(타입 A와 타입 B)에게 그룹리더가 되는 **조건을 가르쳐 주는 것**이다. 그 조건을 가르쳐 줘도 모든 사람이 그룹리더가 되는 것은 아니다. 그러니까 회원으로 가입시키는 것이 중요한 것이 아니라 그 회원이 잘 **크도록 도와주는 것**이다. 만약 가입만 시키고 그대로 둔다면 그 사람과는 적이 되며 많은 손해를 끼친 결과가 된다.

② **5명 정도의 스폰서** : NWM 사업에서 어떤 사람이 그룹리더가 될 가능성이 가장 많을까? 그렇다, 타입 A이다. 그룹리더를 찾는 포인트는 신속하게 행동하는 것이다. 왜냐하면 뉴 디스트리뷰터의 수명은 **짧기 때문**이다. 그러기 위해서는 되도록 빨리 뉴 디스트리뷰터에게 프론트 라인 디스트리뷰터를 5명 정도 스폰서해 주고 그룹리더가 될 이유를 만들어 주자. 왜냐하면 아무리 의욕이 넘쳐서 디스트리뷰터가 된 사람이라도 몇 개월이 지나도록 한 명도 스폰서하지 못하면, 당신이나 사업, 그리고 자신에 대한 **자신감을 잃어버리기 때문**이다. 이것은 매우 중요한 것으로 NWM 사업의 기본이 된다고 할 수 있다.

(2) 종적 확장과 그룹 안정이 핵심이다

1) 종적 확장이란?

① **3가지 포인트** : NWM 사업에서는 그룹을 종적으로 확장하는 3가지 포인트가 있다. 그룹을 아래로 구축하는 과정 중에 중요한 3가지 포인트

146

는 다음과 같다.

㉠ 6~12개월 동안에 15~20명을 스폰서하면서 **그룹리더가** 될 가능성이 있는 타입 A를 3명 찾아내는 것이다.

㉡ 찾아낸 타입 A를 당신이 서포트해서 가능한 단기간에 한 계열을 10단계까지 구축한다. 그때까지는 절대로 쉬면 안된다. 1주일에 1단계**를 구축**하는 것이 이상적이며, 이때에 **최선의** 노력을 다해야 하는 것이다.

㉢ NWM 사업에서는 그룹을 구축하려면 기본적으로 '당신 자신'이 리더십을 발휘해야 한다.

② **자발적 행동** : 그룹을 확장하는 것은 스폰서한 사람들이 **자발적으로 스**폰서 활동을 해나가는 것이라고 생각하는 경향이 있다.

㉠ 그것이 이상적이지만, 실제로는 좀처럼 그렇게 되지 않는다.

㉡ 왜냐하면 디스트리뷰터가 된 사람들의 대부분은 첫 몇 개월은 무얼해야 좋을지 모르는 것이 현실이기 때문이다. 모든 것은 절대적인 교육과 리크루팅이 필요한 것이다.

2) 그룹의 안정

① **그룹의 안정** : NWM 사업에서는 그룹을 **종적으로** 확장하면 그 그룹은 안정되고 성장되어 간다. 왜 사후 관리를 할 때 타입 A 디스트리뷰터를 찾는 것이 중요한가? 프론트는 몇 명을 스폰서해도 비즈니스 타입이 A가 아니면 명단을 만들 수 없다. 또 홈 미팅도 개최할 수 없으므로 그**룹을 나무뿌리처럼 아래로** 확장할 수가 없기 때문이다. 그리고 그룹을 아래로 구축하지 않으면 나무뿌리처럼 크게 성장하지도 못하고, 안정되지 않는다. 그러므로 여기에 **모범적인 견습**이 필요한 것이다.

② **표면에 내린 뿌리** : NWM 사업에서는 아무리 **훌륭한** 나무라도 뿌리를 표면에만 내리고 있으면, 강풍이 불면 금방 쓰러져 버린다. 태풍과 같

은 강풍에 견딜 수 있으려면 땅 속 깊이 뿌리를 내밀 필요가 있다. NWM에서 단순히 프론트 라인 수만 늘리는 것은 지표면에만 뿌리를 내린 수목처럼 오랜 기간 비바람에 견디지 못한다. 따라서 연결고리가 잘되어 있어야 한다.

6. 제5사업능력 분석요령 : 의논요령(상호미팅)

(1) 사업계획을 설명하는 미팅이 절대적이다

1) NWM의 기본

① 1대 1의 미팅 : NWM 사업에서 제5요령은 **사업계획을 소개하는 미팅이** 다. NWM에 있어서 사업계획을 설명하는 미팅은 크게 ㉠ 디스트리뷰 터의 집에서 개최하는 **홈 미팅** ㉡ **1대 1로 하는 미팅** ㉢ 회장 미팅의 3 가지 타입으로 분류된다. 이 3가지 미팅 중에서 어느 미팅을 하든 반 드시 실천에 옮겨야 한다. 이 미팅이 없이는 NWM은 실패하고 만다.

② **기본은 홈 미팅** : NWM의 **기본은 홈 미팅**이다. 왜냐하면 홈 미팅은 한 번에 많은 사람을 초대하여 **편안한 분위기**에서 사업계획을 설명할 수 있어서 다른 미팅보다 큰 성과를 기대할 수 있기 때문이다. 따라서 **홈** 미팅이 없이는 NWM은 성장 발전할 수 **없다**. 나무를 심어 놓고도 물을 주지 않으면 말라서 죽는 것과 같은 이치이다.

2) 회장 미팅

① **사람들의 결단** : 홈 미팅+회장 미팅이 사람들에게 결단을 내리게 한다. NWM을 잘 이해하지 못하고 있는 사람들에게 **처음부터 몇천 명이 모** 이는 회장 미팅에 참석시키는 것은 반드시 좋은 결과를 낳는 것은 아 니다. 그러므로 회장 미팅 전에 우선 **홈 미팅**이나 1대 1의 미팅이 있어

야 한다.

② **뭔가 오해** : NWM 사업 중에서 아무것도 모르는 상태에서 수천 명이
모인 회장 미팅에 데려가면, 뭔가에 홀린 종교집단으로 오해해 버릴지
도 모르기 때문이다. 따라서 이 점을 주의하고 상시 유념하여야 하는
것이다.

(2) 경의의 행동과 끈기 있는 연결고리를 잡아라

1) 경의의 행동을 보여라

① **당신의 경의** : NWM 사업에서는 업라인에 당신의 **경의를** 행동으로 표
시한다. 처음 2, 3회의 사업계획은 스폰서와 업라인이 해주는데, 귀중
한 시간을 할애해 주는 그들에게 **경의를 표해야** 하며, NWM이 성공하
도록 잘 연구 분석해야 한다.

② NWM에서 경의를 표하는 가장 좋은 방법은 말보다 **행동으로** 나타내
는 것이 중요하므로 모범을 보여야 한다.

③ **미팅 중의 계획** : NWM에서는 미팅 중에 계획방식을 메모하거나, 계획
전체를 카세트 테이프에 녹음하거나 비디오 테이프에 녹화해서 다 같이
보고 들으며 분석하고 연구하고 개척하며 **서로를** 격려하고 칭찬해 주
어야 한다.

2) NWM의 성공에는 끈기 있는 미팅이 최고이다

① 인내와 미팅은 역경과 절망 속에서 성공하는 사람과 포기하는 사람을
가름하게 해준다. 미팅은 무엇이든지 하겠다는 **실천의지**를 더욱 강하
게 해준다. 이 연결고리는 한 사람의 성공에 대한 굳건하고 흔들리지
않는 믿음으로 실천의지를 지탱시키는 밑거름이다.

② 미팅은 성공하는 데 부족한 부분을 끊임없이 찾아내고 필요한 요소들
을 수용하고자 하는 의지로서 모든 성공한 디스트리뷰터들이 **공통적으**

로 가지고 있는 자질이다. 언제나 같은 일을 반복하면서도 다른 결과를 기대할 수 있는 것은 바로 미팅의 힘인 것이다.

3) 다른 사람의 가치를 존중하라

① 가치란 명예의 핵심이며, 진정한 사람됨의 정수라고 말한다. 가치 있는 미팅은 우리의 영혼의 조각들을 하나로 짜내며 조각들을 연결시키는 실과 같다. 사람들은 가치를 침해받았을 때 화를 내고 말을 하지 않거나 물러서 버린다.

② 가치란 존중받아야 하는 것이다. 자신의 가치를 의식적으로 파악하기 시작했을 때 자신의 인생과 다른 사람의 인생에서 이들 가치들이 어떻게 나타나는지 연결시켜 볼 수 있다.

7. 제6사업능력 분석요령 : 사후접근(분류관리)

(1) 미팅의 목적은 무엇인가

1) 사후관리를 계기로 삼아야 한다

① 사후관리의 계기 : NWM에서 미팅의 목적은 사후관리의 계기를 만드는 것이다. 홈 미팅을 개최하는 목적의 하나는 프로스펙터에게 NWM 사업컨셉을 이해시키는 것이다. 그러나 홈 미팅을 하는 최대 목적은 사후관리의 계기를 마련하기 위해서임을 잘 모르면 안된다. 사후관리가 없이 NWM은 성장하기 어렵다. 사후관리는 계속해서 주는 식량과 같다.

② 미팅을 하고 나서 : 사후관리는 미팅을 하고 나서 1~2개월 이내에 하는 매우 중요한 부분의 하나로서 알아야 할 사항이 너무나 많이 있다. 자신이 정한 목표에 달성하지 못했을 때 자신에게 스스로 실패자라는 딱지를 붙이지는 않았지만 그때마다 자신의 행동을 재조명하고 원하는

결과를 낳기 위하여 필요한 부분을 사후관리하여야 한다. 내면의 열정으로 일하는 리더들은 자신의 일이 바로 즐거운 사후관리로 연결되기 때문에 그들이 원하는 결과만큼이나 그 사후관리를 사랑한다.

2) 정보가 적으면 실패한다

① **부정적 생각** : 정보가 적으면 NWM을 부정적으로 생각한다. 경험이 적은 많은 디스트리뷰터들은 프로스펙터(가족, 친구, 얼굴을 모르는 사람들)를 홈 미팅 등에 초대해서 **사업계획을** 설명하는 것이 스폰서 활동이라고 생각하는데 큰 잘못이다. 자기가 쫓아가서 **설명하고** 이해시키고 데리고 미팅에 참가하게 하고 계속해서 사후관리를 해야 한다.

② **컨셉을 이해** : 가족과 친구가 NWM 사업의 컨셉을 이해해서 "하고 싶습니다"라고 전화를 걸어 올 것이라고 착각하고 있는 것 같다. 과일은 올라가서 따야지 입에 떨어지지 않는다.

(2) 사후접근의 목적과 상대방의 생각은 무엇인가

1) 사후관리의 목적은 무엇인가

① **최대의 목적** : NWM 사업에서 사후관리의 **최대 목적은** 무엇일까? 미팅을 하는 **최대 목적은 사후관리를** 할 기회를 만들기 위해서이고, 1~2개월 내에 직접 프로스펙터를 만나서 어떻게 할 것인가를 확인하길 바란다. 만일 **사후관리하지 않는다면** 그 NWM은 그대로 말라서 뿌리를 내리지 못하고 시들어 말라죽고 만다.

② **사후관리** : 이것이 첫번째 사후관리이다. 사후관리는 한 번 하고 끝나는 것이 아니다. 수시로 확인하고 칭찬하고 격려하고 용기를 심어 주어 원대한 장래에 고귀한 희망을 갖도록 **지도와 편달이** 요망되는 것이다.

2) 상대방의 생각을 바꾸게 하라

① **사후관리의 테크닉** : NWM에서 사후관리의 **또 다른 목적**은 상대가 무슨 **생각을 하든 때**를 가리지 않고 계속해서 **파악**하는 것이다. 사후관리 테크닉은 처음부터 시스템대로 하는 것은 어려울지 모르지만, **몇 번씩 연습**하면 쉽게 할 수 있게 될 것이다. NWM은 '**배우기보다 익숙해져라**' 이다. 우리는 **익숙해지도록** 사후관리를 계속해야 한다.

② **프로스펙터의 요구** : NWM 사업에서 사후관리의 **또 하나의 목적**은, 상대가 무슨 생각을 하고 있든 **장소를 가리지 않고 파악**하는 것이다. 프로스펙터가 무엇을 요구하고 있는지 알 수 있으면, 그것을 **프로스펙터에게 줄 수 있기** 때문이다. 시, 공을 초월해서 관리해야 한다.

8. 제7사업능력 분석요령
: 유사성과 동일성(공동운명)

(1) 카피 비즈니스

1) 사고방식과 가치관의 모방

① **쉽게 모방** : NWM은 카피 비즈니스이다. 제7요령은 당신이 지금 하고 있는 일을 그룹 전체 사람들이 쉽게 **모방(카피)**할 수 있느냐에 관한 것이다. NWM이란, 다운라인 디스트리뷰터가 업라인 디스트리뷰터의 **사업방식뿐만** 아니라 사고방식과 가치관을 모방하는 사업이다. 될 수 있으면 빨리 모방할 수 있도록 쉽게 해야 한다. 왜냐하면 **공동운명**에 처해져 있기 때문이다.

② **제로에서 출발** : NWM은 **스스로 새로운** 아이디어를 생각해 내서 제로에서 출발하는 타입의 사업이 아니다. 따라서 NWM에서는 **자신과 같은 사고방식과 가치관, 사업방식**을 모방해 줄 다운라인을 몇 명 찾았느

냐로 당신이 받는 보너스 액수가 결정되는 시스템이다. 이 시스템을 카피시스템, 모방시스템이라고 한다.

③ 사고방식과 가치관 : NWM 사업에서 크게 성공하고 싶다면, 그만큼 많이 자신과 같은 사고방식과 가치관을 갖고 있는 사람을 골라서 선택해야 한다. 그리고 이 책에서는 당신과 같은 사고방식과 가치관을 갖고 당신을 모방해서 사업을 할 디스트리뷰터를 '그룹리더' 라 부르고 있다. 개발이나 개척은 매우 힘이 들어도 모방이나 동행은 그리 어려운 것이 아니다. 이것이 공동운명의 길이다.

2) 누구나 쉽게 쓸 수 있게

① 가장 중요한 것 : NWM 시스템에서 가장 중요한 것은 누구나 쉽게 쓸 수 있도록 계획을 작성하는 것이다. NWM에 있어서 접근방법, 미팅방법, 사업계획 설명법 등은, 100명의 디스트리뷰터가 있으면 100가지 다른 아이디어가 나올 것이다. 그 수많은 아이디어 중에서 가장 뛰어난 방법을 고르는 기준이 되는 첫번째 방법은 그 아이디어를 실제로 사업에서 사용할 수 있는가의 여부이다. 이것을 골라서 서로서로 연구하면서 이용하는 것이다.

② 아이디어의 사용 : 두번째 방법은 그 아이디어를 사용함에 따른 부작용이 없어야 한다. 부작용이 있다면 이 사업은 실패할 가능성이 있기 때문이다. 그러므로 선배의 가르침을 받고 그대로 모방하려고 노력해야 하는 것이다. 이것이 동일성의 원리이다.

(2) 메시지의 중요성과 스폰서의 활동

1) 메시지의 중요성

① 메신저와 마케터 : NWM에서는 메신저보다는 전할 수 있는 메시지가 더 중요하다. 사업계획을 전달하는 사람을 '메신저' 혹은 '마케터' 라고 부

르는데, NWM에서는 이 사업계획을 전하는 메신저보다 전할 수 있는 메시지, 즉 사업계획이 중요함을 잊어서는 안된다. 아무리 좋은 것이라도 전달이 되지 않으면 그것은 소용이 없다.

② 사업계획이 중요 : NWM에서 '메신저보다 사업계획이 중요' 하다는 것은 어떤 의미일까? 중요한 것은 사업계획을 프로스펙터에게 전달하는 것으로, 그것을 전달하는 당신의 배경은 아무래도 상관없다라는 의미이다. 요는 전달하는 내용과 전달속도가 문제가 되는 것이다.

③ 사업계획의 메신저 : NWM에서는 사업을 전하고자 하는 강한 의지만 있으면, 사업계획을 전하는 메신저가 대학교수가 아니더라도 주부, 샐러리맨, 생선가게 주인, 또는 콩나물 장사 어느 누구이든 상관없다는 뜻이다. 사업계획을 전달하는 데 직함이나 높은 지위는 전혀 필요하지 않고 오직 그것을 하고야 말겠다는 결심과 정신 그리고 노력과 정성이 요구되는 것이다.

2) 스폰서의 활동과 공동운명

① NWM 사업을 위해 다운라인을 키우려면 시간과 노력을 총집중하여야 한다. 이러한 마음의 자세 없이 성공할 수 있다고 생각한다면 그것은 오산이다. 네트워크 마케팅에서 우리는 그 어려운 혜택을 받았지만 이제는 우리 자신이 부지런히 다운라인을 키우는 사업을 하여 성공해야 한다. 이것이 공동운명이요 동일성이다.

② 이제는 안심하고 안방에 앉아 있어서는 안된다. 열심히 노력하면 성실성의 대명사가 되지만 열심히 일을 안하면 결과가 없이 실패하고 만다. NWM 사업은 가족과 친척을 키우는 데 총력을 기울이지 말고 내 다운라인은 모두 나 자신의 손발이라고 생각하고 일하지 않은 사람보다는 일하는 사람에게 힘을 심어 주어야 하겠다. 이것이 공동운명의 길이요, 유사성, 동일성으로 가는 길이다.

9. 제8사업능력 분석 요령
: 자신의 행동방향(칭찬과 신뢰)

(1) 나는 네트워크 마케팅의 주역이 된다

1) 애사심의 발휘

① 당신은 애사심을 가지고 있는가? 만약 여러분이 이러한 질문을 받았다면 어떻게 대답할 것인가? 아마도 '십중팔구' 예라고 대답할 것이다. 이렇듯 직장인이라면 누구나가 애사심을 가지고 있어야 하며, 또한 애사심을 가지고 있는 것을 당연한 것으로 받아들이고 있다.

② 급격한 기술혁신의 세례를 받고 사업이 나날이 바뀌어 가고 있다. 성장과 쇠퇴가 격심하게 되풀이되고 있음을 누구나 잘 알고 있다.

2) 사업능력 배양

① 급격한 기술의 변화에 대응해서 자신의 무능력이나 기술기능의 습득을 게을리 하거나 사업능력이 부족할 때는 애사심이 강조되고, 또 아무리 높은 애사심을 갖고 있다 할지라도 아무런 소용이 없게 된다. 애사심은 말로만 하는 것은 아니다. 따라서 회사에 도움이 되는 NWM이 바로 애사심이다.

② NWM에서는 소비자 한 사람 한 사람이 조직의 주역이라는 생각을 가지고 자신의 전무능력, 사업능력을 배양해야 하는 데 전력을 기울여 자신의 값을 높여 나가는 것이 자신을 위해서 지금 이 시점에서 가장 절실하게 요구되며 이것이 애사심이다.

(2) 상호격려와 협조를 한다

1) 타계열 사람의 협조를 얻는다

① 격려하고 도우며 : NWM 사업에서는 타계열 사람들과 서로 격려하고

서로 도우며 친절하게 대한다. NWM을 하고 있는 자신은 자기 그룹 사람들은 물론이고 타계열 사람들과도 서로 **사랑하고 격려하고 도우며**, 하나의 커다란 팀으로 NWM 사업을 하고 있다. 타인을 격려하고 사랑하면서 앞으로 나가게 하는 것이 우리가 성공하기 위한 발판이며 국가, 사회, 회사, 자신을 위하여 도움이 되는 것이다.

② **몇 가지 룰** : NWM 사업에서 타계열의 디스트리뷰터들과 대화할 때는 몇 가지 방법이 있다. 우리가 어떤 말을 하는가로 상대의 미래와 수입이 **플러스**가 되기도 하고 **마이너스**가 되기도 한다는 것을 명심하고 사업을 수행해야 한다.

2) 개개인의 가이드 라인 이해

① **충분한 이해** : NWM을 하고 있는 개개인이 이러한 가이드 라인을 **충분히 이해**하고, 디스트리뷰터 전원이 **서로를 존경하고 사업을 진행해 가**는 것은 NWM 전체의 발전에 필수 불가결한 조건이 되며, 서로 발전해 나간다.

② **해서 될 일, 안될 일** : 아래에 타계열이 디스트리뷰터와 **접촉할 때**, 해도 될 일과 해서는 안될 일을 나열하면 아래와 같다.

　㉠ 기필코 타회사 사람에게 **사업에 관한 카운슬링**을 하거나(받거나) 또는 **어드바이스**를 하거나(받거나) 하는 것은 타회사의 일을 하는 것이기 때문에 안된다.

　㉡ 기필코 타회사 사람으로부터 **보너스를 받거나** 몇 명을 스폰서한다거나, **그룹 전체적으로 몇 명의 디스트리뷰터**가 있는가에 대해서 서로 이야기를 나누면 **정보가 유출**되기 때문에 해서는 안된다.

　㉢ 미팅 등에서 잘 아는 타회사 디스트리뷰터를 만났을 때 그쪽이 프로스펙터와 동행하고 있으면, 그에게 말을 걸 때 "당신은 리더로서 훌륭한 분입니다"라고 말하거나 대우를 해주는 것은 자신의 상사가 아

니므로 해서는 안된다.

(3) 조해리(Johari)의 창

1) 개론

① 우리들은 누구나 자기 자신의 성장을 원한다. 이를 위해서는 자기를 잘 알고 이해하는 것이 불가결의 전제가 된다. 그것은 대인관계 가운데서 일어나는 끊임없는 인격적 상호작용으로 가능해질 것이다.

② 대인관계 속에서의 자기 이해의 실마리로서 '마음의 4개의 창'이라고 부르는 이론이 있다. 이 이론은 조셉 루프트(Joseph Luft)와 해리 잉엄(Harry Ingham)이 1955년에 고안한 것으로, 두 사람의 이름을 합성해서 'Johari(조해리)의 창'이라고도 부르고 있다.

③ 인간의 마음에는 4개의 창의 자기가 있다고 하는데, '조해리의 창'에서는 대인관계 속에서의 자기를 어떻게 이해하면 좋은가를 의도적으로 설명하고 있다.

▶ 자기가

	알고 있다	모른다
알려져 있다	① 열려진 창	② 깨닫지 못한 창
알려져 있지 않다	③ 숨겨진 창	④ 닫혀진 창

▶ 타인에게

2) 열려진 창

개방된 영역, 개방된 자기 : 自知他知

행동·감정·동기에 대해서, 자기가 잘 알고 있고, 다른 사람에게도 알려져 있는 영역(예 : 일이 잘 진행되고 있으므로 분명하게 기쁨을 표명하고 있다).

3) 깨닫지 못한 창

깨닫지 못한 영역, 깨닫지 못한 자기 : 自不他知

행동·감정·동기에 대해 자기는 모르거나 느끼지 못하는데 타인은 알고, 보여지고 있는 영역(예 : 얼굴은 새빨갛게 흥분해 있으면서도 '나는 냉정하다' 고 말하고 있다).

4) 숨겨진 창

숨겨진 영역, 숨은 자기 : 自知他不

행동·감정·동기에 대해서 자신은 잘 알고 있으나 타인에게는 고의적으로 숨겨서 깨닫지 못하게 하고 있는 영역(예 : 실패해서 속으로는 초조하면서 겉으로는 태연한 얼굴을 하고 있다).

5) 닫혀진 창

모르는 영역, 모르는 자기 : 自不他不

행동·감정·동기에 대해, 자기도 타인도 모르는 미지의 영역(예 : 매우 깊이 억압된 감정·충동·숨겨진 재능 등).

일상적인 우리들의 생활 속에서 중요한 것은 '**열려진 창의 확대**' 이며, 그것에는 2가지 방법이 있다.

① 숨겨진 창 ③을 작게 한다.

숨기고 있는 자기의 일을 꾸밈 없이 타인에게 알리고 남들 앞에 내놓는다.

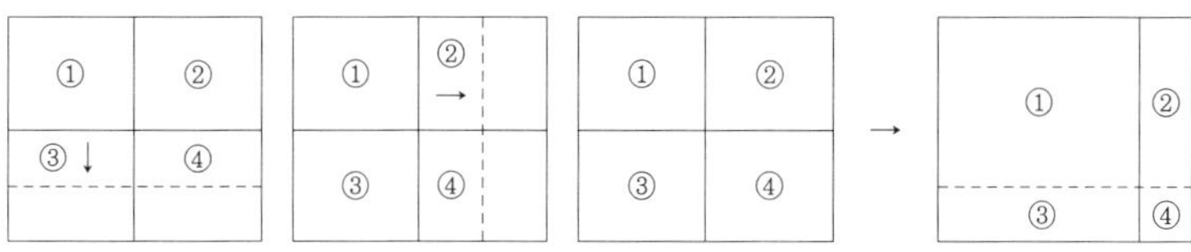

② 깨닫지 못한 창 ②를 작게 한다.

깨닫지 못하고 있는 자기에 대해 타인이 지적해 주도록 하고 그것을 잘 청취해서 받아들인다. 이렇게 하면 닫혀진 창 ④는 차차 작아져서 한층 안심하고 대화를 갖고자 하거나 타인이 상담을 걸어오기도 해서, 부서 내의 활동도 원활히 진행되고, 또 자기 개발에도 도움이 된다.

(4) 자기 자신과 회사 신뢰

1) 자기 자신

① **자기 자신을 칭찬한다** : NWM 사업에 있어서 사람이 목적을 달성하는 데 가장 어려운 것은, '나는 그것을 할 수 있다!'고 생각할 수 있느냐이다. 인간의 최대 약점은 아마도 자기 경시, 즉 자신을 과소평가하는 일이다. 왜냐하면 자기 자신을 버리는 것이 되기 때문이다. 내가 나를 버리는 것은 남이 나를 버리는 것보다 더 나쁘다.

② **과소평가** : NWM 사업에서 명단을 만들고도 프로스펙터에게 전화를 걸지 못하는 것은 그 사람이 자신에게 너무 높은 사람이라고 생각하기 때문이라고 할 수도 있다. 어떤 사람이 '나는 성공할 수 없어. 아무리 성공을 해도 이렇게 많은 사람 앞에서 연설은 할 수 없어'라고 생각하는 것도 극히 소극적인 생각 때문이라고 할 수 있다.

2) 회사의 신뢰와 선전

① **회사를 신뢰한다** : NWM을 하고 있는 디스트리뷰터는, 성공하고 싶다면 자신이 소속된 회사의 **험담**을 하지 **않도록** 한다. 이것은 누워서 침

뱉는 격이 된다.

② **잘못된 선전은 금물이다** : "나는 매달 전국을 누비면서 여러 전문가들에게서 **어드바이스**를 받고, **시행착오**를 겪으면서 사업을 해왔습니다. 나는 **피나는 노력**을 한 결과 이렇게 성공할 수 있었습니다"라고 연설했다고 하자. 이 연설을 들은 참석자는 어떤 생각을 했을까?

③ 최고 성공자가 되기 위한 10가지

1. 조금만 **노력**하라.
2. 조금만 더 **인내**하라.
3. 조금만 더 **행동**(리크루팅)하라.
4. 조금만 더 **성실**(매일 출근+교육)하라.
5. 조금만 더 **모범**을 보여라.
6. 조금만 더 **헌신**하라.
7. 조금만 더 **절제**하라.
8. 조금만 더 **격려**(동기부여)하라.
9. 조금만 더 **정열**을 가져라.
10. 조금만 더 **믿어라**(회사, 제품, 스폰서, 다운라인).

10. 제9사업능력 분석요령 : 상호의존(상호부조)

(1) 상부상조

1) 상대방의 격려

사고는 깊이 생각하는 것이며, 말은 상대를 격려하기도 하고 상처를 입히는 힘을 갖고 있다. 따라서 사람은 **생각**과 **말**과 **행동**, 3가지가 일치해야 하는 것이다. 훌륭한 사람은 항시 이 3가지를 조심하고 있다. 이 3가지를 설명하면 아래와 같다.

① NWM 사업과 사고

　㉠ 인간을 크게 나누면, **적극적인 사람**이 있는가 하면 **소극적인 사람**이 있고 **긍정적 사고**를 가진 사람이 있는가 하면 **부정적 사고**를 가진 사람이 있고 **잘 믿는 사람**이 있는가 하면 **의심이 많은 사람**이 있다. 그런가 하면 정반대의 성격을 가진 2개의 그룹으로 나누어 볼 수 있는데 우리는 여기서 NWM 사업을 할 때에 이를 고려해야 한다.

　㉡ NWM 사업에서 성공하려면 **적극적이고 긍정적인 사고**를 갖고 모든 것에 대처해야 한다. 적극적이면 성공으로 가기가 쉽고 소극적이면 성공으로 가기가 멀다.

　㉢ 이와 같은 이유는 "인간은 자신이 생각하고 있는 인간이 된다"는 알나이팅게일의 말처럼, 당신은 하루종일 당신이 마음속으로 생각하고 있는 그런 인간이 되기 때문이다. 그러므로 인간은 **가치 있는 생각, 즉 정신이 바로 잡혀야 한다.** 따라서 정신이 바뀌면 행동이 바뀌고 행동이 바뀌면 습관이 바뀌고 습관이 바뀌면 인격이 바뀌고 인격이 바뀌면 운명이 바뀌는 것이다.

② NWM 사업과 말

　㉠ 말도 **적극적인 말**과 소극적인 말을 하는 사람이 있고, **긍정적인 말**을 하는 사람이 있는가 하면 **부정적인 말**을 하는 사람이 있다. 그런가 하면 반대 의미를 가진 2개의 그룹으로 나눌 수 있다.

　㉡ 그러므로 말은 이 세상에서 가장 **위대한 힘의 하나**로서 **사랑과 희망,** 격려로 넘치는 말로 듣는 사람을 하늘 높이 날아 올라가게 해주지만, 반대로 **미움과 절망과 낙담**으로 가득찬 말은 상대를 타락의 바닥으로 떨어뜨리고 만다.

　㉢ 따라서 자신이 마음속으로 생각하고 있는 것은 자기 자신만 상처 입히지만, 자신이 **입 밖으로 내뱉는** 말은 상대를 상처내는 힘을 가지고 있다. 여기에 **자기 개발**과 **자기 수련**이 필요한 것이다.

㉣ 인간은 높은 이상을 세우고 그것을 실현시키기 위하여 넘치는 **의욕**으로 창조하고 인내하는 데서 **참다운** 행복이 있는 것이다. NWM에서는 자기 개발과 자기 수행이 절실히 요구되는 것이다.

2) 험담이나 잘못

① **일반인들도 포함** : NWM에서 성공하고 싶으면 당신의 스폰서 계열(스폰서, 업라인과 다운라인)은 물론, 타계열의 그룹 사람들, 그리고 사업을 하고 있지 않은 일반인들도 포함한 **모든 사람들의 험담**이나 버릇, 마이너스가 될 만한 이야기는 **절대로 하지 않는** 것이 좋다. 남의 잘못을 흉보거나 잡아 내는 것은 결코 좋은 일이 아니다.

② **행동의 일부분** : NWM 사업에서는 "무심코 입에서 나와 버렸다"든가 "농담입니다"라고 말해도 이미 내뱉었으면 그것은 **행동의 일부분**이 되며, 말은 그 사람의 사고방식을 상대에게 전달한다. 따라서 내뱉는 말을 다시 주워담기는 매우 힘든 것이다.

③ **사람마음의 상처** : NWM 사업에서 특히 리더의 입장에 있는 업라인의 말만큼 다운라인에게 **영향**을 주는 것도 없다. 물건은 사람의 몸을 상처내지만, 나쁜 말은 사람의 '마음'을 상처내기 때문이다. 따라서 **일언이 중천금**(一言이 重千金)이라는 말이 있는가 하면, 또한 술을 조심해야 실언을 하지 않는다. 『명심보감』에 말이 많고 말을 실수하는 것은 모두 술에 원인이 있고 의를 끊고 조급함에 가까워지는 것은 모두 돈에 있다고 했다(言多言失은 皆因酒요 義斷親速은 只爲錢).

(2) 상대의 장점과 사업동료

1) 상대방의 장점

① **장점의 칭찬** : 언제나 업라인은 다운라인의 **장점**을 찾아서 그것을 **칭찬**해 주어야 한다. 우리는 타인의 장점은 못 보고 단점에만 눈이 가는 경

향이 있으며, 이 점을 명심하고 도와주어야 한다.

② **성공에 도움** : NWM에서는 타인이 잘하는 분야에 대해서 **열심히 칭찬**해 주고, **용기**를 주도록 노력하여 이것을 꼭 실행시켜 다운라인의 개성을 크게 키워 줄 수가 있고, 그들의 **성공을 도와줌**으로써 자연히 따라오게 한다.

③ **자기 자신의 승리** : 이와 같은 행동은 곧 **자기 자신도 승리**의 길을 걷게 하는 셈이 된다. 따라서 **겸허한 마음**으로 다운라인의 장점을 잘 찾아내서 "업라인과 사귀다 보면 여러 모로 닮아 가게 된다"라는 태도로 상대를 대한다. 그렇게 하면 **상호부조**가 되고 **상호보완**이 되어서 NWM 사업은 성공으로 가는 것이다.

2) 사업동료를 믿고

① **사업동료를 믿고 서로 돕는다**

  ㉠ **업라인을 신뢰한다** : '사업동료를 믿고 서로 돕는다' 는 것은 NWM에서 성공하는 요건 중에서 가장 중요 요건이 된다. 따라서 "서로 신**뢰하고 돕는다**"라는 말이 갖는 의미를 이해하려고 한다면, 먼저 당신의 스폰서가 '당신의 생명선'임을 이해하고 그가 하라는 대로 해 보면 된다. 즉 의심을 할 필요가 없다.

  ㉡ **마음속 어딘가** : 당신의 **마음속 어딘가**에 스폰서를 '나보다 학력이 낮은 주제에 무슨 생각을 하고 있는 걸까?' 라고 생각하고 있을지도 모른다. 그것은 큰 잘못이다.

② **사업동료의 험담을 일절 하지 않는다.**

  ㉠ **사업정보, 카운슬링** : 우리 주위의 스폰서 중에는 스폰서만 하고 아무 소식도 없는 사람도 있고, 이미 디스트리뷰터 자격을 없애 버린 사람도 있을 수 있다. 그렇다고 해서 사람들 앞에서 그의 험담을 하는 것은 아무런 득이 되지 못한다. 그 이유는 스폰서가 아무것도 하지

않거나 그만뒀을 경우, 그 스폰서의 스폰서가 당신의 스폰서가 되어 **사업정보, 어드바이스와 카운슬링**을 대신해 줄 때도 있기 때문이다. 따라서 이 사업은 **상호부조요, 동고동락**의 분위기 속에서 기쁘게 자라나고 있다.

ⓛ **훌륭한 사람이라고** : NWM 사업에서는 당신이 스폰서와 업라인을 정말 훌륭한 사람들이라고 말할수록 당신 그룹의 디스트리뷰터들은 그들의 **사업계획과 카운슬링, 어드바이스**를 진지하게 들어 줄 것이다. 이리하여 서로 믿고 도우면서 살아갈 수 있는 것이다.

③ 자신을 스스로 칭찬하는 것은 불가능하다

㉠ **자신의 칭찬** : 사람이 살아가다 보면 누군가가 "나는 학력도 직함도 갖추었고, 훌륭한 인물입니다"라고 자신을 스스로 칭찬하는 것을 들을 때도 있다. 이것은 좋은 일은 아니다. 즉 **겸손한 마음**으로 자신을 높이느니보다 상대가 존경하도록 해야 한다.

㉡ **기분이 좋은 일** : 누군가가 남을 칭찬하는 것을 듣는 것은 거부감이 들기는커녕 기분 좋은 일이다. 그래서 당신은 다른 사람 앞에서 당신을 '**칭찬해 줄 사람**'이 필요한 것이다. 우리는 항시 **칭찬하는 습관**을 길러야 한다.

11. 제10사업능력 분석요령
: 사람다운 자세(리더의 준비)

(1) 리더와 리더십

1) 리더의 갈망

① 국가의 정치나 기업의 경영이나 세상이 급격히 변하고 있는 주변으로부터 거센 변혁의 압박을 받거나 위기에 처할 때면 단순한 정치가나 경

영자가 아닌 지도자, 즉 **리더**를 갈망하게 된다.

② 그리고 더 나아가서 리더십(지도력)이 있나 없나로 지도자를 평가한다. 리더십이란 특정한 가치가 있는 **매우 높은 수준의 여러 가지 능력**의 조합체를 뜻한다.

2) 리더십의 평가

① 가치관, 용기, 책임감, 판단력, 결단력, 추진력, 솔선수범, 완수 등 존경할 만한 가치가 있는 능력 있는 **사람**을 리더십이 있다고 평가한다.

② 리더십이란 보통 **지도력, 통솔력**으로 해석되고 그것을 발휘하는 사람을 리더라고 한다. 다시 말해서 사람들을 선도하는 **역할**을 수행하는 사람이다.

(2) 성공을 위한 준비를 하자

1) 리더가 되는 길

① **성장에 관한 것** : NWM은 **피플즈 비즈니스**이다. 성공으로 이끄는 사업 분석 요령 중에 우리들 디스트리뷰터 개개인의 인간적 **성장**에 관한 것이 매우 중요하다. NWM을 하는 데 인간적으로 성장하지 않으면 안되는지 의문을 가질지도 모른다. 이것이 사람이 갖고 있는 본질인 것이다.

② **사람과 사람의 신뢰관계** : NWM은 언뜻 보면 제품을 판매해서 사업을 확장해 가는 것이라고 생각하는 경향이 있지만, NWM 사업은 실제로는 사람과 사람의 **신뢰관계**로 성립되는 '네트워크 비즈니스', 또는 '피플즈 비즈니스' 이다. 그러므로 **인간관계**가 중요한 것이다.

③ **인간관계** : NWM에서 인간을 상대로 하는 피플즈 비즈니스에서 성공하려면, 가능한 **바람직한 인간관계**를 유지해야 된다. 그러기 위해서는 먼저 자기 자신부터 인간적으로 성장하지 않으면 안된다. 즉 **자기 수련**이 중요한 것이다.

2) 인간적 성장

① 리더의 조건 : NWM 사업은 인간적으로 성장해 가면서 점차적으로 완성되어 가는 것이다. 리더로서 필요한 또 하나의 조건은 산전수전을 넘으면서 때로는 기쁨도 있고 때로는 어려움도 있을 수 있다. 인간적으로 성장하고 나서 사업을 하는 것이 아니라, 여러 가지 경험을 통하여 인간적으로 성장해서 희망찬 꿈을 실현하는 것이다.

② 사고방식과 인생관 : NWM 사업을 하면서 '나는 리더로서의 기량과 품격이 없지 않을까?' 라고 근심하고 있을지도 모른다. 그러나 이런 근심은 할 필요가 없을 것이다. NWM 사업을 해가는 과정에서 다양한 사람들이 갖고 있는 사고방식, 인생철학, 가치향상 등을 접함으로써, 그때까지 자기가 갖고 있는 '틀의 크기' 가 바뀌기 때문에 인간은 끝이 없이 훌륭한 사람으로 변화해 가는 것이다. NWM은 인간성장과 시대변화에 맞는 생활방식을 추구하고 있는 것이다.

(3) 성장촉진 4가지 방법과 리더를 찾아내는 사업

1) 인간의 성장

① 4가지 방법 : 인간적인 성장을 촉진하는 4가지 방법이 있다.

NWM에서 성공하는 데 필요한 인간적인 성장을 촉진하는 데 필요한 지식을 배우려면 아래의 4가지를 명심해야 한다.

㉠ NWM은 성공한 사람이 쓴 자기 개발서를 견본으로 모방해 가는 것이다.

㉡ NWM은 성공한 사람의 연설을 녹음한 테이프를 듣고 다양한 생각을 접해 보며 자기를 접목시키는 것이다.

㉢ NWM에서 리더가 되어 활약하고 있는 사람들과 되도록 많이 접촉하고 각종 문제점을 듣고 해결하려는 자세가 필요하다.

㉣ 리더십을 배워서 자기도 이와 같은 지도자가 되어야 한다.

② **실제의 활용** : 아무리 좋은 지식이라 할지라도 그것을 잘못 활용하면 사회적인 해가 될 수 있다. 따라서 인간적인 성장을 촉진하는 **지식**을 배우는 데 좋은 방법은 배운 **지식**을 그룹리더들에게 가르치는 것이다. 이들 4가지 방법을 확실하게 다운라인에게 인식시켜서 미지의 사건을 만나서 그에 대처하면서 인간적으로 성장할 수 있도록 **친절봉사**를 해야 한다.

2) 리더를 찾아내는 사업

① **NWM은 리더를 찾아내는 사업이다** : 막 디스트리뷰터가 된 사람들의 가장 일반적인 관심사는 "회사가 **어떤 제품을** 취급하고 있을까?" "판매 방법은 어떻게 하면 좋을까?" 같은 것이라고 생각한다. 이것을 해결하면 리더로 성장해 가는 과정이 된다.

② **제품을 판매해서** : NWM은 언뜻 보면 제품을 판매해서 사업을 확장시켜 나가는 사업으로 보이지만 실제로는 그렇지가 않다. NWM이란 '그룹리더'를 발굴해 내는 사업이다. 여기서는 피나는 어려움을 이겨 내야 한다.

(4) 성공은 등록순이 아니다(노황 제공)

성공은 등록한 순서가 아니라는 것을 알아야 한다. 누구나 **사업성**을 얼마나 가지고 성공을 위하여 **최선**을 다하느냐에 따라 성공의 순서는 달라질 수 있음을 알아야 한다.

1) 출근하지 않고는 성공할 수 없다

출근은 성공을 위한 필수조건이다. 성공한 선배 사업자들 중에서 출근을 하지 않고 성공한 분은 한 분도 없다는 것을 알기 바란다. 성공을 원한다면 **전업**으로 출근은 기본이라는 것을 알고 반드시 **출근부터** 하여 성공의 탑을 쌓기 바란다.

2) 업라인을 추월하라

성공을 추월한다면 업라인을 추월한다는 각오도 필요하다. 나의 성공을 위하여는 나를 추월하는 다운을 좌우에 각각 1명씩만 둔다면 나는 밀려서 **자동적으로** 성공한다는 것이다. 다운이 나를 추월한다 하여 밟아 버리는 업라인이 있는데, 이는 자신의 성공을 <u>스스로</u> 짓밟아 버리는 것임을 알기 바란다.

3) 짝다리를 두려워하지 마라

누구나 짝다리를 겪어 보지 못하고 성공한 사람은 하나도 없다는 것이다. 1000 : 4(천사)라는 ○○명의 짝다리 이론을 이해해야 한다. 한 쪽이 잘 안된다 하여 **잘되는** 쪽을 <u>스스로</u> 밟아 버릴 경우 **스스로** 실패의 구렁에 빠지고 있음을 알아야 한다. 잘되는 쪽에 더 지원하라는 것을 명심해야 한다.

4) 바람맞는 것을 당연히 하라

교육으로 무장된 확실한 **마인드**로 사업에 임할 때 바람맞는 것을 당연하다고 느낄 수 있을 것이다. 만약에 고객으로 모실 분 모두가 사업에 동참한다면 한국정부의 기강이 무너질 수가 있다는 것이다. 공장에서 일하는 공원이 모두 우리 사업에 동참한다면 공장은 모두 다 문을 닫을 수밖에 없다는 것이다.

5) 고객을 쉽게 포기하지 마라

끝까지 물고 늘어지는 불독정신으로 임해야 한다. 한 번 권장해 보고 안 한다고 거절할 경우 **쉽게** 포기해서는 **안된다**. 고객은 처음에 다단계에 대한 이해가 잘되지 않기 때문에 현재 상황을 벗어나기 위하여 수단과 방법을 모두 동원하고 있다는 것을 알아야 한다. 끈질긴 **노력**으로 반드시 등록을 해서 성공을 시켜야겠다는 **굳은 마음**으로 임할 때 성공할 수 있다는 것이다.

6) 방문판매를 하지 마라

우리 사업의 성공포인트는 A, B, C 시스템이다. 밖에서는 설명금지이다. 아무리 믿는 자라 하더라도 잘못 설명하면 나를 믿어 주지 않는다는 것을 알아야 한다. 방문판매는 실패를 할 수밖에 없다는 것을 알고 A, B, C를 지키는 것이 **성공의 지름길**이라는 것을 알기 바란다.

7) 네크워크 마케팅에 미쳐 일하라

앉으나 서나 당신 생각이 아니라. 앉으나 서나 네트워크 마케팅 생각을 하라는 것이다. **한 가지 일에 집중**한다면 빠른 성공의 길이 보일 것이다. 오직 정상만을 향하여 전진하기 바란다.

12. 제11사업능력 분석요령 : 성장발전(매출증가)

(1) 매출의 증가와 가격제한 폐지

1) 제품의 유통

① **매출규모의 증가** : NWM 사업에서는 그룹에 제품을 유통시키지 않으면 어떤 수입을 얻을 수 없다. 그룹 전체의 **매출규모를 증가**시켜 **성장과 발전을 도모**하는 것이 NWM의 목적이다. NWM 중에서도 어떤 사업을 해서 수입을 올릴 것인가는, 제품을 유통시켜서 '**매출규모**'를 증가시켜야 되기 때문에 **최대의 관심사**가 아닐 수 없다.

② **그룹의 수입** : NWM 사업에서는 아무리 큰 네트워크를 만들어도 그룹

내에 **제품을 유통시키지** 않으면 매출액은 없고, 따라서 수입을 올리지 못할 것이 분명하다. 수입을 올리려면 네트워크 내에 **제품을 유통시켜** 서 **그룹의 매출규모를** 증가시켜야만 회사도 살고 NWM 사업도 번창해 가는 것이다.

③ **방법의 조사** : "**그룹 매출규모를** 증가시킨다." 이 말을 들으면 '세일즈' 나 '판매'를 해야 된다고 생각하는 경향이 있는데, NWM에서는 어떤 방법으로 매출규모를 증가시키는가? 그 방법을 조사해 보면, 디스트 리뷰터들은 특별한 일을 해서 매출규모를 올리는 것이 아님을 알게 된 다. 즉 자기 제품의 유통인 것이다.

④ **다단계 회사의 정보공개 의무화** : 2002년부터는 다단계 판매회사는 매 출액과 수당은 회사경영과 관련 주요 **정보를 디스트리뷰터를 모집할** 때 반드시 공개해야 한다. 공정거래위원회는 다단계 판매로 일확천금을 벌 수 있다는 유혹에 빠져 디스트리뷰터로 가입하는 것을 막기 위해 이 같은 내용을 골자로 하는 **방문판매에 관한 법률개정안을** 마련했다고 한다.

⑤ 공정거래위원회는 다단계 판매회사가 도산 등으로 환불이나 보상을 해주지 못할 경우에 대비해 소비자 피해보상 보험에 의무적으로 가입하 도록 했다.

2) 자사 제품의 사용

① **제품설명** : 디스트리뷰터에게 자사 **제품을 사용하게** 할 목적으로 제품 설명을 하는 것이다. 이것은 **회사를** 발전시키는 길이요 자신을 성장시 키는 원동력이다.

NWM에서는 제품설명은 판매를 위한 것이 아니라 디스트리뷰터가 된 사람에게 자사 제품의 **사용법과 우수성을** 알려 주려는 목적이다.

② 그렇게 함으로써 새로이 디스트리뷰터가 된 사람들에게 판매방법을

가르치는 것보다는 **제품을 사용하게 하는 편이 간단하기 때문이다**. 따라서 **자신이 먼저 제품을 사용해야 한다**.

(2) 총 매출액과 매출규모

1) 다단계 판매가 격제한 폐지

① 현재 100만 원으로 정해져 있는 다단계 판매 제품의 **가격상한선이 폐지될 전망이다**. 이는 가격상한의 하향 조정을 요구하는 시민단체의 입장과 정면으로 배치되는 것이어서 논란이 예상된다.

② 공정거래위원회는 다단계 판매자에 대해서 100만 원이 넘는 제품을 팔 수 없도록 제한하는 것은 시장경제 원리에 어긋난다며 방문판매에 관한 법을 개정할 때 **가격상한선을 폐지할 방침**이라고 밝혔다.

2) 연간 총 매출액

① **매출액의 80% 이상** : 연간 총 매출액의 80% 이상은 디스트리뷰터에 의해 소비된 제품판매로 이루어진다. 만약 디스트리뷰터가 제품을 사용하지 않는다면 이것은 불가능하다.

② **제품설명의 본래의 목적** : 언뜻 제품설명은 스폰서 활동과 판매활동 양쪽에서 쓰는 것 같지만, 제품설명의 '본래' 목적은 디스트리뷰터들과 고객이 될 가능성이 있는 사람들에게 제품의 품질과 사용법을 알려서 이 제품을 판매하려는 것이다.

3) 연간 매출규모

① **매출규모의 증가** : NWM 사업에서 연간 매출규모의 증가이유는 디스트리뷰터 수가 순조롭게 늘어난 결과이다. 매년 연 매출규모가 증가하고 있다. 그 이유는 디스트리뷰터 개개인의 세일즈 방식이 좋아지고 한 사람이 몇백만 원의 제품을 판매하기 때문이 아니라 회원가입이 증가하

기 때문이다.

② **결론부터 말하면** : 디스트리뷰터 개개인이 판매를 잘해서 매년 매상이 신장한 것이 아니다. 그들 기업의 연간 매출액이 증가한 것은 디스트리뷰터 수가 순조롭게 늘어난 결과이다. 즉 디스트리뷰터 개개인이 자기 회사 제품을 사용하기 때문이다.

③ **과징금 부과 제도** : 공정거래위원회는 다단계 판매업자의 책임을 강화하기 위하여 소비자 피해보상 보험 가입을 의무화하고 과징금 부과제도를 신설하는 등의 소비자 피해방지책을 신설할 예정이다.

(3) 규모의 확대와 제품사용

1) 큰 숫자가 되는 법

① **많은 고객의 확보** : NWM 사업은 적은 수라도 많이 모이면 큰 숫자가 되는 사업이다. NWM에서 매출규모를 늘리는 기본은, 디스트리뷰터 개인을 자사 제품의 사용자로 만들고, 가능한 많은 고객을 확보하게 하는 것이다. 이런 간단한 것을 할 뿐인데도 디스트리뷰터 한 명의 한 달 매출액은 자기 생각을 초월할 정도로 증가하고 있다.

② **매상의 상승** : NWM 사업이 작을 때는 그룹원들이 100% 자사 제품의 사용자이고 고객을 15명 보유하고 있어도, 한 달 매출액은 몇천만 원이 되지 않을 것이다. 랭크가 올라가고 그룹 내에 몇천 명의 디스트리뷰터가 존재하게 되면, 개개인이 제품을 몇십만 원밖에 사용하지 않아도 한 달 매상은 몇억이 된다. 적은 수라도 많이 모이면 큰 숫자가 되는 원리가 여기에 있는 것이다. 우리는 한 사람이라도 더 가입시키는 데 총력을 기울여야 할 것이다.

2) 제품의 사용

① **오랜 경험** : NWM 사업에서는 판매보다는 제품을 사용하게 하는 편이

간단하다. 성공한 사람의 오랜 경험에서 알게 된 것은, 많은 사람을 스폰서하면 다양한 타입이 나온다는 것이다.

첫째 : 제품 판매를 잘하는 사람과

둘째 : 제품 판매에 어려움을 느끼는 사람으로 구분할 수 있다.

② **결과는 처음부터** : NWM 사업에서는 디스트리뷰터들에게 판매보다 스폰서 활동에 중점을 두라고 충고해도, 제품을 팔 것을 어드바이스해도, 결과는 처음부터 눈에 보인다. 판매가 싫은 사람을 판매하기 좋아하는 사람으로 바꾸는 것은 쉬운 일이 아니다. 왜냐하면 판매활동이나 스폰서 활동은 그 사람의 **개성**과 그가 자라 온 **환경**에 크게 좌우되기 때문이다. 따라서 이것은 계속되는 **교육**과 **지도**로서 한발 한발 키워 나가는 것이다.

제4절 NWM 사업의 5대 성공비결

1. 서론

(1) 5대 성공비결

(시기 → 보상 → 회사 → 제품 → 후원)

① 제1의 성공비결 : 시기(시대적 사회적 적당한 타이밍)

② 제2의 성공비결 : 보상(최대한의 보너스 보상플랜)

③ 제3의 성공비결 : 회사(재정적 도덕적으로 좋은 회사)

④ 제4의 성공비결 : 제품(고품질 저가격의 우수한 제품)

⑤ 제5의 성공비결 : 후원(정직하고 성실한 실력 있는 스폰서)

(2) NWM 요원의 선택요건

① 마음의 결정 : NWM 사업에서는 남자냐 여자냐, 전업이냐 부업이냐, 또는 평생 할 것이냐 잠시 할 것이냐 등을 신중히 살펴보면서 5대 성공비결을 비교 분석하고 마음의 결정을 내려야 한다.

② 순간의 선택 : 남은 인생을 **황금빛**으로 물들일지, **잿빛**으로 물들일지를 결정하는 중요한 계기가 되는 것이기 때문에 순간의 선택은 매우 중요한 것이다.

2. 제1의 성공비결 : 시기(타이밍을 맞춰라)

(1) 고려해야 할 타이밍 3가지

　NWM 사업에서는 매사가 모두 그렇겠지만 **타이밍은 매우 중요하다.** 왜냐하면 타이밍이 맞지 않으면 일은 성공할 수가 없고 허사가 되며 애는 애대로 쓰고 일은 일대로 실패로 돌아간다. 이 NWM에서 고려해야 할 타이밍을 크게 3가지로 나누어서 분석해 볼 필요가 있다.

1) 회사의 타이밍이 맞아야 한다

① 회사의 타이밍 : NWM 사업을 시작하고자 할 때의 회사가 앞으로 어느 정도로 성장할 가능성을 갖고 있느냐의 문제이다. 너무 일찍 시작해도 위험하며, 너무 늦게 뛰어들어도 성공할 확률이 낮다. 따라서 지금이 최적기이다. 앞으로 NWM은 5년만 지나면 모든 회사가 NWM 시스템을 적용하기 때문에 그때는 별로 볼 것이 없다.

② 가장 최선의 타이밍 : 앞으로 30년 이상 지속되는 회사가 급성장 국면에 접어들기 6개월 전이 제일 적기라고 한다. 그 이유는 공모회사에 투자하는 최적기는 주가가 상승하기 직전이라고 보기 때문에 우리는 여기에 관심을 집중시켜 이 타이밍을 놓치지 않도록 해야 한다.

2) 개인의 타이밍이 맞아야 한다

① 삶의 질을 한 차원 높게 : NWM 사업을 통하여 개인의 타이밍은 삶의 질을 한 차원 높이고자 하는 열정을 갖게 될 때의 자신의 나이, 결혼 여부, 가정환경, 현 직장의 조건 등 개인의 상황이라 할 수 있다. 우리는 NWM 사업을 알고 시작할까 말까 기로에 서 있을 때 이때가 바로 삶의 질을 높이는 타이밍이라고 할 수 있다.

② 충분히 극복할 수 있는 문제 : NWM 사업에 대한 확신만 갖고 있다면 시간상의 문제이지 충분히 극복될 수 있는 문제라고 할 수 있기 때문에 용기를 내어 이 사업에 동참해서 9대 사업촉진 방법과 11대 사업분석 요령을 명심하고 스폰서를 따라 마음을 잡고 실천에 옮기는 길만이 내가 갈 타이밍이다.

3) 사회의 타이밍이 맞아야 한다

① **업계가 주춤거리고** : NWM은 불황기에 발달한다. 경기침체, 물가상승, 실업의 증가 등으로 대부분의 업계가 주춤거리고 있을 때 NWM은 최적기로 성장한다.

② **풍요로운 결실** : 업계가 주춤거릴 때 독자적인 NWM을 굳건히 다지고 나아가 **풍부한 결실**을 얻을 수 있는 **절호의 기회**가 되는 것이다. 경기침체, 물가상승, 실업 100만이 넘나드는 지금 이때가 바로 최적의 타이밍이다.

(2) 성공을 위한 타이밍 활용방법(노황 제공)

"시간은 금이다"라는 말이 있다. 지나간 시간은 다시는 돌아오지 않는 법이다. 특히 우리 NWM 사업은 왕복티켓이 없다는 것을 명심해야 한다. 지나간 시간에 대한 후회는 결코 나에게 아무런 도움이 되지 않는 것이다. 지금 이 시간도 중요한 시간임을 알고 조금도 헛되이 보내지 말기를 바란다.

1) 출근시간을 지켜라(직급자는 직급자 회의)

① 어느 교육장이든 **아침조회**는 이루어질 것이다.

② 특히나 직급자는 직급자 회의에도 참석을 하여야 하며, 누구나 **아침조회에는 반드시 참여**를 하여야만 한다.

③ **아침**이 없이 **출발**이 없는 법이다.

④ 우리 사업의 성공을 원한다면 **아침조회부터 참여**해야 한다.

2) 약속시간을 지켜라

① **약속은 양심**이다. 약속을 지키지 않는다는 것은 양심을 버리는 것이나 다름이 없는 것이다.

② **지키지 못할 약속은 하지 않는 것이 좋다.**

③ 고객과의 만남에서 약속을 지키지 못한다면 있는 수 없는 일이다.

④ 누구와의 어떠한 약속도 반드시 어겨서는 안된다.

3) 잠자는 시간을 줄여라

① 남들 잘 때 자고 남들이 놀 때 나 또한 놀아 버린다면 언제 성공할 것
   인가. 남들이 놀고 있을 때 열심히 일하고 남들이 자고 있을 때 나만은
   일하는 **꾸준한 노력만이 빠른 성공의 길**임을 알고 노력하면 된다.

② NWM 사업은 주야가 따로 없을 뿐만 아니라 일요일 공휴일도 없다는
   것을 알면 된다.

4) 고객에게 충분한 시간을 얻어 내라

① **고객을 모시기가 쉽지만은 않을 것이다.**

② 어렵게 모신 고객을 시간을 짧게 약속하거나, 만나는 시간만을 약속하
   지 말고, **교육을 받을 수 있는 충분한 시간**을 얻어 내는 것이 중요하다.

③ NWM에서는 최소한 3시간 이상은 얻어 내야 하며, 한나절 이상을 약
   속한다면 충분한 시간을 이용할 수 있을 것이다.

5) 교육 시작 10분 전까지는 입장하라

① 교육시간에 늦을 경우 출입이 통제된다면 얼마나 허망하겠는가. 최소
   한 30분 전에는 만나서 간단한 커피 한잔 정도의 **여유**를 가지는 것도
   중요하다.

② 간단한 헬프를 하는 것도 **마음을 열고 교육을 받을 수 있도록** 하는 데
   중요한 역할을 한다는 것을 알라.

③ 만약에 늦을 경우 **다음 시간으로 약속을 늦추는 전화**라도 하는 것이 예
   의이다.

6) 전화통화 시간은 간단하게 하라

① 너무나 길게 통화를 하다 보면 자신도 모르게 A, B, C가 샐 수 있는 것이다.

② 바쁘다는 말로써 상대방의 **궁금증을 유발**하는 것도 중요하다.

③ **짧은** 대화일수록 고객을 모실 수 있는 확률이 높다는 것을 알고 **불필요**한 말은 줄이는 것이 좋다.

7) 3초의 시간적인 여유를 가져라

① 너무 서두르지 말고 **여유**를 갖는 것도 중요하다.

② 급히 먹다 보면 체한다는 말이 있다. 화가 나도 3초 동안 인내하고, 불행한 자를 만나면 3초 동안 기도하고, 감옥으로 가는 자에게는 3초 동안 용서하라.

③ 아이가 잘못 하고 울 때 3초 동안 참고, 친구와 헤어질 때 3초 동안 바라보라.

3. 제2의 성공비결
: 보상 (최대한의 보너스 보상플랜)

(1) 회사와 사업자의 생존요소는 보상플랜

① **보상제품의 중요성** : NWM 사업 성공의 제2의 성공비결은 보상제도이다. 사람은 누구나 어떤 보상이 있느냐 하는 것이 관심사가 아닐 수 없다.

② **후원수당 지급기준** : 보상플랜(compensation plan)이란 NWM 회사가 **채택한 시스템 형태**(마케팅 플랜)로서, 디스트리뷰터에게는 후원수당을 뜻하며 이것을 언제 얼마나 어떻게 줄 것인가는 **사업에 힘을 북돋우는**

밑거름이 되는 것이다.

(2) 보상플랜에 대한 고찰

1) 보상플랜의 종류와 특징

① NWM은 학문적 · 이론적 근거를 배경으로 탄생한 것이 아니라 현실세계에서 최첨단의 흐르는 물결에 의해 생성 · 발전되어 왔기 때문에, 그 근간이 되는 보상플랜 역시 경험과 실적에 근거하여 다양한 형태가 생겨나서 변화를 계속하고 합리성을 추궁하고 있다.

② 수많은 NWM 회사가 있지만 똑같은 보상플랜을 갖고 있는 회사는 없다. 회사이름이 틀리고 제품이 다르듯 보상플랜도 약간씩 서로 다르다.

2) 브레이크어웨어(Breakaway) 방식에 대한 분석

① 영어로 'Breakaway'는 무리에서 떨어져 나가 분리 · 독립됨을 뜻한다.

② 다단계 사업자가 열심히 다운라인을 후원하고 교육시켜 독립된 그룹으로 분가시킴으로써 직급이 올라가며, 이에 따른 보상금도 달라진다.

③ NWM 사업에서는 얼마나 많은 다운라인을 독립시켰느냐에 따라 후원수당 지급률이 달라지는 보상방식이며, 현실을 잘 반영하고 있다.

3) 매트릭스(Matrix) 방식에 대한 분석

① 매트릭스 방식의 가장 큰 특징은 폭과 깊이가 한정되어 있어, 한 레벨에서 후원할 수 있는 디스트리뷰터의 수가 최대 길이를 제한한다는 점이 장점이다.

② 자신의 프론트 라인인 1대에 후원할 수 있는 회원의 수를 3~6명 정도로 제한한다.

③ 자신이 모집한 인원 중에서 1대에 허용하는 최대수만큼 등록시키고 나면 그 나머지는 자동으로 자신의 2대에 등록(Spillover〈스필오버〉:일

출〈溢出〉효과)이 된다.

④ 경우에 따라서는 그보다 더 높은 단계에까지 **자동적으로 등록**이 되는 보상플랜이다.

4) 유니레벨(Unilevel) 방식에 대한 분석

① 유니레벨 방식은 말 그대로 레벨이 하나인 방식이라는 의미로, **폭은 무한하고 깊이는 제한**되어 있는 구조를 갖는 보상플랜이다.

② 이 방식은 **깊이는 제한**되어 있지만 **폭이 무한정**하여 가능한 한 폭을 넓게 유지하려는 경향이 많아 개인적인 후원을 필요로 하는 프론트 라인 **회원들에겐 부정적인 영향**을 미치게 된다.

5) 바이너리(Binary) 방식에 대한 분석

① 영어 'Binary'는 '2개의, 2진수의' 라는 뜻으로, 한 사람이 회원을 좌측과 우측 2명씩만 모집해 조직을 확장해 나가는 방식이다.

② 양측은 **매출량을 쌓아** 가 측면별로 각 후원계열에서 발생한 매출을 합해 양측을 비교하여, 매출이 적은 측의 후원계열이 커미션을 받을 수 있을 정도의 사업실적을 올렸다면 그것에 대해 수당을 받는다.

③ 이렇게 바이너리 방식은 약한 측의 후원계열이 달성한 사업실적이 수당의 책정에 중요한 요인으로 작용한다.

6) 매칭(Matching) 시스템에 대한 분석

① 매칭 시스템이란 기존의 바이너리 방식을 보완함으로써 조직을 좀더 **안정적으로 구축**할 수 있도록 만들어진 것이다.

② 신규 회원을 자기 그룹의 어느 단계, 어느 위치에 가입시키더라도 직접 그 사람의 매출에 대해 일정한 수당을 얻는 **보상방식**을 말한다.

(3) 좋은 보상플랜의 7가지 선택기준의 고찰

1) 누구나 알아보기 쉽게 되어 있어야 한다

① NWM 사업은 간단명료하여 **누구나 이해하기 쉽게 설명하기 쉬어야 한** 다. 다단계 사업자가 자신이 일하는 회사의 보상플랜을 정확히 이해하는 것은 제품에 대한 지식 못지않게 **사업성공의 필수요건**이며 신규회원에게는 힘을 주는 **원동력**이 된다.

② NWM 사업에 대해서 아무것도 모르는 사람들에게 이 사업은 이렇게 해서 돈이 된다는 것을 쉽게 이해시켜 사업에 동참시키는 것이 네트워크 비즈니스의 첫걸음이며 이를 잘 키워서 좋은 열매가 맺을 수 있도록 해야 한다.

2) 수시로 변경되는 것은 좋지 않다

① NWM 사업에서 보상플랜은 **시대의 조류에 따라 변천**이 있을 수도 있지만 회사를 경영하는 경영자나 회사를 믿고 사업을 펼치는 회원에게는 안정적이며 장기적으로 운영되어야 한다.

② 이제 다 가까스로 익혀 놓은 보상플랜이 어떤 상황이 바뀔 때마다 자주 바뀐다면 회사를 어떻게 믿으며 어떻게 안정적으로 운영될 것인가. 사업자들은 일할 맛이 나지 않고 후회가 막급할 것이다.

3) 법정 한도 내에서 최대한 보상을 받을 수 있어야 한다

① **방판법 제41조** [다단계 판매업자가 지급할 수 있는 후원수당의 범위] 다단계 판매업자가 다단계 판매원에게 후원수당으로 **지급할 수 있는** 총액은 대통령령이 정하는 범위 이내이어야 한다.

② **시행령 제22조** [후원수당] 다단계 판매업자가 지급할 수 있는 후원수당 총액의 한도는 다단계 판매업자가 디스트리뷰터에게 공급하거나 제공한 제품, 또는 용역의 가격의 합계액의 35%에 해당하는 금액으로 한다.

4) '부의 나눔' 이 예측되어 있어야 한다

① NWM의 진정한 매력은 돈 없이 사업에 참여한 많은 사람들이 골고루 자신의 **노력에 대한 대가를 충분히 보상받는** 데 있다. 이런 것이 흔들릴 때 이것을 사기로 보고 있다.

② 오직 먼저 시작했다는 이유만으로 극소수의 사람만이 천문학적인 수입을 챙김으로써 **빈익빈부익부 현상**이 눈에 보이게 일어나며 여러 사람을 부추겨 새로운 회사만을 찾아 몰려다니는 '떴다방' 을 양산하는 보상제도는 없어져야만 안심하고 회원이 될 수 있다.

5) 연속적으로 수입보상이 있어야 한다

① NWM 사업에 종사하는 대부분의 사람들은 **장기간에 걸쳐 수입의 연속성을 보상**받고 싶어한다. 그러나 이것도 부실회사는 못하고 있으니 분석해야 한다.

② 단지 몇 개월 동안 큰돈을 받고 마는 것보다 적은 액수라도 평생에 걸쳐서 더 나아가 대를 이어 받기를 원한다.

6) 후원금을 받기 위한 부담이 없어야 한다

① NWM은 엄연한 유통사업으로 **매출이 있는 곳에 수당이 따르게** 되어 있다. 따라서 조직을 구축하여 매출을 일으키고 리더를 **양성하는 등의 가치를 창출하는 행위**에 대하여 공정하고 **충분한 보상**이 주어져야만 안심하고 사업을 수행해 간다.

② NWM 사업에서 후원수당금을 받기 위해 달성해야 하는 **유지금액이 지나치게 많으면** 보상금을 받기 위해 무리한 재고를 떠안게 되고 급기야는 덤핑으로 물건을 처분하는 등의 **바람직스럽지 못한 사태를 초래하**는 경우가 있으니 이 점도 잘 보살펴야 한다.

7) 제품의 가격이 알맞게 책정되어야 한다

① NWM 사업에서는 제품의 가격이 지나치게 높게 책정되어 있다면 후원
   수당의 법정한도인 회원가격의 35%를 모두 지급한다 하더라도 별 의미
   가 없다.

② 이미 회사는 엄청난 폭리를 취했고, 회원들 자신들이 '부당하게' 지불
   한 돈을 가지고 복잡한 보상 프로그램에 따라 직급별로 나눠먹을 다른
   방지책은 생각하지 않는 회사도 있다.

(4) 우리의 장점 – 이렇게 쉬운 보상플랜은 없다(노황 제공)

바이너리 방식과 같이 쉬운 보상플랜은 없을 것이다. 서방국가에서 전
해진 많은 마케팅은 브레이크어웨이 방식으로 초기에는 수입이 되지 않
으며, 오래된 자에게만 많은 수입이 되도록 만들어진 것에 비하여 우리의
마케팅은 쉽게 만들어진 한국형 마케팅이라는 것이다.

1) 아들딸 구분 말고 둘만 낳아 잘 기르자

① 라인은 둘로만 형성된다. 좌측과 우측으로 각각 두 라인으로만 이루어
   지면 되는 것이다. 쉽게 생각해서 두 명만 낳아 잘 기르면 되는 것이다.

② 광야의 모래사막을 가다 오아시스를 두 번만 만나면 되는 것이다.

③ 내가 도와주고 싶은 분에게 5천만 원을 그냥 주어도 아깝지 않은 분
   두 명만을 모셔서 반드시 성공을 시킨다면 나 또한 밀려서 성공할 수
   있는 가장 쉬운 마케팅이다.

2) 마감은 있으나 마감개념이 없다

① 물류 마케팅으로 되어 있는 모든 회사는 월말 마감에 곤혹을 치를 수
   밖에 없지만, 우리는 마감에서 해방이 되었다는 것이다.

② 월말 마감을 위하여 부족한 것을 배팅으로 채워야 하는 타사에 비하여

우리는 부족한 것이 있으면 누적을 적용하여 다음달에 채우면 되도록
되어 있어서 배팅으로 인한 피해가 없다는 것이다.

3) 말만 할 줄 알면 평생 누구나 사용한다
① 세 살부터 여든까지 누구나 사용하는 없어서는 안될 통신이다.
② 엄청나게 변하고 있는 통신시장의 주역이 되는 것이 바로 **황금알을 낳
는 거위**라 불리는 **통신시장**이다.
③ 공중전화가 거리의 유물로 변하고 있으며, 누구나 휴대폰 문화가 정착
되었으며, 이제는 IMT 2000 사업에서 쏟아지는 **21세기에 통신세계는
상상을 초월**할 것이다.
④ 이에 우리 사업은 통신사업으로 누구나 **필요로 하는** 통신이다.

4) 1일 마감 10일 결제
월말 마감개념이라면 다음달에 한 달에 한 번 **월급개념**인 것이다. 그러
나 우리는 매일 마감하여 자동적으로 10일 후 결제가 된다는 것으로
10일 후부터는 매일 수입이 들어올 수 있다.

5) 누구나 정상에서 10 대 10으로 만난다
① 처음은 늦어도 다운이 많이 생기게 되면 10 대 10은 기일이 단축되어
어느 날이면 매일 50만 원을 맞을 수 있다.
② 오래된 선배 사업자라도 언젠가는 정상에서 50만 원 맥심으로 만날
수 있다.
③ 타사보다는 쉬운 것이 우리의 마케팅이다. **누구나 하고자 하는 자신감
으로 확신을 가지고** 사업에 임한다면 누구나 성공할 것이다.

4. 제3의 성공비결 : 회사(좋은 회사의 선택)

(1) 도덕성과 안전성

1) 재정적 도덕적 회사인가?

① **좋은 회사를 선택하는** 것이 성공의 제일 중요한 요건이다.

NWM 기업이 도산하게 되면 그 기업에 종사하던 모든 직원은 실직의 아픔을 맛보게 되고, 또한 이와 관련된 여러 가지 사회문제를 야기시킬 위험이 있기 때문에 좋은 회사를 선택하는 것이 제일 중요한 **성공의 비결**이다.

② 희망의 새천년을 맞이하여 **회사의 인지도를 높이고** 고객에 대한 **폭넓은** 성원을 얻고 있는 좋은 회사를 알아 내기 위해서는 최소한 다음과 같은 점을 반드시 미리 알아보고 선택하여야 한다.

2) 안정성이 보장되어야 한다

① **1년을 버티지 못하고** : NWM은 대부분 영세한 기업이 채택하기 때문에 자본이 모자라 문을 닫는 경우가 많다. 미국에서는 수많은 NWM 기업들이 설립되었다가는 사라지고, 또 사라졌다가는 설립되곤 한다. 대부분의 회사는 1년을 버티지 못하고, 소수의 회사가 2~3년의 수명을 유지하며, 5년 뒤에 성공을 거둔 회사는 1천 개 중 겨우 1개 정도라고 한다. 그렇기 때문에 이 사업은 어려운 것이다.

② **0.1% 확률을 보고** : 회사가 문을 닫으면 모처럼 노력해서 만들어 놓은 조직이 하루아침에 물거품이 되어 버리고, 자신을 믿고 이 사업에 동참한 사람들로부터 원망을 사게 된다. 네트워크 비즈니스는 **평생사업이**기 때문에 0.1%의 확률을 보고 사업을 시작할 수는 없다. 이래서 매스컴이나 신문이 이를 나쁘게 평가하고 있다.

③ **확실한 철학과 견식** : 신생회사라 할지라도 **뛰어난 아이템과 특별한 비**

전을 갖고 있고, 그 경영자가 NWM에 대한 **확실한 철학과 견식이 있다**면 검토해 볼 수도 있을 것이다. 만일 일확천금에만 눈이 멀어 특별히 뛰어난 제품도 없이 수박 겉핥기식의 NWM 지식으로 사업을 시작한 회사라면 얼마 못 가 도산할 가능성이 높다. 여기서 우리는 조심조심해야 한다.

3) 서비스 사항을 알아본다

① **회사가 맡아서 할 일** : 디스트리뷰터와 회사 사이의 노동의 분배가 NWM을 가능케 하므로, 판매와 회원가입은 **디스트리뷰터의 몫**이지만 다음과 같은 나머지 모든 일을 회사가 다 맡아서 해주는가를 무슨 수라도 써서 알아보아야 한다.

② 4가지 서비스 사항을 확인해 본다.

　㉠ 수신자 부담전화를 통한 **음성 우편서비스**를 제공하는가?

　㉡ 제품과 조직에 관한 디스트리뷰터의 질문에 답해 주는 **정보 직통전화**를 운영하고 있는가?

　㉢ 다운라인 관리에 중요한 **정보를 팩스나 음성우편**으로 제공하는가?

　㉣ **자동 배달서비스**를 제공하는가?

③ 4가지 제공사항을 확인해 본다.

　㉠ 제품판매에 도움이 되는 **자료를 싼값**에 사업하는가?

　㉡ 디스트리뷰터를 위한 **훈련 프로그램**을 제공하는가?

　㉢ 최근 정보에 손쉽게 접할 수 있는 **뉴스레터**를 제공하는가?

　㉣ **국제적 확장 프로그램**에 있어서 디스트리뷰터들에게 외국에서도 세금이나 등록, 환전 등의 문제로 고민하지 않고 다운라인을 구축할 수 있게 해주는가?

(2) 성장과 수익성

1) 성장(가능)성이 있는가를 알아본다

① **성장가능성 확인** : 진정으로 좋은 NWM 회사를 선택하기 위해서는 안정성 다음으로 그 회사가 **앞으로 얼마나 더 성장할 가능성이 있는가**를 반드시 확인하고 회원으로 가입해야 한다.

② **4가지 성장국면** : 일반적으로 NWM 회사는 형성기 → 집중기 → 급성장기 → 안정기의 4가지 국면을 경과하는데, 가장 최선의 단계는 '적어도 앞으로 30년 이상 지속되는 회사가 급성장 국면에 접어들기 전에 6개월' 이 가장 중요하다고 한다.

③ **급성장 국면** : 회사의 매출액이 5천만 달러에 도달한 후에 접어든다고 보는 것이 전문가의 견해이다.

④ **사업 자체의 포기** : 대부분의 경우 망하게 되어 있는 회사만 이곳 저곳 **기웃거리다가 결국 NWM 사업 자체를 포기해 버리기가 십중팔구이다** (리처드 포, 『제3물결 NWM의 새시대』, 용안미디어)

⑤ 2001년 4월 현재 다단계 판매회사는 290개 중 200여 개만 유지되고 나머지업체는 문제가 발생되고 있다고 한다.

2) 수익성이 있는가를 확인한다

① **보상제도를 정확히 파악**

㉠ 아무리 회사가 튼튼하고 제품이 뛰어나도 디스트리뷰터에게 **충분한 보상**이 주어지지 않는다면 이 사업을 할 이유가 없다.

㉡ 그렇기 때문에 NWM 회사를 선택할 때는 그 회사의 보상제도를 정확하게 파악할 필요가 있다. 이런 점을 우리는 잘 알아야 한다.

② **더욱 경계할 사항**

㉠ 너무 적게 책정되어 있는 것도 문제지만 **터무니없이 많은 보너스**를 준다고 하는 회사는 더욱 경계할 필요가 있다.

ⓛ 보너스 플랜이 너무 복잡하지 않고 간단하고 명확한 것이 좋다.

③ 반드시 싸다는 보장은 없다

　㉠ NWM을 채택한 기업이라고 해서 제품의 값이 일반 유통방식에 의해 유통되는 제품보다 반드시 싸다는 보장은 없다.

　㉡ 어떠한 시스템을 이용해 사업을 하든 제품에 대한 **최종 소비자가격**과 **중간 마진폭**은 기업주가 시장상황을 고려하여 정하는 것이 일반적 상술이다.

5. 제4의 성공비결 : 제품(좋은 제품의 선택)

(1) 기반 제품의 조건(품질, 효능, 가격, 독점권)

1) 이 제품이 팔릴까

① 어느 회사와 디스트리뷰터 계약을 맺기 전에는 "이 제품이 팔릴까?"가 아니라 "나는 이 제품을 팔 수 있을까?"라는 **물음을 신중히 검토할 필요가 있다.**

② 누군가 찾아와서 이 제품을 보여주면 우리도 그걸 살 수밖에 없는 제품이어야 한다.

2) 내가 쓰고 싶어한다면

① 내가 쓰고 싶어한다면 다른 사람도 그걸 쓰기를 원하는 것은 일반 상식(易地思之 : 역지사지)이다.

② 자기는 써 보지도 않고 남에게 권한다는 것은 **어처구니없는** 일이다.

③ 제품에 대해서 **강한 애착이** 있어야 하고, **열의와 집착을** 가지고 있어야 한다.

188

(2) 생활필수품(소비재)이 좋다

1) 돈을 벌기 위한 수단

① NWM을 통해 사업하고자 하는 제품을 일상 생활에서 늘 사용하여 짧은 기간 안에 **재구매가** 이루어지는 필수 소비재가 **적합**하다.

② 굳이 없어도 살 수 있는 제품을 가지고 NWM을 하게 되면 제품이 정말 필요해서 사기보다는 '**돈을 벌기 위한 수단**' 으로 구매하게 되며, 사회적인 피해를 자아낼 것이 확실하다.

2) 건강과 미용에 관한 제품

① 한 번 구입한 제품이 몇 년간에 걸쳐서 사용되는 내구재라면 반복구매가 일어나지 않아 조직의 확대 과정이 끝남과 동시에 매출이 제로가 되므로 수입이 없게 되어 NWM의 존재근거가 없어진다.

② 적어도 1~3개월에 한 번쯤은 새로운 **매출이 발생하는** 제품이어야 하는데, 건강과 미용에 관한 제품이 가장 좋다고 한다.

(3) 확실한 효용의 제품이 좋다

1) 확실한 조건 확인

① 매장에서의 사업활동은 무엇인가의 필요에 의해 그 가게를 방문한 소비자에게 사업하는 행위이다.

② NWM에서는 그러한 필요성을 전혀 느끼지 못하고 있는 소비자에게 제품을 사업하는 것이기 때문에, 거기에는 **확실한 효용을 가진 제품**이라는 조건이 필수 **불가결**하다.

2) 제품의 애용자가 될 수 없다

　확실한 효용이 없는 제품이라면 제품을 사업하는 디스트리뷰터가 그 제품의 애용자가 **될 수 없으며**, 결코 소비자들을 설득시킬 수가 없어 그 회사는 망하고 만다.

(4) 부가가치가 높은 제품이 좋다

1) 부가가치가 높은 건강보조 식품

① 쌀이나 채소 등은 어디에서나 구할 수가 있고, 부가가치가 적기 때문에 NWM에는 적합하지 않다.

② 세제보다는 화장품, 화장품보다는 건강보조 식품이 부가가치가 더 높다.

2) 화장품을 비롯한 제품

① 세제는 값이 싸고 오래 쓰기 때문에 반복구매가 일어나는 사이클이 길고, 건강보조 식품은 NWM 제품으로는 매우 좋은 아이템이다.

② 그렇지만 아직은 대중성이 없기 때문에 가장 좋은 **아이템**은 역시 화장품을 비롯한 **퍼스널 케어** 제품이라고 할 수 있다.

3) 아이디어 제품

이 제품은 위와 같은 문제는 없으므로 **무한량 번성할** 것이다.

6. 제5의 성공비결
: 후원(정직하고 성실한 사람의 후원)

(1) 화룡점정(畵龍點睛)의 역할

① NWM 사업에서 스폰서링은 인격 · 체력 · 실력을 갖춘 정직하고 성실한 사람이 되어 그 사업을 성실히 수행할 수 있다.

NWM은 불특정다수인을 상대로 성립되는 사업이다. 아무리 돈을 잘 벌어도 그곳에 근무하는 사람이 싫으면 그곳을 떠나게 된다. 그래서 사람과 사람의 관계가 더 중요하다.

② NWM 사업에서는 일단 **회사를** 선택하고 **후원자의** 다운라인으로 회원 **등록**을 하게 되면 후원자를 바꾸는 것이 사실상 어렵다. 그러므로 신중을 기해서 선택해야 한다.

③ 처음 등록하기 전까지는 간이라도 다 **빼** 줄 것같이 헌신하던 사람이 일단 등록을 하고 **다운라인으로 구축**한 후에는 거들떠도 보지 않는 후원자가 태반이 넘는다. 이 점이 아주 **뼈아픈** 사실이다.

④ 위에서 4가지 성공여건, 즉 **타이밍, 보상, 회사, 제품** 모두가 잘되었다고 생각하면 끝으로 어떤 스폰서의 다운으로 등록할지에 대해 **심사숙고**해야 한다. 이때에 **정직하고 성실한** 사람을 후원자로 선택해야 후한이 없다.

(2) 신중한 선택

① NWM 사업에서 **자신에게 정보를 주고 정성을 쏟은 사람**이 있다면 그 사람과 **충분한 대화를** 나누면서, 내가 일한 노력의 과실을 평생 동안 따먹게 해도 괜찮은 사람인가를 **파악**해야 한다. 이것은 아주 중요한 문제이다.

② NWM 사업은 물건만 사서 쓰는 소비자가 아니고 사업으로 할 것이기 때문에 신중한 것은 당연하다. 때문에 오랜 세월을 두고 서로 상부상조하면서 살아갈 수 있는 사람이어야 한다.

(3) 국제 스폰서링

① NWM의 매력 중의 하나는 국경이 없이 전세계 어느 **나라에서든지** 사업을 펼칠 수 있다는 것이다. 즉 세계적인 **사업으로** 그 범위는 너무나 광범위하다는 것이다.

② 경우와 사정에 따라서 낯선 **타국**을 무대로 사업을 전개할 때에는 **수많**

은 난관과 어려움이 있고 외롭고 괴로우면서 한탄을 하는 적도 이루
헤아릴 수 없다. 그렇지만 이것을 이기고 승리를 거둘 때는 그 기쁨은
표현할 길이 없다.

③ 이때에 **면밀한 사업계획과 투철한 성공철학**으로 무장되어 있는 사업자
에게는 또 하나의 **좋은 목표**가 될 수도 있으며 희망과 꿈이 부풀어오를
수도 있다.

4

NWM(Network Marketing) 사업의 결론

제1절 시대의 흐름과 배경 및 전략

제2절 NWM의 구체적 실천방안

제3절 NWM의 특강원고

시대의 흐름과 배경 및 전략

1. NWM은 시대의 흐름

(1) 자유경쟁 체제

① 산업사회에서 **자유경쟁** 체제하에 각 국가나 기업들이 문어발식으로 사업을 벌여놓고 나름대로의 경쟁을 일삼아 가며 서로가 이전투구를 하고 있다.

② 기존의 제조분야와 유통분야에 유리하도록 **일방적으로** 정하는 판매가격에 반발하여, 소비자들의 불만은 점점 더해 가고 **물건값은 한없이** 올라만 가고 있다.

(2) 정보의 공개

① 정보사회를 거치면서 기계의 **자동화, 컴퓨터,** 인터넷의 발달로 기업의 제조와 유통분야 정보들이 **공개되기** 시작했으며, 누구나 다 활용하는 방법을 알게 되었다.

② 소비자들은 특히 유통분야에서 독식하는 제품들의 마진에 저항하여 **공동구매, 건강보조식품조합** 또는 건강보조 식품 NWM 회사를 설립하여 소비자들의 권익에 앞장서 왔으며, 이익을 쟁취하려고 몸부림치고 있다.

2. NWM 사업의 배경

(1) 일반적인 사업정책에 대한 저항

① 제조나 유통업체들의 일방적인 사업정책에 소비자들이 저항해 오는 대안으로 마련한 것이 NWM 형태의 판매방식이다.

② 이를 감안한 선진국 제조나 유통업체들이 NWM을 도입하여 **소비자들**과 더불어 살고자 하는 것이며, 나도 살고 너도 살고 잘살아 보자는 운동이라고 할 수 있다.

(2) 구조조정의 실태

① 제조나 유통업체들이 독식하던 이윤을 NWM을 통해 소비자들에게 나누어 주다 보니 기존의 제조나 유통업체들의 조직을 그대로 유지하기는 어려운 실정에 이르게 되었다. 이에 따라 합리적으로 **서로 살아 나갈 수 있는 방법**을 모색하게 된 것이다.

② 따라서 선진국의 제조나 유통업체들은 기구를 **축소**하고 **인력을 감축**하는 등 **구조조정**을 하지 않으면 안되게 되었으며 이에 따른 방책이 NWM의 적용이다.

③ 시장경제 체제하에 진행되는 **구조조정**은 선진국에서 일어난 **파도**이며 이제 그 물결은 우리나라에도 불어닥쳐 와서 거세게 **힘차게 움직이고** 있다.

3. NWM 사업의 전략과 재검토

(1) NWM 사업의 전략

① 선진국은 이제 국가적으로나 기업차원에서 구조조정을 하면서 한편으로는 **NWM 사업**을 **전략**으로 운영, 자국은 물론 후진국에 사이버 대륙을 선점하려고 소리 **없는 전쟁**을 서서히 벌이고 점령해 들어오고 있다.

② 우리는 선진국 기업들의 NWM이라는 사업전략이 무엇인지를 깊이 이해하고 NWM 기업을 하는 사람들은 물론 각 개인들도 **제4의 물결이라**는 흐름에 대응해야 앞으로 잘살 수 있을 것이다.

(2) NWM 사업의 재검토

① NWM을 막연하게 **피라미드 판매, 다단계 판매, NWM** 정도로 이해하다
가는 국가와 기업, 그리고 개인에 이르기까지 엄청난 손해를 보게 될
것이다.

② NWM을 올바른 방향으로 기업화한 회사는 실패할 수 없고 이에 동참
하는 회원들은 **평생 안정된 생활**을 하면서 세상을 살아갈 수 있다.

③ 세계는 인터넷이라는 망을 통해 **시공을 초월**하여 국가는 시, 군, 면 단
위로 이웃동네가 되어 **동심일체**로 행동하고 있다.

④ 무역은 **개방무역, 자유무역**을 통해 각국의 무역회사들이 거래하는 것
이 아니라 제조 유통 회사는 물론 소비자 각자는 개인별로 질 좋고 값
싸다면 **직거래**를 하는데 그 품목은 날이 갈수록 늘어나고 날이 갈수록
무성해 가고만 있다.

⑤ 이제 NWM은 사기꾼들의 장난이 아니라, 미국의 경제학자들이 21세
기 **지식사회**에서 국가와 기업, 그리고 소비자들이 더불어 사는 최선의
방안이라고 월 스트리트에서 호평을 받고 있으므로 우리도 그렇게 생
각하고 여기에 동참해야만 하겠다.

4. NWM의 사업동향과 성공

(1) NWM 사업동향

① NWM은 국경을 초월한 전세계 각국의 **소비자가 대상**이므로, 한 국가
가 안하면 다른 국가가 하고, 한 기업이 안하면 다른 기업이 하며, 내
가 안하면 전세계 인구 중 다른 누군가가 **인터넷을 통해서** 하게 되어
먼저 **시작하면 빨라지고** 늦게 시작하면 뒤떨어지도록 되어 있다.

② NWM을 이해하는 많은 사람들, 명퇴자, 회사 중역, 변호사. 의사, 박

사, 일반 직장인들, 자영업자, 가정주부 등이 **다양하게 참여**하고 있으며, 특히 보험설계사, 일반 세일즈를 하던 분들이 많이 참여하여 **성공**의 길목에서 열심히 뛰고 있다.

③ NWM에서 성공한 사람들은 처음부터 본업으로 한 사람도 있지만, 대부분 **부업으로** 시작해서 **본업으로 전환**하는 사람들이 더 많으며, 뒤늦게 시작한 사람이라도 원리를 알고 **열심히** 하면 앞서갈 수 있다.

④ NWM에서 성공하려면 **본업으로 활동**하는 것이 바람직하고 최소 3~5년만 열심히 한다면 성공한다는데, 갈수록 **기간이 단축**된다고 한다. 그 원인은 많은 분들이 NWM을 이해하여 동참하고 좋은 제품과 품목이 늘어나서 **매출실적이** 늘어나기 때문에 이것은 **확장되고 번성해** 나아갈 수밖에 없다.

(2) NWM 사업에서 성공하면

① NWM에서 성공하면 평생 직장생활을 한 연금수혜자들보다 그 수입이 월등히 나으며 **평생 돈걱정**을 안해도 된다고 한다. 이것은 말로만 듣던 것이 아니라 실제로 수많은 사람들에게서 들을 수 있는 것이다.

② 신뢰성 있는 NWM 회사를 선택한다면, 본인 **활동 여하**에 따라 직업문제가 해결되고 **부를 축적**하여 유산까지 남길 수 있는 터전이 될 수 있는 것은 실제적 사실이다.

③ NWM에서 **성공확률은 20%**라 하는데 누구나 포기만 하지 않으면 성공할 수 있는 확률은 100%이다.

④ 성공한 사람들의 **연봉은 1억 이상**을 말하고 있다. 이러한 이야기는 IMF와 같은 시기에 꿈같이 들리지만 그들의 개인통장을 확인해 보면 알 수가 있으며, 우리도 이와 같이 될 수 있는 **틀림없는** 사실이다.

(3) NWM 사업에 참여

① NWM 사업을 하기 위해서 반드시 컴퓨터를 할 줄 알고, 인터넷을 해야 하는 것은 아니지만 국제적인 NWM 사업에 참여하려면 인터넷을 하는 게 유리하며, 자기 자신의 편리함을 스스로 느낄 수 있다.

② NWM 사업에 관심이 있다면 이 사업과 관련된 회사에 나가서 **교육을 충분히 받아야** 이해가 되고, 자신이 **사업가로 활동할 능력**이 생기며, 알고도 행하지 않는 것은 도리어 알지 못한만 못하다(知不行은 反不如不知).

NWM의 구체적 실천방안

1. 본인의 자세, 신념과 성공촉진의 비결

(1) 혁신과 훈련(Innovation & Training)

1) 대망의 자세와 인격의 도야

① 효과적인 3P작전

　　㉠ 자기 자신의 인격수련(Personality)이 되어야 한다.

　　㉡ 가망고객의 선정(Prospecting)을 잘해야 한다.

　　㉢ 접견 전 구비사항(Pre-approach)을 잘해야 한다.

② 거절처리의 FAB 기법

　　㉠ Feature : 특성이 있어야 한다.

　　㉡ Advantage : 장점이 있어야 한다.

　　㉢ Benefit : 이득이 있어야 한다.

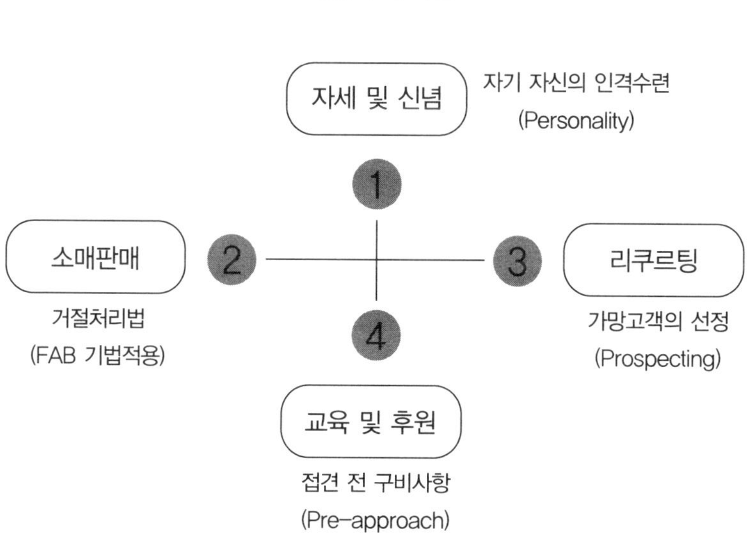

성공의 네 바퀴

2) 성공의 ABC와 행복의 길

① 성공의 ABC

　㉠ A : Attitude (태도 · 자세) – 적극적인 태도와 긍정적인 사고를 가져야 한다.

　㉡ B : Belief (신념) – ‘하여야 하므로 할 수 있다’ 는 강한 믿음이 있어야 한다.

　㉢ C : Commitment (약속 · 결단 · 결의) – ‘반드시 하고야 말겠다’ 는 자기 자신과의 굳은 약속이 있어야 한다.

② 성공과 행복으로 가는 길

　㉠ 이상(理想)이 없는 자에게는 신념(信念)이 없고, 신념(信念)이 없는 자에게는 계획(計劃)이 없고,

　㉡ 계획(計劃)이 없는 자에게는 실행(實行)이 없고, 실행(實行)이 없는 자에게는 성과(成果)가 없고,

　㉢ 성과(成果)가 없는 자에게는 행복(幸福)과 성공(成功)이 있을 수 없다.

　[理想 → 信念 → 計劃 → 實行 → 成果 → 成功 → 幸福]

③ 희망과 소원의 길(목표, 플랜, 자세)

　㉠ 인생에서 성공할 수 있는 비결은 어떤 고상한 이념이 아니라, 누구나 가슴에 품을 수 있는 희망과 소원이며, 꿈을 잘 가꾸어야 한다.

　㉡ 희망이야말로 인생의 길에서 우리를 진보시키게 하는 원동력이며, 성공으로 가는 비결이 되는 것이다.

　㉢ 희망과 소원을 실현하기 위해서는 다음 3가지 요소가 꼭 필요하다.

　　ⓐ 실현가능성이 있는 명확한 ‘목표’

　　ⓑ 목표를 달성하기 위한 구체적인 ‘플랜’

　　ⓒ 적극적이고 긍정적인 ‘자세’

④ 적극적인 자세는 희망을 반드시 성취하겠다는 마음가짐과 결단에서 이루어지며, 이것을 꼭 실천으로 옮겨야만 한다.

⑤ 위대한 인물과 평범한 인간의 차이는 **종이 한 장**의 차이이며, 생각할
  나름이다.

⑥ 적극적인 자세를 갖느냐 못 갖느냐에 따라 **인생의 방향**이 결정되며, 그
  것을 성공과 실패의 분기점으로 보는 것은 **인생의 철학**이요, **인생의 꽃**
  을 피우는 것이다.

(2) 야망과 목적

1) 대망(大望) 또는 야망(野望)을 가지고

① **인간은 꿈을 먹고 살아가는 존재** : 꿈이 없는 사람은 없다. 그러나 그 꿈
  을 실현시키며 사는 사람은 지극히 적다. 대부분의 사람들은 눈앞에
  먼저 해결해야 할 경제적인 문제 때문에 자신의 적성에 맞지 않는 일
  이지만 직업으로 삼으며 살다 보니 세월이 흘러 나이가 들면 꿈을 포
  기하게 된다. 그러나 어려서부터 원대한 장래에 고귀한 희망을 품고 불
  철주야 노력할 때 크나큰 성공을 얻을 수 있는 것이다.

② **꿈은 미래에 대한 희망** : 야망, 대망은 **삶의 목표**로서 꿈이 없는 인생은
  미래 없는 낙오자요, 패배자의 길이다. 인간은 꿈이나 희망이 있을 때
  에 행복을 크게 느끼며 적극적으로 될 수 있고 **끊임없는 노력**을 할 수
  있게 되는 것이다.

③ **경제적인 안정은 일생의 꿈** : 지금과 같은 생활에서는 꿈을 가질 수 없
  다. NWM 사업은 우리의 꿈을 실현시킬 수 있는 확실한 시스템을 갖
  추고 있다. 1년간 수고하여 이룩한 **경제적인 안정**은 일생을 살아가면
  서 이룩하고자 하는 꿈을 실현할 수 있는 **재정적인 기반**이 되며, 자자
  손손에게 이어지는 **영원한 기반**이 됨은 물론 백복의 근원이요, 만사가
  대통하게 되는 것이다.

④ **계속 전진하면서** : 잃어버린 꿈을 다시 찾아 **행복하고 성공적인 삶**을 위
  한 꿈을 꾸고, 소원을 실현하자. 이 세상에서 공짜로 얻을 수 있는 것

은 하나도 없다. 성공의 그날까지 얼마만큼 희생을 치러야 할지 그것은 알 수 없다. 그러나 적어도 **중도에서 단념하지 않고 계속 전진을 하**면 성공할 수 있다는 것만은 틀림없다. '행운은 없다.' 분투노력의 결과가 행운이기 때문이다.

⑤ "미래는 꿈의 아름다움을 믿는 사람의 손에 달려 있다."(엘리노어 루스벨트의 말)

인격을 도야하고 감정을 조정하면서 **체력을 단련하고 정신력을 함양해**야만 되겠다. 성서에서는 "구하라! 주실 것이요, 찾아보아라! 만날 것이요, 문을 두드려라! 열어 줄 것이다" 라고 부르짖고 있다.

2) 동기와 목적을 분명히 하라

① 어떤 사업을 하든 그 **동기가 순수하고 목적이 뚜렷해야** 뜻한 바를 이룰 수 있다. 목적이 있는 곳에 성공이 있고 **성공이 있는 곳에 행복이 있다.**

② **동기와 목적이 뚜렷하지 않으면** 그 일을 추진시킬 열정이 나오지 않으며, 조그만 난관에 부딪쳐도 쉽게 포기하게 되기 때문이다. 따라서 이 세상에서 **불가능은 없고 실패는 성공의 어머니가** 되는 것이다.

③ 대부분의 사람들은 다음과 같은 동기로 이 사업에 참여하게 된다.

ㄱ **최고 품질의 제품을 저렴한 가격에 구입할 수 있어야** 한다.

ㄴ 가까운 주위 사람들에게 **정보를 제공하는 행위에 대해 유형, 무형의 보상을 받을 수 있어야** 한다.

ㄷ **경제적 자유뿐만** 아니라 시간적 자유를 만끽할 수 있어야 한다.

ㄹ 장래를 위한 **보험적 의미로서** 희망이 보여야 한다.

ㅁ 세계적인 네트워크에 참여함으로써 **폭넓은 인간관계를 가질 수 있어**야 한다.

④ NWM에서는 "포기하지 않으면 성공한다"는 말이 진리이다. 늘 자신에게 **동기부여를 시킴으로써 힘들고 흔들릴 때마다** 마음을 가다듬고 앞

으로 정진해야만 100%의 성공자가 되어 **뿌듯한 성취감**을 맛볼 수 있으며, 나아가서는 어디서나 언제나 떳떳한 사람으로 살아갈 수 있다.

(3) 신념과 목표

1) 성공할 수 있다는 신념과 확신

① 신념이란 자기 자신을 믿는 마음 : 자기 능력에 대한 무한한 신뢰이다. 신념은 굳은 의지를 만들어 내는 셈이요, 하고자 하는 일을 달성할 수 있는 수단과 방법을 찾아 내는 **힘과 기술**을 길러 내어 불가능이 없다는 마음이다. 천조자자조자(天助者自助者), 즉 하늘은 스스로 돕는 자를 돕는다.

② 굳은 신념과 확신 : 무한한 능력을 가진 잠재의식을 작동시켜 도저히 불가능한 일까지도 가능하게 만든다. 세상에서 굳은 신념 없이 성공한 사람은 없다. 신념은 곧 성공의 어머니이다.

③ 잠재의식의 결과 : 에머슨은 "사람이란 그 사람이 하루종일 생각하고 있는 그대로이다"라고 주장했으며, 사람은 자기가 생각하는 것들이 자기 자신의 결과로 나타난다(一切唯心造). **잠재의식**은 마치 **논·밭**과 같은 성질을 갖고 있어 떨어진 씨앗이 콩이든 잡초이든 모두 잘 자라게 해준다. 다시 말해 이것이 **농심**을 뜻하는 것이다.

④ 콩 심은 데 콩 나고, 팥 심은 데 팥이 나듯이 : 잠재의식은 현재의식과 같이 옳고 그름의 선택능력은 없고 분별 없이 성장시키는 능력만 있다. 그러므로 팥 심은 데 팥이 나듯이 현재의식의 생각이 중요할 수밖에 없다. '나는 돈이나 사업과는 인연이 없는 별볼일 없는 인간이다'라는 생각을 갖는다면, 그 부정적 생각이 씨앗이 되어 **잠재의식**에 심어져 실제로 돈과는 인연이 없도록 만들어 버린다. 그렇기 때문에 **무엇이든 의식적으로** 해야 한다는 것은 마음을 가지고 **정신을 차려서** 뜻한 바를 수행하면 그대로 된다는 것이다.

2) 구체적이고 실현 가능한 목표

① **어떤 일을 달성하려면** : 우선 구체적인 목표가 있어야 한다. **목표가 없**는 사람은 **목적을** 달성할 수 없는 것이 당연하다. '높이뛰기를 할 때, 아무것도 없는 공중에 높이 뛰어오른다면, 일정한 높이의 가로막대(목표)를 넘도록 했을 때보다 분명히 낮게 뛰어오르게 마련이다.' 그러므로 **목표를 설정하고 목표를** 능가할 수 있는 힘을 길러야 한다.

② **자신의 충분한 성취** : 가로막대의 역할을 하는 것이 바로 **목표라고** 할 수 있다. 그런데 목표를 세우는 것만큼이나 중요한 것은 자신이 **충분히** 성취할 수 있으며, 가깝고도 구체적인 목표를 세우는 것이다. 그러므로 목적은 자기가 가고자 하는 방향이요 목적지이다.

③ **심리적인 거리** : 심리학의 실험에 의하면, 인간은 목표에 이르는 심리적인 거리가 **가까울수록 의욕을** 일으킨다고 한다. 막연하게 '어떻게 되겠지' 하고 기다리지 말고, 당신의 **목표를 좀더 구체적으로** 정리해 놓아야만 행동과 자세가 바르게 움직일 수 있는 것이다.

(4) 제품과 스폰서

1) 제품에 대한 확실한 지식

① **최고급의 품질로** : NWM에 참여하는 디스트리뷰터들의 대부분은 자신이 쓰고 있는 싸고 좋은 제품을 혼자만 쓸 것이 아니라 자기가 좋아하는 사람들과 **함께 나누어** 써야겠다는 **사명감** 같은 것이 마음속에 자리잡고 있다. 그런 마음이 있기 때문에 어떤 제품의 품질이 좋다면 더욱더 선전하게 된다. 그렇기 때문에 제품에 대한 품질의 확신이 없이는 이 사업에 성공할 수 없다. 다시 말하면 NWM에서 취급하는 제품은 품질이 아주 **최고급으로** 어디다 내놓아도 **손색이 없어야** 한다.

② **직접적인 체험** : NWM 사업에서 **성공하려면** 제품의 애용자가 되어야 함은 물론, 회사의 전 제품에 대한 **정확하고 해박한 지식을** 갖고 있어야

한다. 그 이유는 본인 스스로가 사용해 본 후 **제품에 대한 믿음**을 가지고 자신 있게 다른 사람에게 권할 수 있으며, 또한 사용법과 사용 중에 일어나는 여러 가지 현상에 대해 **직접 체험**을 해봐야 상대방에게 정확하게 알려 줄 수가 있기 때문이다. 즉 내가 직접 사용해 보고 마음에 들 때에 다른 사람에게 권유하여 그 제품이 자연적으로 **입에서 입으로** 선전되어 나가며, 그 결과로 얻어지는 마진이 높아진다는 것이다.

2) 스폰서와 다운라인에 대한 믿음

① **라인과 다운라인간의 인간교류** : NWM은 '인맥유통' '커뮤니케이션 비즈니스' 라고도 하듯이 업라인과 다운라인간의 **인간교류의 사업**으로 스폰서는 다운라인에 대한, 또 다운라인은 스폰서에 대한 **신뢰**로 이루어진다. 본래 사람이 싫으면 돈이고 뭐고 다 싫어져 매사 성립되는 일이 없다.

이 세상에 **완벽한 인간은 없다**. 아니, 완벽한 인간은 이 사업을 할 필요가 없다. 뭔가 부족한 사람들이 자기 완성을 위해 부족한 부분을 채우려고 노력해 가는 과정인 것이다. 그렇기 때문에 **사람은 한평생 배움이 계속되는 것이다**.

② **서로간에 신뢰가 깨지는 이유** : 서로에게 너무나 많은 것을 기대하기 때문에 상대방이 나를 위해 무엇을 해줄 수 있을까를 고민하며 일방적으로 받을 것만을 생각하기 때문이다. NWM은 인간관계의 종합예술이다. 업라인과 다운라인뿐만아니라 형제나 사촌라인, 나아가 타그룹과도 좋은 인간관계를 맺으면서 사업을 진행하면 보람도 있고, 성공할 확률도 어느 사업보다 크다.

(5) 교육과 가정

1) 교육과 미팅에 적극적으로 참여

① 끊임없는 도전 : NWM 사업은 늘 **스스로 동기를** 부여하면서 끊임없이 도전해야 하는 사업이다. 모든 사업을 스스로 혼자서 터득한다는 것은 한계가 있기 때문에, 사업에 관련된 각종 세미나, 업라인이 마련하는 교육과 미팅 등에 아무리 시간이 없더라도 꼭 참석해서 **자기 스스로를** 개발해야 한다.

② 성공담과 실패담 : 최소한 일주일에 한두 번은 교육에 참여해야 하고, 매월 열리는 행사에는 꼭 참여하여 같은 사업을 열심히 하는 다른 사람들의 **성공담과 실패담**을 들음으로써 **자신의 부족하고 그릇된 사고방식**을 쇄신하고 새로운 사고방식을 연구하게 되는 것이다.

2) 화목한 가정이 성공으로 가는 길

① **家和萬事成이란 말** : 가정이 단란해야 모든 일이 원만하게 풀린다. 특히 NWM은 인간교류의 사업으로서 **가족사업의 성격**이 짙기 때문에 가족 모두가 이 사업의 비전과 성능가능성을 믿고, 직접 참여하지는 않더라도 **적극 협조하고 후원**해 주는 자세로 가족 전원이 한 마음 한 뜻이 되어야 한다.

② **반대자의 마음 바꾸기** : 부부가 다같이 열심히 할 때에 **성공할 확률이** 높다. 가족 중에 한 사람이라도 적극 반대한다면 이 사업을 시작하기 전에, 아니면 빠른 시일 안에 그 사람의 마음부터 바꿔 놓아야 사업을 안심하고 추진할 수 있다.

(6) 성공촉진의 비결

1) 성공촉진의 명심사항

[정신 → 행동 → 습관 → 인격 → 운명]

정신이 바뀌면 행동이 바뀌고, 행동이 바뀌면 습관이 바뀌고, 습관이 바뀌면 인격이 바뀌고, 인격이 바뀌면 운명이 바뀐다.

① 행동과 습관이란 : 동일한 상황 아래에서 반복된 행동이 상황에 따라 안정화되고 자동화된 것이다. "세 살 버릇 여든까지 간다" "습관은 제2의 천성"이라는 속담도 있듯이, 무슨 일이든지 처음 습관 들이기가 힘들 뿐이지 일단 습관이 되면 그대로 항시 진행이 되어 나간다.

② 제2의 천성으로 : 습관은 그 사람의 인생의 성패를 결정짓는 가장 중요한 요소이기 때문에 습관의 중요성은 아무리 강조해도 지나침이 없다. 따라서 사람은 습관이 변하면 인격이 변하고 인격이 변하면 운명이 변하는 것이다.

2) 목표와 경청

① 목표의 매일 검토 : 목표를 적어 두었다가 이것을 매일 검토해 보라. 사회 각 분야에서 성공한 사람들의 공통점은 모두 뚜렷한 목표를 가지고 있다는 것이다. 이들은 자기 목표를 기록해 두었다가 매일 검토를 하고 실천에 옮기는 것이다.

② 글로 적어 놓은 목표 : 막연한 공상이나 소원보다 더 구체성을 띠게 되고 현실감을 갖게 할 뿐 아니라, 목표를 기록해 놓으면 언제나 그것이 머리를 떠나지 않기 때문에 목표달성을 위해 집중할 수가 있다. 또한 난관에 부딪쳤을 때에도 그것을 이겨 낼 수 있도록 굳센 힘을 준다.

③ 남의 말을 귀담아들어라 : 남의 말을 잘 듣는다는 것은 성공을 가져다 줄 수 있는 가장 강력한 필요조건이다. 그러나 생각보다 남의 말을 귀담아듣는 사람은 많지 않다.

④ 많은 질문 : 자기가 하는 말보다 상대방의 말에 관심을 갖고 집중하여 질문을 많이 하는 것이 좋다.

3) 행동과 격려

① 결과보다 행동 : 대부분의 사람들은 결과가 가장 중요하다고 배워 왔다.

그런데 결과에만 지나치게 치중을 하다 보면 사업을 자연스럽게 추진하기보다는 어떻게 해서든지 그걸 잘하려고 무리를 하기 때문에 오히려 실패하기가 쉽다.

② 행동의 감동 : 결과를 가져오는 것은 당신의 행동이다. 일관성 있게 행동 하나하나를 완료해 가다 보면 차츰 가속도가 생겨 결국에는 최대의 결과가 생기게 마련이다. 일반적으로 사람들은 당신의 말 한 마디보다는 당신의 행동에 감동을 받는다.

(7) NWM의 작전의 전개

1) 인품(人品)의 도야

① 인품의 도야의 개요

　㉠ NWM 요원은 자기를 상대방에게 팔되 완전한 인격을 갖추고 팔지 않으면 고객은 당신을 사지 않고 또 제품도 사지 않는다. 즉 NWM 요원 인품도야를 제일로 하는 것이다.

　㉡ NWM 요원에게 가장 큰 영향을 주는 것은 어떤 것들이 있는가? 무엇보다도 여기에서 갖추어야 할 3개의 요소를 설명하고 이를 연구 분석해 보기로 한다.

　㉢ 3P작전(Personality, Prospecting, Pre-approach)은 인품의 도야, 가능고객 선택, 방문 전 구비요건 3개 항목으로 이를 잘했느냐 못했느냐에 따라 사업의 성패가 결정되는 것이다.

② 인품도야의 방법

　㉠ NWM 요원이 인품을 도야하는 데는 4가지 필수적인 요건이 있다. 이것은 감정, 사교성, 몸, 마음정신이다. NWM 요원의 성공적인 요소는 언제 어디에서나 자기 자신의 판매부터 시작해야 한다는 점이다.

　㉡ 어떤 제품을 팔려고 나설 때에는 그 제품의 판매보다도 먼저 상대방에게 자기 자신은 정확하고 분명하며 틀림없는 사람이라는 인상을 주

고 자기를 팔지 않으면 안된다. 즉 자기를 거래처나 소비자에게 팔
되 완전한 인격을 갖추고 팔지 않으면 고객은 당신도 사지 않고 제품
도 사지 않는다. 따라서 인격이란 세일즈맨이 갖출 일종의 **선행제품**
인 것이다.

③ **인품의 구성요소**

㉠ NWM 요원은 **상업**이라는 연극무대에서 연출하는 연극배우에 비교
할 수 있다. 그리고 이의 가치는 **사업이 결정**한다.

㉡ 사람의 **인품구성** 요소는 다양하다. 일반적으로 볼 때 인간의 인격구
성 요소는 크게 4가지로 분류한다. 즉 **감정+사교성+몸+마음=인격**이
라고 공식을 써서 설명할 수 있다.

2) 감정(感情)의 조정

① **감정조정의 의미**

㉠ 사람은 누구나 감정을 가지고 있다. 이때 감정이란 말은 영어로
Emotion이며, 이는 곧 **추진력(Driver)**을 의미한다. 영어로 **감정
(Emotion)**은 라틴어의 에모티어(Emotio)에서 유래된 말로 **휴식상
태**에서 운동상태로 돌입하는 것을 의미한다.

㉡ 사람은 언제나 일단 감정을 품으면 자기도 모르게 감정이 움직이는
대로 몸이 따라 움직이기 때문에 나쁜 악감정이 발생할 때에는 실수
를 할 수가 있다. 그러므로 NWM 요원은 무엇보다도 **감정을 조정할**
수 있는 능력을 개발해야 한다.

② **에머슨의 주장**

㉠ 에머슨은 '성공의 제일 가는 비결은 자신력' 이라고 주장하였다. 이
주장대로 유능한 NWM 요원이 되려면 꼭 자신력을 가져야 하며, 동
시에 **감정을 원만히 조정**할 줄 알아야 한다.

㉡ 어느 누구나 NWM 요원이 되고자 할 때에는 먼저 **자신의 자신력을**

평가하여 자기가 대담한 사람인가 아니면 공포감을 못 버린 사람인가를 분석해 볼 수 있다.

③ **공포증의 발굴**

　㉠ 어떤 일을 처음 시작하려고 할 때 누구나 공포증을 느끼게 된다. 이것은 불안감 때문에 오는 **어쩔 수 없는 두려움**이다.

　㉡ 월드컵 축구시합의 유명한 선수도, 미국의 유명한 무적함대도, 유명한 연사, 발명가, 사업가, 교육가, 그룹리더 모두가 **사람이면 누구나 똑같다.**

　㉢ 완전히 **숙달되기 전 초년시절**에는 누구나 이 공포증에 깊이 빠져들어 숙달되기 전 초년시절에는 공포증에 걸리는 것이다. 그룹리더가 되려면 **재빨리 감정조정**을 할 줄 알아야 한다.

3) 사교력(社交力)의 발휘

① **사교력(社交力) 발휘(發揮)의 의미**

　㉠ NWM 요원이 되려면 우선 **쓸모 있는 친구**가 되는 방법을 알아야 한다. 어떻게 해야 쓸모 있는 친구가 될 것인가?

　㉡ 사교성이란 영어로 Social로 표시하며, 라틴어의 소시우스(Socius)에서 유래된 말로 그의 뜻은 **쓸모 있는 친구**(Companion)란 뜻으로 해석할 수 있다.

　㉢ NWM 요원이 **사교력**이 없을 때 이를 바퀴 없는 자동차와 같다고 말하고 있다. 사교력은 일종의 **에티켓**(etiquette)이라고 볼 수 있으며 **사교력은 대인관계의 기술**이라고 볼 수 있다.

4) 체력(體力)의 단련

① **건강의 중요성**

　㉠ NWM 요원은 무엇보다도 몸이 건강해야 맡은 **임무를 충실히** 수행할

수 있다. 즉 인품의 구성요소인 **체력**은 바로 몸의 건강을 의미하는 것이다. NWM 요원은 **몸, 마음, 감정**, 그리고 **사교성의 힘**을 충분히 활용할 줄 알아야 한다.

ⓛ 천하를 얻었더라도 건강을 잃으면 그 무슨 소용이 있느냐? 군대를 이끄는 사령관이 승리하려면 일선방어는 물론 후방에도 병력을 확보해 두어야 한다. 즉 세일즈맨의 판매실적은 그 사람의 건강이 좌우한다고 해도 과언은 아니다.

ⓒ 체력이 좋아야만 축구코치가 대성할 수 있듯이 체력이 좋아야만 유능한 NWM 요원이 될 수 있다.

② NWM 요원의 잠재력

㉠ 사람은 어느 누구를 막론하고 무한한 **잠재력**(reserve power)을 가지고 있다. 자기 스스로 자기의 **잠재력**을 개발한다면 보통 사람보다도 많은 기적을 올릴 수 있을 것이다. NWM 요원은 항상 자기의 **잠, 휴식, 음식, 몸, 감정상태, 머리모양, 옷**에 대하여 신경을 써야 한다. 그렇게 할 때 유명 그룹리더가 될 수 있다.

ⓛ NWM 요원은 **적극적이고 열의**를 가지고 언제나 행동하라는 생각을 잊어서는 안된다. NWM 요원은 계속되는 여행을 해야 하고, 수시로 변화하는 국제정세에 발 맞추어야 하고, 낯선 음식을 먹어야 할 때도 있고, 기운이 떨어졌을 때는 스스로 건강을 회복하기 위하여 각별히 주의를 환기시켜야 한다.

ⓒ NWM 요원은 **스스로 부지런한 열심가**가 되어야 한다. 그 비결은 매우 간단하다. 즉 열심가가 되려면 열심가처럼 **행동하고, 느끼고, 생각하라.** 그러면 즉시 **정열적으로 의욕에 넘치는 사람**, 즉 슈퍼 NWM 요원이 될 수 있을 것이다.

ⓔ NWM 요원은 다음의 교훈을 명심할 필요가 있다.

"후덕한 사람이 되려면 후덕한 사람처럼 생각하라. 그리고 활동가가 되려면 활동가처럼 행동하라. 그러면 자신도 모르게 그렇게 될 것이다."

5) 정신력(精神力)의 함양

① **정신무장의 방법**

㉠ NWM 요원의 **정신무장을 강화**하려면 많이 배워야 하고, 아는 것이 많아야 한다. 제품을 소개할 때에도 거절을 당하면 여기에 **굴하지 않**고 끈질기게 제품선전을 해야 한다. 30번 거절을 하다가도 31번째는 고객이 자기의 제품이나 서비스, 더 **나아가 아이디어**를 사는 경우도 있다.

㉡ 고객이 각양각색이듯 그때그때 끌고 나가야 할 **제품소개 방법도** 여러 가지가 있다. 그러므로 고객의 취향에 맞는 **지식상식**이 어떤 것인가를 알아 긍정적인 대화로 전개하자면 **특출한 지식과 꾸준한 인내력이** 필요하게 될 것이다.

㉢ NWM 요원의 정신무장을 윌 로저스(Will Rogers)는 이런 식으로 표현했다.

"사람은 누구나 자기 전문분야를 제외하고는 다른 분야에 대해서는 무식작이다(Were all ignorant anly on different subjects)."

② 배움의 중요성에 대해서 뉴턴 D. 베이커(Newton D. Baker)는 다음과 같이 부르짖었다.

"오늘 졸업하고 내일부터 배우기를 중단하는 사람은 그때부터 무식한 사람이 된다(The man who graduates today and stops learning tomorrow is uneducated the day after)."

2. 소매의 중요성과 방법

(1) 소매의 중요성을 인식한다.

1) 안정적인 조직과 자아개발 프로그램

① **소매는 안정적인 조직의 기초** : NWM의 소매는 당신의 네트워크 안에 있는 사람들이 얼마나 많은 제품을 **구매해서 소비하느냐**에 달려있기 때문에 얼마나 질좋은 소비자들을 당신의 네트워크 안에 만들어 놓느냐가 **중요하다.**

② **단단하고 균형 있는 안정적 조직** : 혹자는 NWM에서 소매활동이 불필요하다는 이야기를 들었는지도 모르지만, 고객에게 제품을 소매하는 것은 **그룹의 볼륨**을 만들고 처음부터 디스트리뷰터 주머니에 돈을 넣어 주는 것으로써, 단단하고 균형 있는 안정적인 NWM 조직의 한 부분으로 필요하다.

(2) 소매하는 방법을 알아본다

1) 전 제품의 애용과 철저한 지식 및 사업도구

① **먼저 자신에게 팔라** : 전 제품의 애용자가 돼라! NWM 사업은 자신이 써 보고 **감동받은 훌륭한 제품**을 이웃에게 권유해서 **자신과 같은 감동**을 느끼게끔 하는 것으로부터 시작된다.

② **제품에 대한 확신** : 그것이 사람을 끌어들일 수 있는 **사업전술**이다. 그래서 이 사업에서 성공을 하려면 **자신이 먼저 제품의 애용자**가 되어야 한다. 본인 스스로 사용해 본 후 **제품에 대한 신뢰**가 있어야 다른 사람에게 자신 있게 권할 수 있는 것이다.

2) 많은 정보와 전력투구

① **너무 많은 정보를 주지 마라** : 가장 흔히 저지르는 실수는 프로스펙터

에게 너무 **많은** 정보를 알려 주는 것이다. 대부분의 사람들은 회사의 장점에 대해 자세한 강의를 듣기를 원하지 않는다.

② 한 가지에 **전력투구하라** : NWM 사업은 메리트가 많은 대신 자신의 힘을 한 군데 집중하여 **전력투구하는** 사업이지 여기저기 **힘을** 분산해서도 성공할 만큼 쉬운 일이 아니다.

3. 리크루팅(Recruiting)에 대한 분석

(1) 가망고객 및 사업자의 발굴(리크루팅) 요령을 연구한다

가망고객이란 당신이 취급하는 제품을 필요로 하고, 그 제품을 소유하고자 하는 욕망을 가지고 있으며, 구매결정 후 자금을 지불할 능력이 있는 사람을 말한다.

1) 리스트 업 (가망고객의 명단작성) (제1단계 리크루팅)

① 사회심리학자에 의하면 25세가 넘은 사람은 누구나 다 아는 사람이 2천 명 정도는 있다고 한다.

② 자기가 살아오는 동안에 알게 **된** 모든 사람(가족 · 친인척 · 친구 · 선후배 · 교회나 절 · 직장 · 취미생활 · 동네 가게 아줌마 등)의 이름을 무조건 명단으로 작성해 보라. '그 사람은 변호사니까 이런 일은 안할 거야' 하거나 '그 여자는 파출부니까 또는 가정주부니까 안할 거야' 라고 생각해서는 안되고, 아는 **사람의 이름은** 모조리 적어야 한다.

2) 가망고객의 선별 (제2단계 리크루팅)

① **정리된** 명단을 바탕으로 **가망고객을** 체크한 다음, 그 가망고객이 소비자로서 만족할 사람인지 사업으로 참여할 사람인지 **식별하여** 당신이 시작한 사업과 취급하는 제품에 대해 **간략하게** 알린다.

② 가망고객에게 다음과 같은 2가지 결정적인 질문을 하라.

　㉠ 과외로 돈을 더 벌기를 원하는가?

　㉡ 일주일에 6~10시간을 할애할 수 있는가?

　가망고객이 두 질문에 대해서 **부정적으로** 대답한다면 그 사람과 더 **시간을 허비할 필요가 없다.**

③ **고객**(customer)이 될 수 있는 대상자는 크게 두 종류로 구분할 수 있다.

　첫째 : **불확실한 고객**(Suspect)

　둘째 : **가능고객**(Prospect)

④ **불확실한 고객이란**

　필요(need)와 **지불능력**(ability to buy)을 파악하지 못한 고객을 뜻하며 심지어는 이름이나 주소, 전화번호도 파악하지 못한 고객들을 뜻한다.

⑤ **가능고객**(Prospect)이란

　세일즈맨이 권하는 **제품**에 대한 필요를 느끼고 있고, 어느 정도의 **지불할 금전적 능력도** 가지고 있는 고객으로 앞으로 가능성을 가진 사람을 말한다.

⑥ **가능고객의 자격을** 에드워드 J. 도네이(Edward J. Downey)는 세 종류로 분류 파악했다.

　㉠ **제품** 혹은 **서비스가** 필요한 사람

　㉡ **지불능력이** 있는 사람

　㉢ 일정한 기간 내에 **제품** 혹은 **서비스를** 살 사람

⑦ 에드워드 J. 도네이는 가망고객을 발견하는 3가지 방법을 아래와 같이 주장하고 있다.

　㉠ 회사의 **사원명부를** 구하라.

　㉡ 전망이 있는 지역을 정하고 **계획적으로** 방문하라.

　㉢ 지역사회의 **지도자들을** 만나라.

3) 알고 있는 모든 사람에게 알린다 (제3단계 리크루팅)

① 당신이 알고 있는 사람 중에 누가 언제 어떤 계기로 당신의 사업에 관심을 갖고 동참할지 모르기 때문에 '이 사람은 안할 것이다' 라고 속단해서는 안된다.

② 알고 있는 사람이 직접 사업에 참여하지는 않더라도 그 사람의 주위에서 혹시 관심이 있는 사람이 있다면 당신에게 연락을 해줄 수도 있기 때문에 당신이 알고 있는 모든 사람에게 알리는 것이 중요하다.

4) 전화접촉 및 세미나를 권유한다 (제4단계 리크루팅)

① 주의할 것은 처음부터 전화로 모든 것을 이야기하려고 해서는 안된다. 전화연락의 목적은 '호기심을 불러일으키는 것' 이지 '호기심을 만족시키는 것' 이 아니다. 이 단계부터 경험이 많은 스폰서의 도움을 받는 것이 좋다.

② 삼자 통화를 이용하여 당신과 스폰서가 하나가 되어서 가망고객을 공략한다. 두 사람이 팀을 짜면 한 사람보다 일을 더 잘하는 이유는 아래와 같다.

㉠ 우선 숫자가 주는 힘이 있다. 함께 일하면 자신이 더 생긴다.

㉡ 친구나 가족을 리크루트 대상으로 할 때 모르는 다른 사람이 있기 때문에 잡담으로 시간을 보내지 않게 된다.

㉢ 가망고객은 한 사람이 아니라 이미 두 사람이 가입했다는 것을 알고 그 사업에 대해 더 많은 관심을 갖게 된다.

5) 반대에 대처하는 법을 알라 (제5단계 리크루팅)

① 반대하는 사람은 개의치 말고 그냥 내버려두고, 그 사람말고도 사람은 많이 있으니 생각을 넓고 크게 가져라. 반대에 직접 대응하다가는 자신의 확신도 흔들리게 되고 지쳐 쓰러져 버릴지도 모른다.

② NWM은 물건을 '판다' 는 개념이 아니라, 유익한 정보를 '제공' 한다는 마인드를 가져야 한다.

(2) 새로운 가망고객을 찾는 방법을 연구한다

1) 접근방법과 지역사회 조직

① **3피트 접근법을 실천하라** : 당신 주변 3피트 반경 안에 있는 사람은 누구에게나 제품과 사업을 파는 것을 뜻한다. 일상생활에서 당신이 접하는 모든 사람들, 즉 자주 가는 구멍가게 아저씨, 비디오 가게의 젊은 주인, 아이스크림 가게나 제과점 주인 또는 종업원, 약국의 약사, 세탁소 주인에게 제품 및 사업을 소개하고, 또 그 **사람을 통하여** 다른 사람들을 소개받도록 하는 방법을 말한다.

② **지역사회 조직활용** : 관련 있는 모임이나 **지역사회 조직을 적극 활용하**라! 각급 학교의 동창회, 친목회, 조기축구회, 라이온스 클럽, 로터리 클럽, JC 클럽 등에 연락하여 'NWM – 미래의 물결이냐, 불법 피라미드 판매 사기냐' 와 같은 제목으로 **강연을 하겠다고 신청해 보라.**

2) 소유주와 고객 소개

① **소기업의 소유주를 중시하라** : 소기업 소유주는 다단계 판매 프로스펙팅의 좋은 어장이다. 우선 이 사람들은 기업운영의 어려움을 잘 알고 있다. 혼자 사업을 운영하기 때문에 여러 가지 **중대한 결단을** 내리느라 고심을 한다.

② **고객소개 네트워크를 만들어라** : 개인적인 접촉만을 통해서 고객 네트워크를 만들려고 하는 것은 큰 잘못이다. 고객이 네트워크에 가입할 때마다 그 제품에 관심을 가질 만한 다른 사람들의 이름을 얻어 내도록 하라.

4. 교육과 후원(Training & Sponsoring)의 방법과 활동

(1) 일반 개요

① 조직원의 교육 : NWM 사업을 '교육사업'이라고 하듯이, 조직을 활성화 시키는 방법들 중에서 아주 중요한 위치를 차지하는 것이 조직원의 교육이다.

② 조직의 확대과정 : 교육이 순조롭게 이루어졌을 경우에는 조직의 확대와 제품의 유통이 동시에 이루어져 가지만, 그렇지 않았을 경우에는 조직의 확대과정에서 어려움을 겪게 된다.

(2) 사업방법의 고찰

1) 제품지식과 그 사업방법을 알아본다

① 조직의 확대과정 : NWM에서는 평범한 최종 소비자를 디스트리뷰터로 기용하여 세일즈맨으로 변신시키는 것이 일반적인 조직의 확대과정이다. 그런데 대부분의 사람들은 사업활동에 대한 상식이 전혀 없는 사람들이다.

② 성공시키기 위한 열쇠 : 이러한 사람들에게 세일즈 방법 등을 기초부터 가르친다는 것은 너무 많은 시간의 손실을 가져온다. 따라서 세일즈를 성공시키기 위한 열쇠는, 이러한 세일즈의 초보자들에게 그 제품의 사업방식을 하나하나 가르치기보다는 제품 그 자체의 효용에 달려 있다고 말할 수 있다.

2) 리크루팅의 방법을 알아본다

① 자신의 조직원으로 : 제품의 효용이 소비자들에게 좋은 어필이 되어 그 제품의 사업에 성공하게 되었다면, 그 다음 과정은 소비자를 디스트리

218

뷰터로 리크루트시켜 **자신의 조직원**으로 만드는 것이다.

② 소비자의 유인 : "돈을 많이 버는 비즈니스가 있는데 한번 해보시지 않겠습니까?"라는 식으로 소비자들을 유인해서는 안된다. 그 사업에 참가하기 위한 방법으로 제품을 구입시키는 것은 더욱 금물이다.

(3) 후원활동과 동기부여

1) 후원(스폰서) 활동을 알아본다

① **철저한 복제사업** : 리크루트 **활동**이 잘 진행되었다면 그 다음은 리크루트한 신입 디스트리뷰터를 잘 **후원**하여 한 사람의 훌륭한 디스트리뷰터로 **육성**시켜야 한다. NWM 사업은 철저한 복제사업이다.

② **사업의 성패** : 자신이 리크루트한 디스트리뷰터를 **자신과 똑같은 열정**을 갖고 이 사업을 **열정적**으로 펼쳐 나가는 사람으로 복제하고, 그 복제된 디스트리뷰터가 리크루트한 새로운 사람을 **또다시** 복제해 가는 과정이 얼마나 **완벽하게** 이루어지는가에 이 **사업의 성패**가 달려 있는 것이다.

2) 동기부여 시스템을 알아본다

① **매일 안정적인 수입** : 마지막으로 디스트리뷰터들의 **의욕**을 **지속**시켜 줄 수 있는 **동기부여 시스템**이 필요하다. 디스트리뷰터로서 **스타트** 단계를 무리없이 뛰어넘고, 몇 명인가의 조직원을 갖게 되어 자기 나름대로의 만족과 한계를 동시에 느끼게 되는 일종의 **전환기**가 찾아오게 된다.

② **비즈니스의 확대** : 이 정도까지 성장해 온 것에 대해 상당한 **자부심**을 느끼면서도, 한편으로는 '이 이상 비즈니스를 확대해 간다는 것은 나의 생활환경에서는 무리다' 라는 한계를 느끼게 된다.

(4) 접견 전 구비요건(接見前 具備要件 : Pre-approach)

1) 접견 전 구비요건의 개요

① 가능고객에 대한 정보는 도덕적으로나 윤리적으로 합법적 범위 내에서 입수해야 한다.

② 접견 전 구비요건이란 가능고객을 만나러 가기 전 구비해야 할 요건을 말한다. NWM 요원은 전쟁터로 향하는 군인과 똑같은 것이다. 그러므로 임전준비를 철저히 했느냐 못했느냐가 승패를 좌우하도록 되어 있다. 이때에 지식(Knowledge)을 잘 갖추어야 한다.

③ 접견 전 구비사항으로 NWM 요원의 필수지식 3가지를 아래와 같이 들 수 있다.

  첫째 : 제품의 전문적 지식 – 자기 자신이 제품지식을 완전하게 알고 있어야 한다(Know your product).

  둘째 : 고객의 전문적 지식 – 제품에 맞는 고객을 알고 있어야 한다 (Know your customer).

  셋째 : 자기의 전문적 지식 – 너 자신을 알라(Know yourself).

④ NWM 요원은 이상의 3가지 전문적 지식을 습득하고 있어야 전쟁에 임할 수 있고, 또 더 나아가 승리를 거둘 수 있는 것이다.

2) 성공적 그룹리더의 특징

① 그룹리더의 특징은 접견 전에 철저히 구비사항을 잘 갖추는 것이다. 따라서 그룹리더는 평소에 남몰래 요리조리 준비에 만전을 기하는 것이다.

② 사람은 누구나 준비과정을 가지고 따지는 것이 아니라 실적만 보기 때문에 사업실적을 많이 올리려면 그 제품사업에 대한 사전준비와 세일에 필요한 준비를 게을리 할 수 없을 것이다.

③ 구체적으로 말해서 접견 전 구비요건은 2가지로 구비해야 한다.

　　㉠ 가능고객의 선택

　　㉡ 가능고객의 구매의욕을 끌 수 있는 사업대화의 준비

④ 가능고객 선정에 필요한 3가지 방법은 아래와 같다.

　　㉠ 이 고객은 내가 취급하는 제품 혹은 서비스가 필요한 사람인가?

　　㉡ 지불능력이 있는 사람인가?

　　㉢ 정말 나의 제품 혹은 서비스를 살 만한 사람인가?

⑤ 성공적 그룹리더는 가능고객이 자기 제품을 사도록 감정과 이성을 골고루 노려야 한다. 즉 감정에 호소도 하고 이성에 호소도 할 줄 아는 그룹리더가 되어야 하는 것이다.

NWM의 특강원고

Ⅰ. 신바람 운동과 NWM

1. 신바람나는 NWM의 정의

> (1) 어떤 문제를 해결하기 위하여
>
> (2) 거미줄처럼, 그물망처럼, 상호작용하면서
>
> (3) 즐겁게 자율적으로 최선을 다하며
>
> (4) 자기는 물론 상대방을 자극하면서 흥을 돋우고, 이익을 올려
>
> (5) 일정한 목표를 무한히 달성하려는 공동운명의 조직활동이라고 할 수 있습니다.

사람이 어떤 일을 할 때 신바람이 나면 100~1000% 성과를 올릴 수 있는가 하면 신바람이 나지 않고 기가 죽으면 0%도 못 올릴 뿐 아니라 실망 또는 좌절을 가져옵니다. NWM도 같은 이치로서 신바람이 나야만 합니다. 즉 어떤 회원을 한 명 가입시켰을 때, 10명을 가입시켰을 때, 100명을 가입시켰을 때, 그 기분은 어떠할까? 이것이 신바람이요 NWM 운동인 것입니다.

그 예로 축구시합을 할 때

어렵게 어렵게 볼을 집어넣고 성공하게 되면 그 신바람을 표현할 길이 없어서 서로 부둥켜안고 뒹굴지요…

시골에서 논에 모를 심을 때

북을 치고 노래를 하면서…

이제 이 신바람과 기업의 활성화 방안을 5가지로 나누어 설명해 보기로
하겠습 니다.

> 첫째, **문제를 해결하려는** 자세
> 둘째, **운명을 다같이 하는** 자세
> 셋째, **조직을 활성화하는** 자세
> 넷째, **목표를 달성하려는** 자세
> 다섯째, **행동을 바르게 하는** 자세

2. 문제를 해결하는 자세

이 문제를 해결하는 자세가 **신바람**이요, NWM 운동입니다.
이 세상에는 문제가 없는 곳은 없습니다.

국가는 국가로서, 회사는 회사로서, 조직은 조직으로서, 개인은 개인으
로서, 문제가 없는 곳은 없습니다.

전 서강대 박홍 총장님은 **심야토론** 때 … 오직 한 곳 … 주검, 즉 무덤에
가야 문제가 없다고 했습니다.
그런데 이 문제가 있는 곳에는 꼭 그 해결방안이 있습니다. 그 해결방안
은 먼 곳에 있지 않고 우리 주변에, 아주 가까운 곳에 있습니다.

열자(烈子)는, 생각하면 방법이 나오고
활동을 하면 변화를 일으킨다고 말했습니다.

예수님은, 구하라 주실 것이요

　　찾아보아라 만날 것이요

　　문을 두드려라 열어 줄 것이다라고 말했습니다.

　NWM 운동은 사이사이에 문제점이 너무나 많이 있습니다. 이것을 하나 하나 무난히 해결할 때 신바람이 나는 것입니다.

(1) 그러면 국가의 문제는 어떤 것이 있을까요?

① 남북 통일문제, 이산가족 상봉문제

② 월드컵 축구의 성공적 개최문제

③ 국가 경제재건, 일본의 교과서 문제

(2) 회사에는 어떤 문제가 있을까요?

① 정리해고, 구조조정, 실업대책

② 유능한 지도자 또는 관리자

③ 성실한 부하

④ 회사를 위하여 전력을 다하는 직원이 있어야 할 것입니다.

　아무리 크고 좋은 회사라 할지라도 성실하고 유능한 지도자가 없다면 어떻게 될까요? 또 부하가 많다고 하더라도 성실한 직원이 없다면 또 어떻게 될까요?

　아무리 좋은 NWM이라 할지라도 성실하고 유능한 스폰서가 없다면 어떻게 될까요? 또 회원이 많다고 하더라도 성실한 회원이 없다면 어떻게 될까요?

(3) 개인의 문제는 어떤 것이 있을까요?

① 돈을 벌어야 하겠다.

② 집을 장만해야 하겠다.

③ 훌륭한 사람이 되어야 하겠다.

④ 어려운 사람, 고통받는 사람을 도와야 하겠다.

여러 가지 개인적인 문제가 있을 것입니다.

NWM도 여러 가지 어려운 문제가 있다는 것을 아셔야 할 것입니다.

어느 세일즈맨의 한 예

(4) 그때 그때 자극을 주어 사기를 올려야 하겠습니다.

군대는 사기가 올라갈 때 전쟁을 이길 수가 있습니다.

그러면 사기를 올리는 직접적 방법은 어떤 것이 있을까요?

과연 NWM은 가입회원의 기를 살릴 수 있을까요?

기자(氣字) 돌림은

전기, 일기, 원기, 용기, 분위기, 천기

한평생 기를 연구하여 세계적으로 유명한 학자가 된 우리나라 사람?

이황, 이율곡(5,000원권, 10,000원권에 나오는 사람)

이기이원론(理氣二元論)

기(氣)를 올리는 직접적인 방법은

→ 칭찬입니다.

이 칭찬은, 대통령도

어린 유치원생도

강사도 뒤흔들어 놓습니다.

• 대통령의 예) 반만 년 역사에 가장 큰 일

남북통일에 기초를 다진 대통령이다.

• 어린 유치원생의 예) 소나무 그림 그리는 이야기

나쁜 엄마 ~

보통 엄마 ~

훌륭한 엄마 ~ 솔거의 소나무

"훌륭한 사람 뒤에는 훌륭한 어머니가 있다."

• 강사의 예) 자극을 주어 사기를 돋우고 많은 회원을 획득하는 데

그 목적이 있습니다

박수갈채 – "사기를 돋우는 박수갈채에 의해 컸다."

※ 요는 **자극**을 주고 **사기**를 놓아야 합니다.

직원의 **약점**, **나쁜점**을 지적하느니보다는 **좋은점**을 발견해서 칭찬하는 데 힘써야 하겠습니다.

이것이 문제를 해결하는 방법이요, 기업의 문제요, 또 사기를 올리는 중요한 자세가 아닐까요?

다시 한 번

· 문제가 있는 곳에 **해결방안**이 있다.

· **해결방안**은 먼 데 있지 않고 가까운 데 있다.

· 생각하면 방법이 나오고
· 활동하면 변화를 일으킨다.

　NWM은 선도의 길이요, 성공의 길이요, 사람으로서 꼭 가야만 할 길이
되겠습니다.

3. 운명을 다같이 하는 자세

　즉 **공동운명적 측면**에서의 자세를 말합니다.
다함께라는 뜻이 됩니다.
NWM은 공동운명의 자세를 가져야만 합니다.

　내 운명, 네 운명을 한 곳에 같이 **붙잡아** 매려는 것이 바로 NWM 운동입
니다.

· 사장이 좋아질 때 그 직원이 좋아질 것이요,
· 그 직원이 불리할 때 그 사장의 고민이 커질 것입니다.

· 회사가 잘될 때 그들의 가정이 윤택해질 것이요,
· 회사가 잘 안될 때 그들의 가정이 빈곤해질 것입니다.

· 아버지가 영전과 승진이 될 때 그의 아들, 딸은 대학으로
· 아버지가 좌천과 실직이 될 때 그의 아들, 딸은 일터로

· NWM이 번창하게 될 때 그 가정이 번창할 것이요,

· NWM이 실패할 때 그 회원은 후회막급할 것이다.

공동운명이란 다같이 한 배를 탔다는 뜻이 됩니다.
NWM은 다같이 한 배를 탔다는 뜻이 됩니다.

이 배가 전복되었을 때 어떻게 될까요? 따라서 우리는 네트워크 마케팅이라는 큰 배를 타고 끝없이 노를 저으면서 망망대해를 가고 있는 것입니다.

이때 이곳 선장이

· 기치를 번쩍 들었을 때 다같이 올리고
· 기치를 내렸을 때 다같이 내려야 하겠습니다.

· 이리로 가! 그러면 이리로
· 저리로 가! 그러면 저리로

· 한 마음
· 한 뜻으로 일치단결되어야만 하겠습니다.

공동운명의 사례
노래, 시

과거의 유명한 시인들이 이 공동운명을 노래나 시로 많이 읊었습니다.

예로서

정철 … 차라리 쉬어디어 … 思美인곡

변영로의 … 아 강낭꽃보다 … 논개

조지훈의 … 사슴이란 이리 함께 … NWM

4. 조직을 활성화하는 자세

NWM은 조직을 활성화하는 자세입니다.

(1) 조직의 정의

가로선과 세로선이 요령 있게 편성되어야 합니다.

組 : 짤 조   織 : 짤 직

가마니를 짠다. 옷깃을 짠다.

가로선 세로선이 반드시 있습니다.

• 세로선 : 지령관계선

  · 지시나 명령이 올라가고 내려가는 선입니다.

  · 상의(上意) 하달(下達)되고 하원(下願)이 상통(上通)되는 길을 뜻
    합니다.

• 가로선 : 협력관계선

  · 어떤 일을 서로 도우면서 협조하여 나가는 선

(2) 회사의 조직

• 세로선 : 상사의 지사나 뜻한 바가 어떤 선, 즉 여러 개의 팀조직을 통하
          여 올라가고 내려가는 선을 말합니다.

• 가로선 : 팀과 팀이 힘을 합쳐 서로 협력하여 뜻한 바를 성취해 나가는 선을 뜻합니다.

NWM은 수평적인 조직인 동시에 수직적인 조직입니다.
수평적으로 동등한 위치에서 활동하는가 하면 절대적인 스폰서의 힘이 미쳐야만 되는 것입니다.

up-line 과 down-line 관계

사랑
자극 … 실천행동 옮길 수 있는 힘을 길러 주는 것입니다 .
지침

NWM은 교육을 통한 용광로(화로)입니다.

"행운은 없다." 왜냐하면 분투노력의 결과가 행운이기 때문이다.

5. 목표를 달성하려는 자세

(1) 목적과 목표
목적 : 하려는 이유. 왜? 를 뜻합니다.

· 우리는 왜 **열심히** 일을 해야 하는가?
· 우리는 왜 **열심히** NWM을 해야 하는가?
즉 왜 무엇 때문에를 뜻합니다.

반면

목표 : 가고자 하는 어떤 지점 또는 방향

- 목표를 **정했을 때**
- 목표를 **정하지 않았을 때**

그 차이는 매우 큽니다.

실 예

- 아버지와 아들의 밭갈기
- 일제 때 초등학교 학생 : 동요, 민요

(2) 국제 개방화의 기업환경 변화

1) 국제환경의 변화와 NWM 운동

① 세계의 **움직임**

② 한국의 **현실**

2) 신바람과 NWM 운동

① 마음의 **자세**

② 꾸준한 **노력**

③ 정확한 **행동**

3) 시스템적 파악(시스템 분석의 5대 공통성의 원리)

① **계층의** 원리

② **집합성의** 원리

③ **상호관련성의** 원리

④ **목적추구성의** 원리

⑤ **적응성의** 원리

(3) 조해리(Johari)의 창

1) 개론

① 우리들은 누구나 자기 자신의 성장을 원합니다. 이를 위해서는 자기를 잘 알고 이해하는 것이 불가결의 전제가 됩니다. 그것은 대인관계 가운데서 일어나는 끊임없는 인격적 상호작용에 의해 가능해질 것입니다.

② 대인관계 속에서의 자기 이해의 실마리로서 '마음의 4개의 창'이라고 부르는 이론이 있습니다. 이 이론은 조셉 루프트(Joseph Luft)와 해리 잉엄(Harry Ingham)이 1955년에 고안한 것으로, 두 사람의 이름을 합성해서 'Johari(조해리)의 창'이라고도 부르고 있습니다.

③ 인간의 마음에는 4개의 창의 자기가 있다고 하는데, '조해리의 창'에서는 대인관계 속에서의 자기를 어떻게 이해하면 좋은가를 의도적으로 설명하고 있습니다.

▼ 자기가

	알고 있다	모른다
알려져 있다	① 열려진 창	② 깨닫지 못한 창
알려져 있지 않다	③ 숨겨진 창	④ 닫혀진 창

▶ 타인에게

2) 이론의 전개(NWM의 전개)

① 열려진 창 ⋯ 自知他知

② 깨닫지 못한 창 ⋯ 自不他知

③ 숨겨진 창 ⋯ 自知他不

④ 닫혀진 창 ⋯ 自不他不

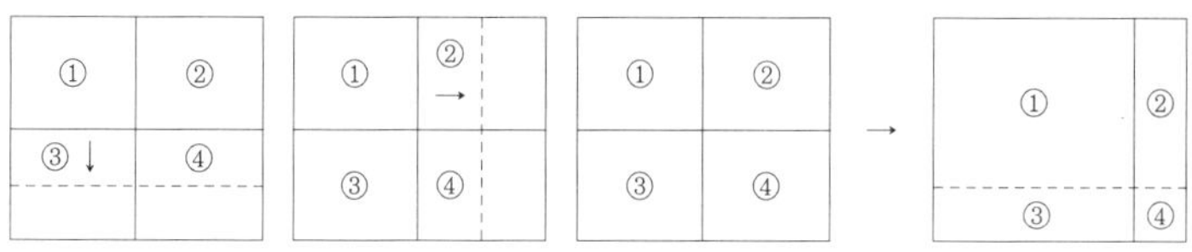

(4) NWM의 9대 사업촉진 방법

① 제1사업능력 촉진방법 : 기도하는 자세 → 매일 3회 이상

② 제2사업능력 촉진방법 : 사업계획 설명 → 매주 1회 작성 설명

③ 제3사업능력 촉진방법 : 자사 제품 → 100% 사용

④ 제4사업능력 촉진방법 : 고객유치 → 최소한 15명

⑤ 제5사업능력 촉진방법 : 정기적 카운슬링 → 월 2회

⑥ 제6사업능력 촉진방법 : 테이프 청취 → 하루 20분씩

⑦ 제7사업능력 촉진방법 : 매일 독서 → 매일 20분 이상

⑧ 제8사업능력 촉진방법 : 회의 참석 → 빠짐 없이

⑨ 제9사업능력 촉진방법 : 팀워크의 학습 → 월 1회

(5) NWM의 11대 사업분석 요령

① 제1사업능력 분석요령 : 약속방법(접근과 설득 요령)

② 제2사업능력 분석요령 : 대상찾기(명단작성)

③ 제3사업능력 분석요령 : 정신자세와 목표달성(꿈과 희망)

④ 제4사업능력 분석요령 : 연결고리(종적 구축)

⑤ 제5사업능력 분석요령 : 의논요령(상호미팅)

⑥ 제6사업능력 분석요령 : 사후접근(분류관리)

⑦ 제7사업능력 분석요령 : 유사성과 동일성(공동운명)

⑧ 제8사업능력 분석요령 : 자신의 행동방향(칭찬과 신뢰)

⑨ 제9사업능력 분석요령 : 상호의존(상부상조)

⑩ 제10사업능력 분석요령 : 사람다운 자세(리더의 준비)

⑪ 제11사업능력 분석요령 : 신장발전(매출증가)

6. 행동방향을 바르게 하는 자세

NWM은 행동방향의 자세라고 할 수 있습니다.

(1) 현황분석

1) 정보관리

정보화 사회의 대처

① 정보에 어두운 그 순간부터 타인과의 경쟁에서 진다는 것은 자명한 사실입니다.

② 보다 풍부하고 질이 좋은 정보를 남보다 빨리 얻고 빨리 소화시키는 길만이 경쟁에서 이길 수 있는 최선의 길입니다.

③ 정보는 홍수처럼 흐르고 있습니다.

④ 정보의 핵심은 자료의 수집입니다.

⑤ NWM은 하나의 정보요, 하나의 흐르는 물결이요, 타오르는 불길입니다.

2) 자료관리

① 자기 회사의 자료

② 동종업의 자료

③ 타국의 동종업의 자료

④ 타업종의 자료

3) 행동방향의 결정

사람은 어느 누구를 막론하고 행동방향을 바로 해야 합니다.

우리의 행동도 NWM 운동으로 자리를 잡아야 합니다.

"뿌리 깊은 나무는 바람에 아니 뮐새

꽃이 좋고 여름 하나니"

"샘이 깊은 물은 가물에 아니 그칠새

내이러 바라레 가나니"

① 사무엘 스마일즈의 행동

정신 → 행동 → 습관 → 인격 → 운명

② 빅토르 위고의 부르짖음

오늘의 문제는 싸우는 것이요,

내일에는 이기는 것이다.

싸움에는   · 자연과의 싸움

· 동료와의 싸움

· 나와의 싸움

내가 나를 버려서는 안된다.
남이 나를 버리는 것보다
내가 나를 버리는 것이 더 중요하다.

NWM을 버려서는 안된다.
NWM은 무엇보다도 더 중요하다.

③ 폴 J. 메이어 슬로건(좌우명)

　1) 나는 **목표**가 있다.

　2) 나는 나의 **능력**을 믿는다.

　3) 나는 나의 일이 **자랑스럽다**.

　4) 나는 나의 일로 **겨레에 공헌한다**.

④ 클레멘트 스톤의 슬로건

　1) 나는 **행복**하다.

　2) 나는 **건강**하다.

　3) 나는 **무서운 사람**이다.

⑤ 산업 심리학자 테오도르 하리톤의 슬로건

　1) 나는 **자신력**이 있는 사람인가?

　2) 나는 **의지력**이 있는 사람인가?

　3) 나는 **사교력**이 있는 사람인가?

　4) 나는 **신임할 수 있는** 사람인가?

　5) 나는 **건강한** 사람인가?

(2) NWM 사업의 10대 원칙

① 지금까지의 고정관념을 버려라.

② 될 수 없다는 이유를 대지 말고 되는 방법을 생각하라.

③ 현재 방법이 최선이라는 생각을 버리고 현상을 부정하라.

④ 좋은 일은 즉시 하고 잘못된 일은 즉시 고쳐라.

⑤ 완전을 추구하지 말고 50점만 되면 시작하라.

⑥ 개선에 너무 돈을 들이지 마라.

⑦ 어려워야 지혜가 나온다.

⑧ 왜를 5번 반복한 후 진짜 원인을 찾아라.

⑨ 1인의 지혜보다는 10인의 지혜가 낫다.

⑩ 개선은 무한하다.

1) up-line에 대한 요망사항

① 전산처리 업무의 능동적인 처리

② 분위기 조성과 사기앙양

③ 저항의식의 제거

④ NWM의 신속한 적응

⑤ 교육훈련의 세심한 배려

⑥ 추진체계의 일관성 유지

이상과 같이 신바람과 NWM 운동을 통해서

① 문제를 해결하려는 자세

② 운명을 다같이 하려는 자세

③ 조직을 활성화하려는 자세

④ 목표를 달성하려는 자세

⑤ 행동을 바르게 하려는 자세

　이 5가지가 한 곳에 집결될 때 우리 회사는 발전의 터전을 마련하게 될 것이며, 우리 자신의 평생 소원이 이루어질 것입니다.

II. 인재육성을 위한 방법

人材育成을 위한

사람을 키우는 법 ; 사람을 쓰는 법

(NWM의 복제사업 ⋯▶ 金九 선생님의 人用法)

1. 序論

(1) 人事 : 여러분 안녕하십니까? 저는…

(2) 餘談

① 똥 먹는 쥐 → 풍요로운 NWM 회사가 있습니다.

② 바다 밑에게 → 드넓은 NWM이 있습니다.

③ 파도(波濤) 가르는 물개 → down-line으로 세워야 합니다.

(3) 인용법(人用法)의 중요성

① 집 짓는 목재(木材) → 목수(木手)의 비법

② 내버렸던 그 돌 → 모퉁이 머리돌

2. 本論 : 실례 ⋯▶ 김구(金九) 선생님의 『백범일지(白凡逸志)』

(1) 김구 선생님 19세 때 3가지 실망

① 과거(科擧)에 낙방

② 동학의 실패

③ 관상의 비관

　마의상서(麻衣相書)

　상호불여신호(相好不如身好), 신호불여심호(身好不如心好)

　손무자 오기자의 3략, 6도(孫武子 吳起子의 三略, 六韜)

　중국 제나라의 범수(範洙)

　골상, 색상, 심상

(2) 황해도 신천(信川) 청계동 안진사택(淸溪洞 安進士宅)
　　　→ 安泰勳

① 70여 세의 고능선(高能善)과 19세의 金九 선생님

　이것은 up-line과 down-line 관계입니다.

　up-line은 down-line에게 **자극**을 주어 **실천행동**에 옮기도록 해야

　합니다. 이것이 바로 사람을 키우는 방법이요, 사람을 쓰는 방법이 됩

　니다.

　고능선 선생의 敎訓

　"이 세상 어느 **국가**나 흥하지 않는 **국가**는 없고

　망하지 않는 국가도 없다.

　그러나 망하는 과정이 문제이다."

　라고 말하면서 조선의 **멸망과정**을 상세히 말했습니다.

이때에

명심사항(銘心事項) ……

· 득수반지부족기(得樹攀枝不足奇)

· 현애철수장부아(懸崖撤手丈夫兒)

※ 우리나라 국가건설에 큰 공헌을 한 글입니다.

"나무에 올라가서 가지를 붙들고 있는 것은 기특하지 못하다.

끊어진 언덕에서 손을 탁 놓는 것이 대장부이다."

"용기(勇氣)를 내라" → "氣를 살려야 한다."

"정의, 정심, 정도(正義, 正心, 正道)일 때에는 목숨을 두려워하지 마라."

→ 기를 살리는 방법입니다.

　　NWM도 하나의 기(氣)를 살리는 법입니다.

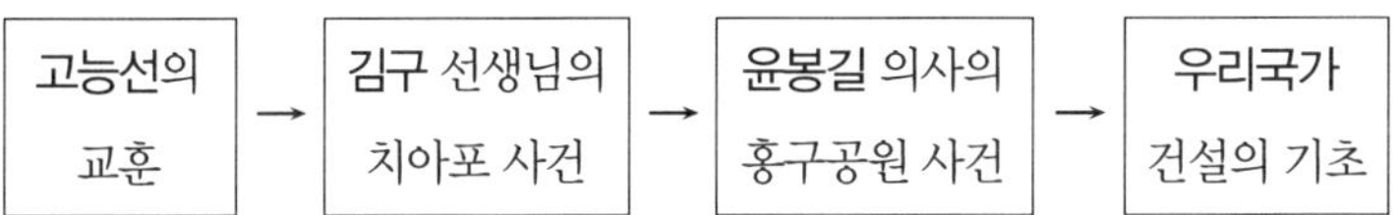

이것은 인간복제요, 人用法이요, 성공으로 내닫는 원동력이요, NWM의 기초가 되는 것입니다.

② 日本人의 침략과정과 조선의 멸망과정

(근세 조선과 일본과 34년간(1876~1910) 관계)

"뒤에 있는 참고자료 참고"

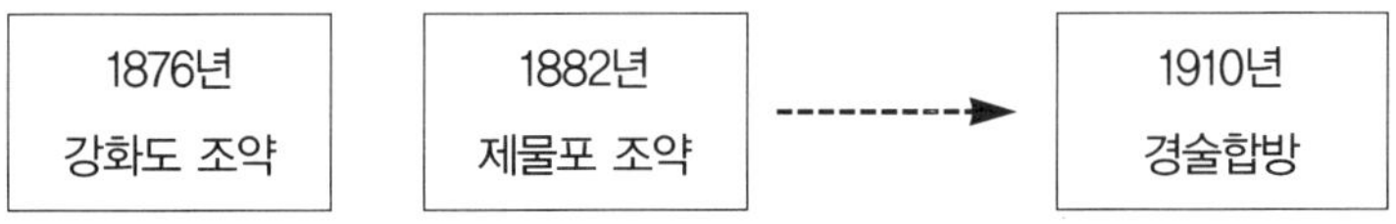

34년간 12번의 조약으로 일본으로 넘어감.

특히

고능선 선생님이 이야기할 때

김구 선생님은 쏟아지는 하염없는 눈물을 금치 못했습니다.

이것이 진정한 의미의 애국심입니다.

(3) 치하포(鴟何浦) 사건과 홍구공원 사건

① 치하포(鴟何浦 ; 대동강 하류에 있음)의 日本人 살해사건

한국옷(두루마기)을 입은 日本人을 민비를 살해한 미우라(三浦梧樓)로
단정

고능선 선생님의 글이 떠올랐습니다.

"마음이 안심된다."

이선달화보(李先達和甫)에게

"내가 오늘 해지기 전에 700리 길을 가야 하겠으니 밥 일곱 그릇을 급
히 차려 오라!"

"젊은 사람이 불쌍하군! 미친놈이로군!"

드디어 日本人을 살해하고 피를 마시었다.

필묵(筆墨)을 가져오너라!

이제야 국모폐하의 원수를 갚았노라!

海州白雲坊基洞 金昌洙

② 上海 虹口公園 사건(1932. 4. 29 天長節)

　日本人과 흡사한 尹奉吉 의사

　日本 육군대장 시라카와(白川義則 대장)

　하루 전에

　예행연습… 탐사… 천재일우의 기회를 한탄

　"유명한 포수는 잠자는 짐승을 잡는 법이 아니다."

　　김구 선생님은 자기의 치하포 사건과 고능선의 글을 말했습니다.

　"안심하고 時計를 바꿔 찼다.

　→ 황천에서 만나기로 약속했다."

　일본인과 흡사한 윤봉길, 도시락을 휴대하고 무사히 통과

　시라카와(白川義則), 카와바다(河端貞次, 거류민 단장) 등 수십 명을 살

상했습니다.

　日本 歷史의 最高峯을 꺾었습니다.

　여기서 우리는 成功의 기쁨을 맛보게 되는 것입니다.

3. 結論

(1) 복제사업

① 고능선(高能善)은 金九 선생님을 낳았고

　金九 선생님은 尹奉吉 의사를 낳았고

　尹奉吉 의사는 천추만고(千秋萬古)의 우리의 한을 풀었습니다.

이것이 복제사업이요 人用法입니다.

"나무에 올라 가지를 붙들고 있는 것은 기특하지 못하다.
끊어진 언덕에서 손을 탁 놓는 것이 대장부이다."
(得樹攀枝不足奇, 懸崖撤手丈夫兒)

NWM도 正義, 正心, 正道를 위한
국가건설의 주도적 사업입니다.

② 뿌리 깊은 나무는 바람에 아니 뮐새
꽃이 좋고 여름 하나니
샘이 깊은 물은 가물에 아니 그칠새
내이러 바라레 가나니

「용비어천가」의 한 구절

NWM과 회사와 비교
"꾸준한 노력이 成功의 秘訣이다."
"가다가 중지하면 아니 간만 못하리라!!"

③ "사람은 일하는 동물이다. 첫째도 일이요, 둘째도 일이요, 셋째도 일이
다. 사람은 일이 보배이다."

④ "높은 데 올라가려는 자만이 사다리를 생각해 낼 수 있다."
　태산이 높다 하되 하늘 아래 뫼이로다…
　하느님은 스스로 돕는 자를 돕는다…(天助者自助者)

244

(2) 행운 "구하라, 주실 것이요…"

유명한 선장은 순풍에 돛을 달고 가는 데 있지 않고 폭풍이 휘몰아칠 때에도 끝까지 이기고 나아가는 데 공이 있고 가치가 있습니다.

"행운은 없다." 왜냐하면 분투노력의 결과가 행운이기 때문입니다.

이 세상에 문제가 없는 곳은 없습니다.

그러나 "문제가 있는 곳에 해결방안이 있다.

해결방안이 먼 데 있지 않고 가까운 데 있다."

(3) 문제

빅토르 위고 "오늘의 문제는 싸우는 것이요, 내일의 문제는 이기는 것이다."

이 싸움에는 3가지가 있다.

첫째, 나와 자연과의 싸움 → 건강

둘째, 나와 동료와의 싸움 → 성공과 실패

셋째, 나와 나와의 싸움 → 극기

"내가 나를 버려서는 안된다.

남이 나를 버리는 것보다

내가 나를 버리는 것이 더 중요하다."

(4) 슬로건(좌우명)

1) 폴 J. 메이어 슬로건(좌우명)

① 나는 목표가 있다.

② 나는 나의 능력을 믿는다.

③ 나는 나의 일이 자랑스럽다.

④ 나는 나의 일로 겨레에 공헌한다.

2) 클레멘트 스톤의 슬로건

① 나는 **행복**하다.

② 나는 건강하다.

③ 나는 무서운 사람이다.

3) 산업 심리학자 테오도르 하리톤의 슬로건

① "나는 **자신력**이 있는 사람인가?"

② "나는 **의지력**이 있는 사람인가?"

③ "나는 **사교력**이 있는 사람인가?"

④ "나는 **신임할** 수 있는 사람인가?"

⑤ "나는 **건강한** 사람인가?"

4) NWM 사업의 10대 원칙

① 지금까지의 고정관념을 버려라.

② 될 수 없다는 이유를 대지 말고 되는 방법을 생각하라.

③ 현재 방법이 최선이라고 생각을 버리고 현실을 부정하라.

④ 좋은 일은 즉시 하고 잘못된 일은 즉시 고쳐라.

⑤ 완전을 추구하지 말고 50점만 되면 시작하라.

⑥ 개선에 너무 돈을 들이지 마라.

⑦ 어려워야 지혜가 나온다.

⑧ '왜'를 5번 반복한 후 진짜 원인을 찾아라.

⑨ 1인의 지혜보다는 10인의 지혜가 낫다.

⑩ 개선은 무한하다.

5) 사무엘 스마일즈의 부르짖음

정신 → 행동 → 습관 → 인격 → 운명

"운명은 없다."

6) "우리는 몸과 마음을 다하자!"

우리는 어떠한 방법으로도 건강보조 식품만은 빼앗겨서는 안됩니다.

이것은 우리가 어느 누구를 막론하고 꼭 언젠가는 가야 할 길이요, 진리요, 생명입니다.

이것이 국가를 구하는 길이요, 애국애족의 길이요, 일본을 이기는 길이요, 충성을 다하는 길입니다.

근세 조선(한국)과 일본의
34년간의 관계
(1876~1910년간 12번의 조약)

우리나라는 어떻게 해서 일본에게 침략을 당했으며, 또 우리는 왜 건강해야 하는가?

1. 전체적 연도별 구분

(1) 강화도 조약(1876) - 운양호 사건

(2) 제물포 조약(1882) - 임오군란

(3) 한성 조약(1885) - 갑신정변

(4) 천진 조약(1885) - 갑신정변

(5) 시모노세키 조약(1895) - 청일전쟁

(6) 한일의정서(1904) - 일본의 **충고**, 자유로운 **조약 못함**,

　　　　　　　　필요한 지점 마음대로 사용

(7) 제1차 한일협약(1904) - **고문정치**

(8) 포츠머스 조약(1905) - 러일전쟁

(9) 을사보호조약(제2차 한일협약)(1905) - **통감정치**

(10) 정미(丁未) 7조약(1907) - **차관정치, 군대해산**

(11) 기유(己酉)각서(1909) - **사법권 감옥사무 독점**

(12) 경술합방(1910)

2. 전제적(前提的) 사항

(1) 병인양요

    1866년 프랑스 리델(Ridel) - 고발

    수사제독 로스(Rose) 군함 3척 - 강화도 점령

                  (외규장각 서류 60궤짝)

(2) 오페르트 도출사건 1868년

(3) 신미양요(1871) 미국 쉬어만호 - 실패

(4) 일본 명치유신 - 대마도주로 국교요청

(5) 대원군 - 洋夷侵犯, 非戰則和, 主和賣國 → 鎖國政治

3. 세부적(細部的) 사항 (12가지 조약)

(1) 강화도 조약(병자수호조약)(1876년) 고종 13년

① 운양호 사건 ··· 수교요구 거절

    불법침입 : 초지진(草芝鎭) 포대 맹렬한 포격

    일본 : 구로다키요타카(黑田淸陸)

          이노우에카오루(井上馨)

    한국 : 영상 이최응, 중추부사 박규수

② 내용

    1. 조선은 자주독립국으로 일본과 동등한 권리를 갖는다.

    2. 15개월 내에 일본에 사신파견 교제한다.

    3. 부산, 인천, 원산항 개항

③ 신사유람단 78명 : 일본 방문

④ 영선사 : 69명 → 북경 방문

⑤ 별기군(1881년) 설치 … 군제개혁

일본교관 : 호리모토레이조오(堀本禮造)

(2) 제물포 조약(1882년) 고종 19년

① 임오군란 : 구식군대 신식군대 싸움

　　　　　민비 → 장호원 → 노은신흥동 → 국망산

　　　　　이최응, 민겸호 등을 타살

　　　　　일본공사관 습격 : 호리모토헤이조오 타살

　　　　　일본교관 살해 : 하나부사(花房義質)

　　　　　영국군함을 타고 본국으로 도망

② 내용

　1. 군란의 괴수 20일 내 처벌

　2. 호리모토헤이조오 장례 후하게 : 5만 원 부상자에게 지급

　3. 소해 배상금 : 50만 원 매년 10년간 5만 원 지불

　4. 조선의 특사 일본의 사죄

　박영호, 김옥균 : 태극기 사용

③ 청병래원 대원군 납치

(3) 한성조약(1885년)

① 갑신정변(甲申政變) (1884년) : 우정국 낙성식

　독립당 : 홍영식, 김홍집, 박영효, 김옥균, 서광범

　사대당 : 민승호, 민영익, 민태호, 이조연, 한규직

　3일 천하

　다케조예사이 이지로(竹添崔一郞) 망명

② 내용

1. 위로금 11만 원 - 국서로서 일본에 사죄
2. 이소바야시(磯林大尉) 죽인 자 처형
3. 공사관 신축비 2만 원
4. 공사관 대지 책정

(4) 천진 조약(1885년) 이홍장, 이등박문

① 내용

1. 4일 내에 한국에서 철군
2. 한국에 파병시 미리 통보
3. 1인 내지 수명의 일·청 무관을 조선에 파견

② 동학란(전봉준의 봉기)

최재우의 처형

1892년 최시형 보은에서 교조신원 운동(敎祖伸寃運動)

손병희의 가담

전국적으로 봉기 → 최재우의 혼을 달램.

③ 갑오경장(1894년) 오오도리(大鳥圭介)

1. 중앙지방제도 개선 인재의 채용
2. 재정정리 부원(富源) 개발
3. 세금정리, 재판법 개정
4. 군제정리
5. 교육제도 확립

④ 홍법 14조

　1. 청국과의 조약파기

　2. 개국기원 사용(중국기원을 버리고)

　3. 과거제도 폐지

　4. 세제 개혁 등

　동학란 → 청군파견 → 일군파견

(5) 하관조약(下關條約) – 시모노세키 조약(1895년)

① 청일(淸日)전쟁

　원세개 위시한 염지초 아산만 상륙

　일본군 아산, 성환, 천안, 서울 평양, 여순, 위해위

　일본 시모노세키(하관)에 이등박문과 이홍장

② 내용

> 1. 조선은 자주독립국으로 일본과 동등한 권리를 갖는다.
>
> 2. 요동반도, 팽호도, 대만을 일본에게 할양
>
> 3. 배상금 2억 량
>
> 4. 철군 3개월 내

③ 3국 간섭 러 불 독

　하관조약(下關條約) 無效 → 淸 3000만 량만 배상

> 불란서 – 광주(광동)만 99년간 조차
>
> 　　　　　운남 남경까지 동경철도를 연결
>
> 독일 – 교주만 99년간 조차
>
> 　　　　산동성 철도 부설권
>
> 러시아 – 여순, 대련 25년간 조차
>
> 　　　　　동양철도 부설권

④ 을미사변(乙未事變) (1895년)

　㉠ 일본(日本) - 이노우에가오루(井上馨) 소환

　　미우리(三浦梧樓) - 군인외교관

　　고종을 힐책 ~ 민비 시해

　　이경직, 홍계훈 살해

　㉡ 고종 : 中央친위대

　　단발령 : 頭可斷이나 髮不斷

　㉢ 아관파천(俄館播遷) 1896년

　㉣ 대한제국(大韓帝國) 설립 1897년 명성황후로 존칭

　　독립협회 황국협회

(6) 한일 의정서 전문 6조(1904년)

외교대신 이지용과 일본 하야시(林權助)

내용

> 1. 시정개선에 관하여 일본의 충고를 받아들인다.
> 2. 전략상 필요한 지점은 마음대로 사용한다.
> 3. 일본의 승인 없이 제3국과 자유로이 조약할 수 없다.
> 4. 경의선 경원선 부설한다.

(7) 제1차 한일협약(1904년) : 고문정치

일본 하야시(林權助)와 한국 민영기

> 일본인 메가다 재정고문
> 외교고문, 군사고문

(8) 러일강화조약(1905년) 포츠머스조약

① 러일전쟁(1904년)

· 조러비밀협정(1986년) → 富寧을 러시아에게 개방 … 무효

· 조러통상조약(1988년) 함흥을 개방

· 오오야마(大山巖) : 여수 인천작전 개시

　　　　　　　 평양, 요양, 사하에서 큰 승리

· 노기 히데스기(乃木希典) → 奉天會戰 여순만에서 러시아 함대 붕괴

② 조약내용

　미국 루스벨트 대통령 알선 미국 포츠머스에서

> 1. 한국에서 정치, 군사경제의 **특권**을 일본에게 **인정**
> 2. **여순 대련** : 러시아의 일체권한 일본에 이양
> 3. 러시아 **카라후도**(樺太)의 남방 일본에 할량

(9) 제2차 한일협약(을사보호조약)(1905년)

통감정치 : 이등박문 보호정치

장지연 : 시일야방성대곡

민영환 : 유서 자살

(10) 정미(丁未) 7조약(1907년) : 군대해산, 차관정치

① 안중근(1909년) 만주 할빈 역

　이등박문과 러시아장상 코코체프 회견차

　이등박문 살해

② 헤이그 밀사사건 ~ 이준, 이상설, 이위종 : 이준 분사

(11) 기유(己酉)각서(1909년)

사법권, 감옥사무 → 독점

(12) 경술합방 : 1910년 8월 22일

(11) 기유(己酉)각서(1909년)

사법권, 감옥사무 → 독점

(12) 경술합방 : 1910년 8월 22일

1. 다단계 판매에 관한 해설자료

[공정거래위원회 고시 제1999-24호]

[본 자료는 방문판매 등에 관한 법률시행 규칙 제21조 제2항의
규정에 의한 다단계 판매에 관한 해설자료로 공정거래위원회에서
정하는 내용을 인쇄한 것입니다.]

1999년 7월 19일

공정거래위원회

다단계 판매란?

■ 다단계 판매란 제조업자 → 도매업자 → 소매업자 → 소비자와 같은
일반적인 유통경로를 거치지 아니하고, 다단계 판매업자(회사)가 판매
하는 상품을 사용해 본 소비자가 다단계 판매조직의 판매원이 되어 상
품을 구입, 다른 소비자에게 판매하는 과정이 순차적 · 단계적으로 이
루어지는 판매형식으로 외국에서도 건전한 다단계 판매는 허용되고
있습니다.

■ 다단계 판매는 소비자가 판매원이 되고, 판매원 가입이 순차적 · 단계
적으로 확산되며, 직접적인 대인판매 · 연고판매에 의존하기 때문에
사행성과 소비자 피해를 야기하는 피라미드 판매가 되지 않도록 규제
가 필요합니다.

■ 과거 사회적 물의를 빚었던 피라미드 판매는 상품가격을 품질에 비해 고가로 책정하고, 가입비·교재비 등의 명목으로 판매원이 되고자 하는 자로부터 금품을 갈취하며, 판매원에게 상품구매를 강요하고 하위 판매원 모집의무를 부과하며, 판매원의 수입은 주로 하위 판매원을 모집하는 것 자체에서 발생토록 하여 사람장사의 성격이 짙고 환불 및 품질보증제도가 미비한 등의 폐단이 있었습니다.

■ 다단계 판매가 사행성과 소비자 피해를 야기하는 피라미드 판매가 되지 않도록 규제하기 위하여, 정부는 "방문판매 등에 관한 법률"을 전면 개정, 1995년 7월 6일부터 시행하게 되며, 동법을 위반하는 경우에는 그에 상응한 형사처벌을 받게 됩니다.

다단계 판매원이 되라는 권유를 받았을 때

어떤 다단계 판매조직에 다단계 판매원으로 가입하라는 권유를 받았을 때에는 먼저 다음과 같은 사항을 확인하시기 바랍니다.

1. 판매원으로 가입하기 이전에 자신이 가입하려는 회사가 방문판매 등에 관한 법률에 의해 시·도지사에게 등록한 등록번호를 반드시 확인하시고, 의심스러운 점이 있으시면 일단 가입을 보류하시고 시·도(해당과) 소비자단체 등에 문의하시기 바랍니다.

2. 다단계 판매원이 되고자 할 때에는 우선 그 회사의 취급상품을 면밀히 검토하여, 판매원으로서 활동하기에 적합한지를 확인해 보시기 바랍니다. 다단계 판매는 원래 점포도 없고 광고도 하지 않으므로 절대적으로 취급상품의 품질 및 가격이 유사제품에 비하여 충분한 경쟁력을

갖도록 해야 합니다. 상품의 품질이 좋지 않거나 품질에 비하여 가격이 비싸다면 상품의 재구매가 일어나지 않을 것이고, 상품의 재구매가 일어나지 않으면 결국 다단계 판매조직은 붕괴하고 말 것입니다. 또한 다단계 판매조직의 붕괴를 막기 위해서는 반복구매가 지속적으로 이루어질 수 있는 단순소비재를 기본 상품으로 하여야 합니다. 한 번 구입하면 몇 년씩 사용하게 되는 고가 내구재를 기본 상품으로 한다면 다단계 판매조직은 지속되기 어려운 것입니다.

3. 다단계 판매원으로 가입하려 할 때에는 자신이 가입하게 될 단계를 확인하여 충분한 기회가 남아 있는지 알아보시기 바랍니다. 만약 가입하게 될 단계가 지나치게 하위로 내려가 있다면 그 회사는 이미 많은 기존 판매원을 보유하고 있는 것이며, 당신이 하위 판매원을 모집하여 조직관리 및 교육훈련을 함으로써 후원수당을 받게 될 가능성이 그만큼 적은 것입니다.

4. 다단계 판매원으로 가입하려는 다단계 판매조직이 불법적 다단계 판매조직의 가능성이 있는지 확인하시기 바랍니다. 불법적 다단계 판매조직의 판매원으로 활동하다 보면 자신도 범법행위를 저지르기 쉽고 범법행위를 하면 그에 상응한 형사처벌을 받게 되기 때문입니다.

5. 다단계 판매원으로 등록을 했더라도 다단계 판매업자가 다단계 판매원 등록증과 다단계 판매 수첩을 교부하지 않거나 부실한 내용의 것을 교부하는 경우에는 바로 탈퇴하시는 것이 좋습니다.

다단계 판매원 수첩에는 후원수당의 산정 및 지급기준, 하위 판매원의 모집 및 후원에 관한 사항, 상품 또는 용역의 반환 및 다단계 판매원의 탈퇴에 관한 사항 등 방문판매 등에 관한 법률이 지정하는 필수 기재 사항들이 명기되어 있어야 하며, 만약 이러한 내용들이 없거나 부실하게 기재되어 있으면 그 다단계 판매업자는 범법행위를 하고 있는 것이기 때문입니다.

6. 다단계 판매원은 서면으로 탈퇴의사를 표시한 후 언제든지 다단계 판
   매조직에서 탈퇴할 수 있으며, 이 경우 다단계 판매업자는 탈퇴에 어
   떠한 조건도 부과할 수 없습니다. 또한 다단계 판매원은 탈퇴할 때 그
   때까지 판매하지 못한 상품을 다단계 판매업자에 반환하고 상품대금
   을 환불받을 수 있습니다.

7. 다단계 판매업자가 방문판매 등에 관한 법률을 위반하여 다단계 판매
   업 등록이 취소된 경우에도 다단계 판매원은 다단계 판매업자가 미리
   공탁한 공탁금에서 상품대금을 환불받을 수 있습니다.

다단계 판매원으로부터 상품을 사려 할 때

1. 다단계 판매원으로부터 상품을 사려 할 때에는 먼저 그 다단계 판매원
   이 속한 다단계 판매업자가 방문판매 등에 관한 법률에 의해 시 · 도지
   사에게 등록한 등록번호를 반드시 확인하시고, 등록번호가 없거나 가
   격에 비해 품질이 조잡한 의심스러운 점이 있으면 구매를 보류하시기
   바랍니다.

2. 다단계 판매원으로부터 상품을 구매하거나 용역을 제공받은 소비자는
   다음의 기간 내에는 언제든지 청약을 철회하실 수 있습니다.

   ① 계약을 체결한 날로부터 20일 이내

   ② 계약을 체결한 때보다 상품의 인도 또는 용역의 제공이 늦게 이루어
   진 때에는 상품을 인도받거나 용역을 제공받은 날로부터 20일 이내

   ③ 계약체결시 계약내용에 관한 서면을 교부받지 않았거나 주소 등이
      기재되지 않은 서면을 교부받은 경우, 또는 다단계 판매자의 주소가
      변경되는 등의 이유로 청약을 철회할 수 없었던 경우에는 그 주소를
      안 날 또는 알 수 있었던 날로부터 20일 이내

3. 소비자가 청약의 철회의사를 표시한 서면을 발송하였을 경우에는 서면을 발송한 날 그 효력이 발생한 것으로 간주됩니다.

4. 다단계 판매원으로부터 상품을 구매하거나 용역을 제공받은 소비자는 다단계 판매원은 물론 다단계 판매업자(회사)에게 직접 청약을 철회할 수 있습니다. 환불을 쉽게 받으시려면 다단계 판매원보다는 회사에 대하여 청약을 철회하시는 것이 좋습니다.

5. 다단계 판매업자 또는 다단계 판매원에게 청약을 철회하고 상품을 반환하면 회사의 다음 영업일 이내에 상품대금을 환불받을 수 있습니다. 만일 회사가 폐업한 경우에는 회사가 미리 공탁한 공탁금에서 환불받을 수 있습니다.

다음에 해당하는 기업은 불법적 다단계 판매조직에 해당됩니다

만약 자신이 알고 있는 어떤 다단계 판매조직이 다음에 해당된다면 즉시 시·도 공정거래위원회, 경찰관서, 소비자단체 등에 신고하여 주시기 바랍니다.

1. 다단계 판매업 등록증 및 등록번호가 없거나 불명확하다.
2. 후원수당을 산정할 수 있는 전산기기가 없다.
3. 후원수당 산정·지급기준 등에 관한 자료를 공개하지 않는다.
4. 다단계 판매원 등록증, 다단계 판매원 수첩 등을 교부하지 않거나 부실한 것을 교부한다.
5. 판매가격이 100만 원이 넘는 고가상품을 판매한다.
6. 제품의 반품 및 환불규정이 명확하지 않거나 사실상 지켜지지 않는다.

7. 후원수당 비율이 지나치게 높다. 판매원 공급가격의 35%를 초과한다.

8. 폭력, 강압, 기타 반강제적, 위협적인 수단으로 가입을 유도한다.

9. 가입비, 시용상품(試用商品)이라는 명목 또는 판매원 가입 조건으로 돈을 받거나 물건을 사게 한다.

10. 판매원 가입시 2만 원 이상의 판매보조 물품을 구매하도록 유도한다.

11. 월별로 또는 승진을 위해 개인이 직접 구매 또는 판매해야 하는 할당 금액이 있다.

12. 사람을 가입시키는 행위만으로도 수입이 발생된다.

13. 사업장의 주소, 전화번호 등을 고의로 자주 변경한다.

14. 상품이 개재되어 있지 않은 금전배당 조직으로 다단계 판매와 유사하게 순차적·단계적으로 가입을 유도한다.

하위 디스트리뷰터의 모집 및 후원

모든 디스트리뷰터는 하위 디스트리뷰터의 모집 및 후원에 대해 어떠한 강제적 의무도 지지 않습니다.

1. 모든 디스트리뷰터는 그 자격의 유지를 위하여 하위 디스트리뷰터를 모집할 의무를 지지 않습니다.

2. 모든 디스트리뷰터는 하위 디스트리뷰터 모집을 조건으로 상품을 구매할 권리에 제한을 받지 않습니다.

3. 모든 디스트리뷰터는 정당하게 받아야 할 각종 수당지급을 빌미로 해서 하위 디스트리뷰터를 모집할 의무를 지지 않습니다.

디스트리뷰터의 탈퇴

모든 디스트리뷰터는 자유로운 탈퇴의 권한을 지니고 있으며, 회사 또는 후원자는 디스트리뷰터의 탈퇴에 대해 어떠한 조건의 부과나 불이익을 부과할 수 없습니다.

1. 디스트리뷰터의 탈퇴의사 표명
   모든 디스트리뷰터는 회사에 비치된 디스트리뷰터 탈퇴서를 제출하거나 기타 서면으로 탈퇴의사를 회사에 통보한 후 언제든지 탈퇴하실 수 있습니다.
2. 디스트리뷰터 탈퇴에 대한 조건의 부과 금지
   회사 혹은 후원자는 디스트리뷰터의 탈퇴의사에 대해 저지하거나, 어떠한 조건을 부과하거나, 법정 재고반품 규정 이외에 탈퇴에 따르는 어떠한 불이익도 부과할 수 없습니다.

상품 또는 용역의 반환

회사로부터 디스트리뷰터가 제공받은 모든 상품 또는 용역은 소정의 반품절차에 의해 반품하실 수 있습니다.

1. 불량상품의 반품 및 교환
   회사로부터 디스트리뷰터가 구입한 상품의 상태가 손상되어 있거나 완전치 못한 불량상품일 경우, 회사에서 반품 또는 교환하실 수 있습니다. 이 경우, 반품 또는 교환으로 인해 어떠한 불이익도 감수하지 않습니다.

2. 디스트리뷰터의 재고 반품

디스트리뷰터가 반품시 상품의 하자가 없는 경우, 또는 디스트리뷰터 탈퇴자가 하는 반품은 디스트리뷰터의 재고반품으로 분류되며, 이 경우에는 방문판매 등에 관한 법률 제32조 제1항 제5호 및 동법 시행령 제23조에서 정하는 아래의 별표규정에 의해 법정비용 공제 후 반품해 드립니다. 단 이 경우 회사는 이미 지급된 후원수당을 추가 공제할 수 있으며, 유효기간이 지났거나 파손된 상품 등은 이에 해당되지 않습니다.

[별표규정]

비용공제 수준(법 제23조 관련)

상품 또는 용역의 반환 기준	비용공제율
다단계판매원이 판매하지 못한 상품 또는 제공하지 못한 용역을 반환하는 시점이 상품을 공급받거나 용역을 제공받은 날로부터	상품 또는 대가의
3개월 이내인 경우	0%
3개월 초과 6개월 이내인 경우	10%
6개월 초과 1년 이내인 경우	30%
1년을 초과하는 경우	50%

다만, 법 제46조 제1항의 규정에 의하여 다단계 판매업자의 등록이 취소된 경우 다단계 판매원이 판매하지 못한 상품, 또는 제공하지 못한 용역을 반환하는 경우에는 위의 공제비율의 2분의 1에 해당하는 비율을 적용한다.

반드시 지켜야 할 사항

※ 모든 디스트리뷰터는 다음의 금지사항을 행할시 법에 따라 처벌을 받게 됩니다.

1. 다단계 판매원이 되려는 자 또는 다단계 판매원에게 가입비, 시용상품, 보증금, 판매보조 물품, 개인할당 판매액, 교육비 등 그 명칭 및 형태 여하를 불문하고 부담을 지게 하는 행위.
2. 다단계 판매원에게 일정 수의 하위 판매원을 모집 또는 후원하도록 의무를 지게 하는 행위.
3. 판매하지 못한 상품 또는 제공하지 못한 용역을 반환함에 있어 기한을 두거나 일정 수준 이상의 비용을 공제하는 행위.
4. 다단계 판매원 수첩에 기재된 내용과 달리 허위정보를 제공하는 행위.
5. 상품 또는 용역을 강매하거나 상위 판매원이 하위 판매원에게 상품을 판매하거나 용역을 제공하는 행위.
6. 상품의 판매 또는 용역을 알선하는 행위.
7. 하위 판매원의 모집 자체에 대해 경제적 이익을 지급하거나 후원수당 이외의 경제적 이익을 지급하는 행위.
8. 다단계 판매원을 다단계 판매업자에게 고용된 직원으로 오인할 수 있는 직책명칭을 사용하는 행위.
9. 상품 또는 용역의 거래 없이 금전거래만 하거나 상품 또는 용역의 거래를 가장하여 사실상 금전거래를 하는 행위.
10. 다단계 판매원 또는 가입자에게 상품의 판매 또는 용역의 제공을 위탁하거나 알선하게 하는 행위.
11. 판매원 자격을 양도·양수하는 행위.

부칙

이 고시는 고시한 날부터 시행한다.

[다단계 판매ㆍ방문ㆍ통신판매 관련 피해상담처]

한국소비자보호원			(02)	3460-3000
산업자원부(유통산업과)			(02)	503-9456~7
한국방문판매업협회			(02)	733-8647
시ㆍ도	서울특별시	[소비자보호과]	(02)	3707-9337
	부산광역시	[지역경제과]	(051)	888-3041
	대구광역시	[경제분석과]	(053)	429-3227
	인천광역시	[경제정책과]	(032)	440-2924
	광주광역시	[경제정책과]	(062)	224-9898
	대전광역시	[경제정책과]	(042)	250-3212
	울산광역시	[지역경제과]	(052)	228-2068
	경기도	[경제총괄과]	(0331)	251-9887~8
	강원도	[경제진흥과]	(0361)	53-9898
	충청 북도	[경제과]	(0431)	220-3221
	충청 남도	[경제과]	(042)	220-3212
	전라 북도	[경제행정과]	(0652)	80-3213
	전라 남도	[지역경제과]	(062)	234-9898
	경상 북도	[지역경제과]	(053)	950-3213
	경상 남도	[지역경제과]	(0551)	79-3213
	제주도	[지역경제과]	(064)	40-1172

※ 기타 각 지역 소비자단체에서도 민원을 상담하고 있습니다.

2. 방문판매 등에 관한 법률

제1장	총칙	1조 ~ 3조
제2장	방문판매	4조 ~ 16조
제3장	통신판매	17조 ~ 27조
제4장	다단계 판매	28조 ~ 48조
제5장	보칙	49조 ~ 57조
제6장	벌칙	58조 ~ 64조
부칙		

1995年 12月 29日

全改法律制 5086號

改正

1997. 8. 28　法5374號(興信專門金融業法)

1997. 12. 13　法5374號(興信專門金融業法)

1997. 2. 5　法5771號

1999. 5 .24　法5882號(開祖)

제1장　총 칙

제1조【목적】 이 법은 방문판매 · 통신판매 · 다단계 판매에 의한 상품의
판매 및 용역의 제공에 관한 거래를 공정하게 하여 소비자의 이익을 보호
하고 상품의 유통 및 용역의 제공을 원활히 함으로써 국민경제의 건전한
발전에 이바지함을 목적으로 한다.

제2조【정의】 이 법에서 사용하는 용어의 정의는 다음과 같다.

1. "방문판매"라 함은 상품의 판매업자(이하 "판매업자"라 한다) 또는 용
   역(일정한 시설을 이용하거나 용역의 제공을 받을 수 있는 권리를 포함
   한다. 이하 같다)을 유상으로 제공하는 것을 업으로 하는 자(이하 "사업
   장"이라 한다) 외의 장소에서 소비자에게 권유하여 계약의 청약을 받
   거나 계약을 체결(사업장 외의 장소에서 권유 등 총리령이 정하는 방법
   에 의하여 소비자를 유인하여 사업장에서 계약의 청약을 받거나 계약

을 체결하는 경우를 포함한다)하여 상품을 판매하거나 용역을 제공하
는 것을 말한다.

2. "방문판매업자"라 함은 방문판매를 업으로 하기 위하여 방문판매 조직
을 개설·관리·운영하는 자를 말한다.

3. "방문판매 조직"이라 함은 방문판매업자와 방문판매원으로 구성된 판
매조직을 말한다.

4. "방문판매원"이라 함은 방문판매업자를 대신하여 방문판매 업무를 수
행하는 자를 말한다.

5. "방문판매자"라 함은 방문판매업자와 방문판매원을 말한다.

6. "통신판매"라 함은 판매업자 또는 용역업자가 광고물·우편·전기통
신·신문·잡지·방송 등의 매체를 이용하여 상품 또는 용역에 관하
여 광고를 하고 우편·전기통신, 기타 총리령이 정하는 방법에 의하여
소비자의 청약을 받아 상품을 판매하거나 용역을 제공하는 것을 말한
다.

7. "통신판매업자"라 함은 통신판매를 업으로 하는 자 또는 통신판매를
업으로 하는 자와의 약정에 따라 통신판매 업무를 수행하는 자를 말한
다.

8. "다단계 판매"라 함은 판매업자 또는 용역업자가 특정인에게 다음 각
목의 활동을 하면 일정한 이익을 얻을 수 있다고 권유하여 판매원의
가입이 순차적·단계적(가입한 판매원의 단계가 2단계 이상인 경우를
말한다)으로 이루어진 다단계 판매조직을 통하여 행하여지는 상품의
판매 또는 용역의 제공을 말한다.

가. 당해 판매업자 또는 용역업자가 공급하는 상품을 제공하거나 용역을
제공받아 이를 소비자들에게 판매 또는 제공할 것

나. 가목의 규정에 의한 소비자들의 전부 또는 일부를 당해 특정인의 하
위 판매원으로 가입하도록 하여 그 하위 판매원이 당해 특정인과 같

은 활동을 하도록 할 것

9. "일정한 이익"이라 함은 다단계 판매에 있어서 다단계 판매원이 소비
   자에게 상품을 판매하거나 용역을 제공하여 얻은 소매이익과 다단계
   판매업자가 그 다단계 판매원에게 지급하는 후원수당을 말한다.

10. "후원수당"이라 함은 다단계 판매에 있어서 어떤 다단계 판매원에게
    속하는 하위 판매원들에 대한 상품의 판매 또는 용역의 제공과 관련
    된 조직관리 및 교육훈련을 위하여 그 다단계 판매원에게 지급되는
    경제적 이익을 말한다.

11. "다단계 판매업자"라 함은 다단계 판매를 업으로 하기 위하여 다단계
    판매조직을 개설 · 관리 · 운영하는 자를 말한다.

12. "다단계 판매조직"이라 함은 다단계 판매업자와 순차적 · 단계적으로
    가입한 다단계 판매원으로 구성된 판매조직을 말한다.

13. "다단계 판매원"이라 함은 다단계 판매조직에 판매원으로 가입한 자
    를 말한다.

14. "다단계 판매자"라 함은 다단계 판매업자와 다단계 판매원을 말한다.

제3조【적용 제외】

① 이 법은 상품 또는 용역의 성질상 이 법을 적용하는 것이 적당하지 아
   니한 상품 또는 용역으로서 대통령령이 정하는 것에 대하여는 이를 적
   용하지 아니한다.

② 상품을 구매하는 자 또는 용역을 제공받는 자가 상행위를 목적으로 방
   문판매자 또는 통신판매업자와 상품의 매매 또는 용역의 제공에 관한
   계약을 체결하는 경우에는 제2장 또는 제3장의 규정을 적용하지 아니
   한다.

제2장 방문판매

제4조【방문판매업자의 신고】

① 방문판매업을 하고자 하는 자는 특별시장·광역시장 또는 도지사(이
하 "시·도지사"라 한다)에게 신고하여야 한다. 다만 대통령령이 정하
는 소규모 방문판매업자의 경우에는 그러하지 아니한다.

② 제1항의 규정에 의한 신고를 하고자 하는 자는 상호·주소·전화번호
(법인인 경우에는 대표자의 성명·주민등록번호·주소를 포함한다)
등을 기재한 신고서를 시·도지사에게 제출하여야 한다.

③ 방문판매업자는 제2항의 규정에 의하여 신고한 사항 중 총리령이 정
하는 사항을 변경한 때에는 총리령이 정하는 바에 따라 시·도지사에
게 신고하여야 한다.

제5조【방문판매법】 방문판매원 조직에 있어서의 방문판매원은 자신의
상위에 다른 방문판매원이 없거나 자신의 상위에 자신을 모집한 방문판
매원 1인만 있고 그 상위에는 다른 방문판매원이 없어야 한다.

제6조【사업장의 관리·운영의 위탁】

① 방문판매업자는 그가 개설한 사업장(주된 사업장을 제외한다)으로서
총리령이 정하는 기준에 해당하는 사업장의 관리·운영을 1년 이상의
기간을 위탁기간으로 하여 그가 고용한 종업원이 아닌 자에게 위탁할
수 있다.

② 제1항의 규정에 의하여 사업장의 관리·운영을 위탁받을 수 있는 인원
은 총리령이 정하는 범위 내이어야 한다.

제7조【방문판매에 있어서의 성명 등의 명시】 방문판매자가 상품을 판매

하거나 용역을 제공하는 경우에는 소비자에게 자신의 성명 또는 명칭과 판매하는 상품의 종류 또는 제공하는 용역의 내용을 미리 밝혀야 한다.

제8조【계약체결 전의 고지의무】 방문판매자가 상품의 판매 또는 용역의 제공에 관한 계약을 체결함에 있어서는 소비자가 계약의 내용을 알 수 있도록 총리령이 정하는 바에 따라 다음 각호의 사항을 소비자에게 서면으로 고지하여야 한다.
1. 방문판매업자의 성명(법인인 경우에는 대표자의 성명을 말한다)·상호·주소·전화번호
2. 방문판매원의 성명·주민등록번호·주소·전화번호(방문판매업자가 소비자와 직접 계약을 체결하는 경우는 제외한다)
3. 상품의 종류 또는 용역의 내용
4. 상품의 판매가격 또는 용역의 대가
5. 상품대금 또는 용역대가의 지급시기 및 방법
6. 상품의 인도시기 또는 용역의 제공시기
7. 제10조의 규정에 의한 청약의 철회와 그 행사방법 및 효과에 관한 사항
8. 기타 방문판매 조건에 관하여 대통령령이 정하는 사항

제9조【계약서의 작성·교부 등】 방문판매업자가 상품의 판매 또는 용역의 제공에 관한 계약을 체결하는 경우에는 제8조 각호의 사항을 기재한 계약서 2통을 작성해 1통은 지체없이 소비자에게 교부하고 나머지 1통은 방문판매업자가 계약체결일로부터 6개월 이상 보관하여야 한다.

제10조【청약의 철회】
① 방문판매자와 상품의 구매 또는 용역의 제공에 관한 계약을 체결한 소비자는 다음 각호의 기간 내에 서면으로 당해 계약에 관한 청약을 철

회할 수 있다.

1. 계약을 체결한 날부터 10일 이내

2. 계약을 체결한 때보다 상품의 인도 또는 용역의 제공이 늦게 이루어진 경우에는 상품을 인도받거나 용역을 제공받은 날부터 10일 이내

3. 제8조의 규정에 의한 서면을 교부받지 아니하였거나 주소 등이 기재 되지 아니한 제8조의 규정에 의한 서면을 교부받은 경우 또는 방문판 매자의 주소변경 등의 사유로 제1호 또는 제2호의 기간 내에 청약의 철회를 할 수 없는 경우에는 그 주소를 안 날 또는 알 수 있었던 날부터 10일 이내

② 소비자는 다음 각호의 1에 해당하는 경우에는 제1항의 규정에 의한 청 약의 철회를 할 수 없다.

1. 소비자에게 책임 있는 사유로 상품이 멸실 또는 훼손된 경우

2. 사용 또는 일부 소비에 의하여 가치가 현저히 감소될 우려가 있는 상 품으로서 대통령령이 정하는 상품을 사용 또는 소비한 경우

3. 기타 거래의 안전을 위하여 대통령령이 정하는 경우

③ 제1항의 규정에 의한 청약의 철회는 서면을 발송한 날에 그 효력이 발 생한다.

④ 제1항의 경우 계약이 체결된 사실 및 그 시기, 상품의 인도사실 및 그 시기에 관하여 다툼이 있는 경우에는 방문판매자가 이를 입증하여야 한다.

제11조【철회권 행사의 효과】

① 소비자는 제10조 제1항의 규정에 의하여 계약에 관한 청약을 철회한 경우에는 이미 인도받은 상품 또는 제공받은 용역을 반환하여야 하며, 방문판매자는 이미 지급받은 상품의 대금 또는 용역의 대가를 상품 또 는 용역을 반환받은 날의 다음 영업일 이내에 환불하여야 한다.

② 제1항의 경우 소비자가 여신전문금융업법 제2법 제3호의 규정에 의한 신용카드로 상품의 대금 또는 용역의 대가를 지급한 때에는 방문판매업자는 즉시 당해 신용카드업자에게 상품대금 또는 용역대가의 청구를 정지 또는 취소할 것을 요청하여야 한다.

③ 제2항의 경우 방문판매업자가 신용카드업자로부터 당해 상품대금 또는 는 용역대가를 이미 지급받은 때에는 즉시 이를 신용카드업자에게 반환하여야 한다.

④ 제1항의 경우 방문판매자는 이미 용역(일정한 시설을 이용하거나 용역의 제공을 받을 수 있는 권리를 제외한다)이 제공된 경우에는 이미 제공된 용역과 동일한 내용의 용역의 반환이나 그 용역의 대가 또는 그 용역에 의하여 얻어진 이익에 상당하는 금액의 지급을 청구할 수 없다.

⑤ 제1항의 경우 인도받은 상품 또는 제공받은 용역의 반환에 필요한 비용은 방문판매자가 이를 부담하며 방문판매자는 소비자에게 위약금 또는 손해배상을 청구할 수 없다.

⑥ 제1항의 경우 소비자는 용역의 제공과 관련하여 자기의 토지 또는 건물 기타 공작물의 형태가 변경된 때에는 당해 방문판매자에게 무상으로 원상회복을 하여 줄 것을 청구할 수 있다.

제12조【손해배상 청구금액의 제한】방문판매자가 상품의 판매 또는 용역의 제공에 관한 계약이 해제된 경우(제10조 제1항의 규정에 의하여 청약이 철회된 경우를 제외한다) 소비자에게 청구하는 손해배상액은 다음 각 호의 1에서 정한 금액과 그 금액에 대통령령이 정한 율을 곱하여 산정한 지연손해금의 합계액을 초과하지 못한다.

1. 인도받은 상품 또는 제공받은 용역이 반환된 경우에는 그 상품의 통상 사용료액 또는 그 용역의 사용에 의하여 통상 사용료액 또는 그 용역의

사용에 의하여 통상 얻어지는 이익에 상당하는 금액. 다만 그 상품의 판매가격 또는 용역의 대가에서 그 상품 또는 용역이 반환된 당시의 가액을 공제한 금액이 그 상품의 통상 사용료액 또는 용역의 사용에 의하여 통상 얻어지는 이익에 상당하는 금액을 초과하는 경우에는 그 상품의 판매가격 또는 용역의 대가에서 그 상품 또는 용역이 반환된 당시의 가액을 공제한 금액으로 한다.

2. 인도받은 상품 또는 제공받은 용역이 반환되지 아니한 경우에는 그 상품의 판매가격 또는 용역의 대가에 상당하는 금액. 다만, 용역의 제공이 개시된 후 그 제공이 완료되기 전인 경우에는 이미 제공된 용역의 대가에 상당하는 금액으로 한다.

3. 상품이 인도되기 전이거나 용역이 제공되기 전인 경우에는 계약체결 및 그 이행을 위하여 통상 필요한 비용에 해당하는 금액.

제13조【방문판매업자의 휴·폐업의 신고 등】제4조 제1항의 규정에 의하여 신고한 방문판매업자는 그 영업을 휴지 또는 폐지하고자 하거나 휴업 후 영업을 재개하는 경우에는 그 내용을 미리 시·도지사에게 신고하여야 한다.

제14조【금지행위】방문판매자는 다음 각호의 행위를 하여서는 아니된다.

1. 상품의 판매 또는 용역의 제공에 관한 계약의 체결을 강요하거나 청약의 철회 또는 계약의 해제를 방해할 목적으로 소비자에게 위력을 가하는 행위

2. 소비자에게 제8조 각호의 사항에 관하여 허위사실을 알리거나 소비자를 오인시켜 계약을 체결하게 하거나 청약의 철회 또는 계약의 해제를 방해하는 행위

3. 방문판매원이 되고자 하는 자 또는 방문판매원에게 가입비·판매보조

물품 · 개인할당 판매액 · 교육비 등 그 명칭 및 형태 여하를 불문하고 부담을 지게 하는 행위

4. 방문판매원에게 일정수의 하위 판매원을 모집하도록 의무를 지게 하는 행위

5. 청약의 철회를 방해할 목적으로 주소 · 전화번호 등을 변경하는 행위

제15조【영업의 정지】

① 시 · 도지사는 방문판매업자가 다음 각호의 1에 해당하는 경우에는 1년 이내의 기간을 정하여 그 영업의 전부 또는 일부의 정지를 명할 수 있다.

1. 제4조 제3항의 규정에 의한 변경신고를 하지 아니하거나 허위로 신고한 경우

2. 제5조의 규정에 의한 방문판매원 외의 자를 방문판매원으로 활동하게 한 경우

3. 제6조 제1항 또는 제2항의 규정에 위반하여 사업장의 관리 · 운영을 위탁한 경우

4. 제7조의 규정에 위반하여 성명 등의 명시를 하지 아니한 경우 또는 제8조의 규정에 위반하여 서면을 교부하지 아니하거나 허위의 서면을 교부한 경우

5. 제11조 제1항의 규정에 위반하여 상품 또는 용역의 반환을 거절하거나 상품대금 또는 용역대가의 환불을 하지 아니한 경우

6. 제13조의 규정에 의한 영업의 휴지 또는 재개신고를 하지 아니하고 휴업을 하거나 영업을 재개한 경우

7. 제14조의 규정에 의한 금지행위를 한 경우

② 제1항의 규정에 의한 영업정지의 처분에 관한 기준은 대통령령으로 정한다.

제16조【휴업 등의 경우의 업무처리】방문판매업자는 그 휴업기간 또는
영업정기 기간 중에도 제11조 제1항 내지 제3항의 규정에 의한 업무를 계
속하여야 한다.

제3장   통신판매

제17조【통신판매업자의 신고】
① 통신판매업을 하고자 하는 자는 시 · 도지사에게 신고하여야 한다.
② 제1항의 규정에 의한 신고를 하고자 하는 자는 상호 · 주소 · 전화번호
   (법인인 경우에는 대표자의 성명 · 주민등록번호 · 주소를 포함한다)
   등을 기재한 신고서를 시 · 도지사에게 제출하여야 한다.
③ 통신판매업자는 제2항의 규정에 의하여 신고한 사업 중 총리령이 정
   하는 사항을 변경한 때에는 총리령이 정하는 바에 따라 시 · 도지사에
   게 신고하여야 한다.

제18조【통신판매에 관한 광고】
① 통신판매업자가 상품의 판매 또는 용역의 제공에 관하여 광고를 할 때
   에는 총리령이 정하는 바에 따라 다음 각호의 사항을 표시해야 한다.
1. 통신판매업자의 상호 · 주소 · 전화번호
2. 상품의 종류 또는 용역의 내용
3. 상품의 판매가격 또는 용역의 대가
4. 상품대금 또는 용역대가의 지급시기 및 방법
5. 상품의 인도시기 또는 용역의 제공시기
6. 기타 통신판매 조건에 관하여 대통령령이 정하는 사항
② 통신판매업자가 제1항의 규정에 의하여 광고를 할 때에는 허위사실을

표시하거나 실제의 것보다 현저히 우량하거나 유리한 것으로 오인시킬 수 있는 표시를 하여서는 아니된다.

③ 특정한 분야의 회원을 모집하여 그 회원들에 대하여 통신판매를 하는 경우 그 회원모집에 관한 광고는 통신판매에 관한 광고로 본다.

제19조【선불식 통신판매에 있어서의 상품인도 등】

① 통신판매업자가 소비자의 청약을 받고 상품을 인도하거나 용역을 제공하기 전에 이미 상품대금 또는 용역대가의 전부 또는 일부를 받은 경우(이하 "선불식 통신판매"라 한다)에는 상품대금 또는 용역대가를 받은 날부터 3일 이내에 상품의 인도 또는 용역의 제공을 위하여 필요한 조치를 취하여야 한다. 다만, 통신판매업자와 소비자간에 상품의 인도시기 또는 용역의 제공시기에 관하여 별도의 약정이 있는 경우에는 그러하지 아니한다.

② 선불식 통신판매에 있어서 통신판매업자가 상품의 품절 등의 사유로 상품의 인도 또는 용역의 제공을 할 수 없을 때에는 상품대금 또는 용역의 제공을 받은 날부터 3일 이내에 상품대금 또는 용역대가의 환불을 위해 필요한 조치를 취하고 그 사유를 청약자에게 통지해야 한다.

제20조【상품인도서 등의 송부 등】

① 통신판매업자가 소비자의 청약에 따라 상품을 인도하거나 용역을 제공하는 경우에는 상품인도서 또는 용역제공서를 상품 또는 용역과 함께 송부하여야 한다.

② 제1항의 규정에 의한 상품인도서 또는 용역제공서에는 다음 각호의 사항이 포함되어야 한다.

1. 제21조의 규정에 의한 청약의 철회와 그 행사방법 및 효과에 관한 사항 (제21조의 규정에 의하여 소비자가 청약의 철회권을 행사함에 필요한

서식을 포함한다)

2. 상품의 품질보증 및 사후관리에 관한 사항

3. 분쟁이 발생할 경우 분쟁처리에 관한 사항

③ 선불식 통신판매 외의 통신판매에 있어서 소비자의 청약에 대하여 통신판매업자가 상품의 인도 또는 용역의 제공을 하지 못할 경우에는 총리령이 정하는 바에 따라 그 사실과 사유를 청약자에게 통지해야 한다.

제21조【청약의 철회】

① 통신판매업자로부터 상품을 인도받거나 용역을 제공받은 소비자는 다음 각호의 경우에는 상품을 인도받거나 용역을 제공받은 날부터 7일 이내(통신판매업자의 주소가 변경되는 등의 사유로 이 기간 내에 청약의 철회를 할 수 없는 경우에는 그 주소를 안 날 또는 알 수 있었던 날부터 7일 이내)에 당해 계약에 관한 청약을 철회할 수 있다.

1. 소비자에게 인도될 당시 당해 상품이 훼손된 경우

2. 통신판매에 관한 광고의 내용과 다른 상품이 인도되거나 용역이 제공된 경우

3. 상품의 인도 또는 용역의 제공이 통신판매에 관한 광고에 표시된 상품의 인도시기 또는 용역의 제공시기보다 늦어진 경우

4. 통신판매업자가 제18조 제1항의 규정에 의하여 광고에 표시하여야 할 사항을 표시하지 아니한 상태에서 소비자의 청약이 이루어진 경우

5. 기타 소비자 보호를 위하여 대통령령이 정하는 경우

② 제1항 제1호의 규정에 불구하고 소비자의 책임 있는 사유로 상품이 훼손된 경우에는 소비자는 청약의 철회를 할 수 없다.

③ 제1항의 규정에 의한 청약의 철회는 제20조 제2항 제1호의 규정에 의한 서식을 발송한 날에 그 효력이 발생한다.

④ 제1항의 적용과 관련하여 상품이 훼손에 대하여 소비자의 책임이 있는

지의 여부, 인도된 상품 또는 제공된 용역이 광고의 내용과 동일한 상
품 또는 용역인지의 여부, 상품의 인도사실 및 그 시기 또는 용역의 제
공사실 및 그 시기, 광고에 표시하여야 할 사항을 표시하였는지의 여
부에 관하여 다툼이 있는 경우에는 통신판매업자가 이를 입증하여야
한다.

제22조【철회권 행사의 효과】

① 소비자는 제21조 제1항의 규정에 의하여 청약을 철회한 경우에는 이미
인도받은 상품 또는 제공받은 용역을 반환하여야 하며, 통신판매업자
는 이미 지급받은 상품의 대금 또는 용역의 대가를 상품 또는 용역을
반환받은 날의 다음 영업일 이내에 환불(환불하기 위한 송금을 포함한
다)하여야 한다.

② 제1항의 경우 소비자가 신용카드업법 제2조 제1호의 규정에 의한 신용
카드로 상품의 대금 또는 용역의 대가를 지급한 때에는 통신판매업자
는 즉시 당해 신용카드업자에게 상품대금 또는 용역대가의 청구를 정
지 또는 취소할 것을 요청하여야 한다.

③ 제2항의 경우 통신판매업자가 신용카드업자로부터 당해 상품대금 또
는 용역대가를 이미 지급받은 때에는 즉시 이를 신용카드업자에게 반
환하여야 한다.

④ 제1항의 경우 통신판매업자는 이미 용역(일정한 시설을 이용하거나 용
역의 제공을 받을 수 있는 권리를 제외한다)이 제공된 경우에는 이미
제공된 용역과 동일한 내용의 용역에 의하여 얻어진 이익에 상당하는
금액의 지급을 청구할 수 없다.

⑤ 제1항의 경우 인도받은 상품 또는 제공받은 용역의 반환에 필요한 비
용은 통신판매업자가 이를 부담하며 통신판매업자는 소비자에게 위약
금 또는 손해배상을 청구할 수 없다.

⑥ 제1항의 경우 소비자는 용역의 제공과 관련하여 자기의 토지 또는 건물 기타 공작물의 형태가 변경된 때에는 당해 통신판매업자에게 무상으로 원상회복을 하여 줄 것을 청구할 수 있다.

제23조【손해배상 청구금액의 제한】통신판매업자가 상품의 판매 또는 용역의 제공에 관한 계약이 해제된 경우(제21조 제1항의 규정에 의하여 청약이 철회된 경우를 제외한다) 소비자에게 청구하는 손해배상액은 다음 각호의 1에서 정한 금액과 그 금액에 대통령령이 정한 율을 곱하여 산정한 지연손해금의 합계액을 초과하지 못한다.

1. 인도받은 상품 또는 제공받은 용역이 반환된 경우에는 그 상품의 통상 사용료액 또는 그 용역의 사용에 의하여 통상 얻어지는 이익에 상당하는 금액. 다만, 그 상품의 판매가격 또는 용역의 대가에서 그 상품 또는 용역이 반환된 당시의 가액을 공제한 금액이 그 상품의 통상 사용료액 또는 용역의 사용에 의하여 통상 얻어지는 이익에 상당하는 금액을 초과하는 경우에는 그 상품의 판매가격 또는 용역의 대가에서 그 상품 또는 용역이 반환된 당시의 가액을 공제한 금액으로 한다.

2. 인도받은 상품 또는 제공받은 용역이 반환되지 아니한 경우에는 그 상품의 판매가격 또는 용역의 대가에 상당하는 금액. 다만, 용역의 제공이 개시된 후 그 제공이 완료되기 전인 경우에는 이미 제공된 용역의 대가에 상당하는 금액으로 한다.

제24조【통신판매업자의 휴·폐업의 신고 등】통신판매업자는 그 영업을 휴지 또는 폐지하고자 하거나 휴업 후 영업을 재개하는 경우에는 그 내용을 미리 시·도지사에게 신고하여야 한다.

제25조【금지행위】통신판매업자는 다음 각호의 행위를 해서는 안 된다.

1. 소비자의 청약이 없는데도 일방적으로 상품을 인도하거나 용역을 제
   공하고 상품의 대금 또는 용역의 대가를 청구하는 행위
2. 소비자가 상품을 구매하거나 용역을 제공받을 의사가 없음을 밝혔음
   에도 불구하고 소비자의 정상적인 생활을 저해할 정도로 전화·팩시
   밀리·PC통신 등의 방법으로 상품을 구매하거나 용역을 제공받도록
   강요하는 행위
3. 소비자에 관한 정보를 제3자에게 제공하는 행위(통신판매업자가 상품
   또는 용역의 배달을 의뢰하는 자에게 배달에 필요한 정보를 제공하는
   행위를 제외)
4. 청약의 철회를 방해할 목적으로 주소·전화번호 등을 변경하는 행위

제26조【영업의 정지】

① 시·도지사는 통신판매업자가 다음 각호의 1에 해당하는 경우에는 1
   년 이내의 기간을 정하여 그 영업의 전부 또는 일부의 정지를 명할 수
   있다.
1. 제17조 제3항의 규정에 의한 변경신고를 하지 아니하거나 허위로 신고
   한 경우
2. 제18조 제1항에 또는 제2항의 규정에 위반하여 광고를 한 경우
3. 제19조의 규정에 위반한 경우
4. 제20조 제1항 내지 제3항의 규정에 위반한 경우
5. 제22조 제1항의 규정에 위반하여 상품 또는 용역의 반환을 거절하거
   나 상품대금 또는 용역대가의 환불을 거절하거나 상품대금 또는 용역
   대가의 환불을 하지 아니하는 경우
6. 제24조의 규정에 의한 영업의 휴지 또는 재개 신고를 하지 아니하고
   휴업을 하거나 영업을 재개한 경우
7. 제25조의 규정에 의한 금지행위를 한 경우

② 제1항의 규정에 의한 영업정지의 처분에 관한 기준은 대통령령으로 정
한다.

제27조【휴업 등의 경우의 업무처리】통신판매업자는 그 휴업기간 또는
영업정지 기간 중에도 제22조 제1항 내지 제3항의 규정에 의한 업무를
계속하여야 한다.

제4장 다단계 판매

제28조【다단계 판매업자의 등록】
① 다단계 판매업을 하고자 하는 자는 시·도지사에게 등록하여야 한다.
② 제1항의 규정에 의한 등록을 하고자 하는 자는 다음 각호의 요건을 갖
추어야 한다.
1. 상법상 주식회사일 것
2. 자본금이 대통령령이 정하는 금액 이상일 것
3. 다단계 판매조직의 관리·운영에 필요한 시설 등 대통령령이 정하는
요건을 갖출 것
③ 제1항의 규정에 의한 등록을 하고자 하는 자는 다음 각호의 서류를 갖
추어 시·도지사에게 제출하여야 한다.
1. 상호 및 주소, 대표자의 성명·주민등록번호 및 주소 등을 기재한 신청
서
2. 제2항의 각호의 요건을 갖추었음을 증명하는 서류
3. 후원수당의 산정 및 지급기준에 관한 서류
4. 기타 총리령이 정하는 서류
④ 다단계 판매업자는 제1항 내지 제3항의 규정에 의하여 등록한 사항 중

총리령이 정하는 사항을 변경한 때에는 총리령이 정하는 바에 따라서 시·도지사에게 신고하여야 한다.

제29조【결격사유】 다음 각호의 1에 해당하는 자는 제28조의 규정에 의한 등록을 할 수 없다.

1. 임원 중 다음 각목의 1에 해당하는 자가 있는 법인

가. 금치산자·한정치산자 또는 미성년자

나. 파선선고를 받고 복권되지 아니한 자

다. 이 법에 위반하여 징역형의 선고를 받고 그 집행이 종료되거나 집행을 받지 아니하기로 확정된 후 5년이 경과되지 아니한 자

라. 이 법에 위반하여 형의 집행유예의 선고를 받고 그 유예기간 중에 있는 자

2. 제46조의 규정에 의하여 등록이 취소된 후 5년이 경과되지 아니한 법인

3. 임원 중 제46조의 규정에 의하여 등록이 취소된 법인이 취소 당시의 임원이었던 자(그 취소된 날부터 5년이 경과되지 아니한 자에 한한다)가 있는 법인

제30조【다단계 판매원】

① 다단계 판매조직에 다단계 판매원으로 가입하고자 하는 자는 그 조직을 관리·운영하는 다단계 판매업자에게 총리령이 정하는 바에 따라 등록하여야 한다.

② 법인은 다단계 판매원으로 등록할 수 없으며, 다단계 판매업자에게 고용된 자는 당해 다단계 판매업자가 관리·운영하는 다단계 판매조직의 다단계 판매원이 될 수 없다.

③ 다단계 판매업자는 그가 관리·운영하는 다단계 판매조직에 가입한

다단계 판매원에게 총리령이 정하는 바에 따라 다단계 판매원 등록증을 교부하여야 한다.

④ 다단계 판매업자는 총리령이 정하는 바에 따라 다단계 판매원 등록부를 주된 사업장에 비치하여야 하며, 시·도지사의 열람요구가 있을 때에는 언제든지 이에 응하여야 한다.

⑤ 다단계 판매업자는 제1항의 규정에 의하여 등록한 다단계 판매원에게 다음 각호의 사항을 기재한 다단계 판매원 수첩을 교부하여야 한다.

1. 후원수당의 산정 및 지급기준

2. 하위판매원의 모집 및 후원에 관한 사항

3. 상품 또는 용역의 반환 및 다단계 판매원의 탈퇴에 관한 사항

4. 다단계 판매원이 지켜야 할 사항

5. 기타 총리령이 정하는 사항

⑥ 다음 각호에 해당하는 자는 다단계 판매원이 될 수 없다.

1. 미성년자, 금치산자, 한정치산자

2. 파산신고를 받고 복권되지 아니한 자

3. 국가공무원, 지방공무원, 기타 법률에 의하여 업무를 행함에 있어서 공무원으로 의제되는 자

4. 교육공무원법 또는 사립학교법이 정하는 교원

5. 금융기관의 임직원

6. 문화관광부에 등록된 종교단체에서 인정하는 성직자

제31조【다단계 판매상품 등에 관한 가격제한】

① 다단계 판매자가 거래의 상대방(다단계 판매업자가 다단계 판매원 또는 소비자와 계약을 체결하고자 하는 때에는 다단계 판매원 또는 소비자를, 다단계 판매원이 소비자와 계약을 체결하고자 하는 때에는 소비자를 말한다. 이하 같다)에게 판매하는 개별상품 또는 제공하는 용역

의 가격은 대통령령이 정하는 금액 이하여야 한다.

제31조의 2【다단계 판매상품의 제한】 상품 또는 용역의 성질상 다단계 판매로 판매 또는 제공하는 것이 적절하지 아니한 대통령령이 정하는 상품 또는 용역은 다단계 판매로 취급할 수 없다.

제32조【다단계 판매에 관한 광고】〈삭제〉

제33조【계약체결시의 계약내용에 관한 서면의 교부】
① 다단계 판매자가 상품의 판매 또는 용역의 제공에 관한 계약을 체결함에 있어서는 거래의 상대방이 계약의 내용을 이해할 수 있도록 산업자원부령이 정하는 바에 따라 다음 각호의 사항을 기재한 서면을 상대방에게 지체없이 교부하여야 한다.
1. 다단계 판매업자의 상호·주소·전화번호·대표자의 성명
2. 다단계 판매원의 성명·주민등록번호·주소·전화번호
3. 상품의 종류 또는 용역의 내용
4. 상품의 판매가격 또는 용역의 대가
5. 상품대금 또는 용역대가의 지급시기 및 방법
6. 상품의 인도시기 또는 용역의 제공시기
7. 상품의 품질보증 및 사후관리에 관한 사항
8. 제35조의 규정에 의한 청약의 철회와 그 행사방법 및 효과에 관한 사항
9. 기타 다단계 판매조건에 관하여 대통령령이 정하는 사항
② 〈삭제〉

제34조【계약서의 작성·교부 등】〈삭제〉

제35조【청약의 철회】

① 다단계 판매자와 상품의 구매 또는 용역의 제공에 관한 계약을 체결한 소비자는 다음 각호의 기간 내에 당해 계약에 관한 청약을 철회할 수 있다.

1. 계약을 체결한 날부터 20일 이내

2. 계약을 체결한 때보다 상품의 인도 또는 용역의 제공이 늦게 이루어진 경우에는 상품을 인도받거나 용역을 제공받은 날부터 20일 이내

3. 제33조의 규정에 의한 서면을 교부받지 아니하였거나 주소 등이 기재되지 아니한 제33조의 규정에 의한 서면을 교부받은 경우, 또는 다단계 판매자의 주소가 변경되는 등의 사유로 제1호 또는 제2호의 기간 내에 청약의 철회를 할 수 없는 경우에는 그 주소를 안 날 또는 알 수 있었던 날부터 20일 이내

② 다단계 판매원과 상품의 구매 또는 용역의 제공에 관한 계약을 체결한 소비자는 제1항의 규정에 의한 기간 내에 서면으로 다단계 판매업자에 대하여 직접 당해 계약에 관한 청약을 철회할 수 있다.

③ 다단계 판매업자와 상품의 구매 또는 용역의 제공에 관한 계약을 체결한 다단계 판매원은 그 자신이 판매하지 못한 상품 또는 제공하지 못한 용역을 다단계 판매업자에게 반환하기 위하여 계약체결일에 상관없이 서면으로 당해 계약에 관한 청약을 철회할 수 있다.

④ 제1항 내지 제3항의 규정에 의한 청약의 철회는 서면을 발송한 날에 그 효력이 발생한다.

⑤ 제1항 내지 제3항의 경우 계약이 체결된 사실 및 그 시기, 상품의 인도 사실 및 그 시기 또는 용역의 제공 사실 및 그 시기에 관하여 다툼이 있는 경우에는 다단계 판매자(다단계 판매업자가 다단계 판매원 또는

소비자와 계약을 체결한 때에는 다단계 판매업자를 다단계 판매원이 소비자와 계약을 체결한 때에는 다단계 판매원을 말한다. 이하 제36 조에서 같다)가 이를 입증하여야 한다.

제36조【철회권 행사의 효과】

① 다단계 판매원의 상대방이 제35조 제1항 내지 제3항의 규정에 의하여 계약에 관한 청약을 철회한 경우에는 상대방은 이미 인도받은 상품 또는 제공받은 용역을 반환하여야 하며, 다단계 판매자는 이미 지급받은 상품의 대금 또는 용역의 대가를 상품 또는 용역을 반환받은 알의 다음 영업일 이내에 환불하여야 한다. 다만 다단계 판매업자가 다단계 판매원에게 상품의 대금 또는 용역의 대가를 환불함에 있어서는 대통령령이 정하는 수준 이내의 비용을 공제할 수 있다.

② 제1항의 경우 상대방이 여신전문금융업법 제2조 제3호의 규정에 의한 신용카드로 상품의 대금 또는 용역의 대가를 지급한 때에는 다단계 판매자는 즉시 당해 신용카드업자에게 상품대금 또는 용역대가의 청구를 정지 또는 취소할 것을 요청하여야 한다.

③ 제2항의 경우 다단계 판매업자가 신용카드업자로부터 당해 상품대금 또는 용역대가를 이미 지급받은 때에는 즉시 이를 신용카드업자에게 반환하여야 한다.

④ 다단계 판매업자는 제35조 제2항의 규정에 의한 청약의 철회에 따라 상품의 대금 또는 용역의 대가를 환불한 경우 그 환불한 금액이 자신이 다단계 판매원에게 공급한 금액을 초과할 때에는 그 차액을 다단계 판매원에게 청구할 수 있다.

⑤ 제1항의 경우 다단계 판매자는 이미 용역(일정한 사실을 이용하거나 용역의 제공을 받을 수 있는 권리를 제외한다)이 제공된 경우에는 용역과 동일한 내용의 용역의 반환이나 그 용역의 대가 또는 그 용역에

의하여 얻어진 이익에 상당하는 금액의 지급을 청구할 수 없다.

⑥ 제1항의 경우 인도받은 상품 또는 제공받은 용역의 반환에 필요한 비용은 다단계 판매자가 이를 부담하며 다단계 판매자는 상대방에게 위약금 또는 손해배상을 청구할 수 있다.

⑦ 제1항의 경우 상대방은 용역의 제공과 관련하여 자기의 토지 또는 건물 기타 공작물의 형태가 변경된 때에는 당해 다단계 판매자에게 무상으로 원상회복을 하여 줄 것을 청구할 수 있다.

제37조【환불보증금의 공탁】

① 다단계 판매업을 하고자 하는 자는 제28조 제1항의 규정에 의한 등록을 하기 전에 제28조 제2항 제2호의 규정에 의한 자본금의 100분의 10에 해당하는 금액을 환불보증금으로 공탁하여야 한다.

② 다단계 판매업자는 그가 판매한 상품 또는 제공한 용역의 매월 매출액의 100분의 10에 해당하는 금액을 다음달 10일까지 환불보증금으로 공탁하여야 한다.

③ 시·도지사는 다단계 판매업자의 상품대금 또는 용역대가의 환불상황, 신용상태 등을 참작하여 대통령령이 정하는 기준에 해당하는 때에는 제2항의 규정에 의하여 공탁하여야 할 금액을 매월 매출액의 100분의 2 내지 100분의 50에 해당하는 금액으로 조정할 수 있다.

④ 제1항 내지 제3항의 규정에 의한 공탁금은 금전 대신 유가증권으로 납부할 수 있다. 이 경우 금전 대신 납부할 수 있는 유가증권의 종류 및 그 가액의 평가기준에 관한 사항은 대통령령이 정한다.

⑤ 제1항 내지 제4항의 규정에 의한 공탁은 다단계 판매업자의 주된 사업장의 소재지에서 하여야 한다.

⑥ 다단계 판매업자는 제1항 내지 제3항의 규정에 의한 공탁에 갈음하여 공탁의무액에 대한 금융기관과의 채무지급보증계약(이하 "보증계약"

이라 한다)을 체결할 수 있는 금융기관의 범위는 대통령령으로 정한
다.

⑦ 다단계 판매업자는 제1항 내지 제4항의 규정에 의한 공탁을 하거나 제
6항의 규정에 의한 보증계약을 체결한 때에는 총리령이 정하는 바에
따라 공탁 또는 보증계약 체결을 증명하는 사항을 공탁일 또는 보증계
약일부터 5일 이내에 시·도지사에게 신고하여야 한다.

⑧ 다단계 판매업자는 그가 판매한 상품 또는 제공한 용역의 매월 매출액
및 환불액에 관한 사항을 총리령이 정하는 바에 따라 다음달 10일까지
시·도지사에게 제출하여야 한다.

제38조【공탁금의 반환 등】

① 다단계 판매업자는 다음 각호의 규정에 따라 제37조 제1항 내지 제4
항의 규정에 의하여 공탁한 금액 또는 유가증권(이하 "공탁물")을 반
환받을 수 있다.

1. 제37조 제2항 또는 제3항의 규정에 의한 공탁을 한 때에는 동조 제1항
의 규정에 의하여 공탁한 공탁물

2. 상품대금 또는 용역대가의 환불이 있는 경우에는 그 환불로 인한 매출
액 감소분에 대하여 제37조 제2항 또는 제3항의 규정에 의한 율을 적
용하여 계산한 금액

3. 제37조 제2항 또는 제3항의 규정에 의한 공탁물을 공탁한 날부터 1년
이내의 기간 내에서 대통령령이 정하는 기간이 경과된 경우에는 당해
공탁물. 다만, 시·도지사는 상품대금 또는 용역대가의 환불상황·신
용상태 등을 참작하여 대통령령이 정하는 경우에는 공탁물의 반환을
제한할 수 있다.

② 제1항의 규정에 의하여 공탁물을 반환받고자 하는 자는 총리령이 정하
는 사항을 기재한 신청서를 시·도지사에게 제출하여 승인을 얻어야

한다.

③ 제37조 제6항의 규정에 의하여 보증계약을 체결한 다단계 판매업자는
   공탁의무액의 감소로 인하여 보증계약을 변경한 때에는 그 변경한 날
   부터 5일 이내에 총리령이 정하는 사항을 기재한 서면에 의하여 시·
   도지사에게 이를 신고하여야 한다.

제39조【공탁물에 대한 권리실행】

① 다단계 판매업자가 그 업무를 폐지하거나 등록이 취소된 경우에 제35
   조 제1항 내지 제3항의 규정에 의하여 청약을 철회하는 소비자 또는
   다단계 판매원은 다단계 판매업자가 공탁한 공탁물에서 다른 채권자
   에 우선하여 상품대금 또는 용역대가를 환불받을 권리가 있다.

② 제1항의 규정에 의하여 환불을 받고자 하는 자는 다단계 판매업자의
   주된 사업장을 관할하는 지방법원 또는 그 지원에 권리의 실행을 신청
   할 수 있다.

③ 제2항의 규정에 의한 신청에 대한 재판은 비송사건절차법에 의한다.

④ 다단계 판매업자가 공탁에 갈음하여 보증계약을 체결한 경우 제1항의
   규정에 의하여 환불을 받고자 하는 자는 당해 보증계약의 조건에 따라
   당해 지급보증을 한 금융기관을 상대로 하여 관리의 실행을 청구할 수
   있다.

⑤ 소비자가 청약철회를 하였음에도 다단계 판매업자가 환불을 해주지
   않는 경우 다단계 판매업자가 공탁한 공탁물에서 소비자가 직접 상품
   대금 또는 용역대가를 환불받을 권리가 있다.

⑥ 제5항의 규정에 의하여 환불받고자 하는 자는 총리령이 정하는 사항
   을 기재한 신청서를 시·도지사에게 제출하여 승인을 얻어야 한다.

제40조【손해배상 청구금액의 제한】다단계 판매업자가 상품의 판매 또는 용역의 제공에 관한 계약이 해제된 경우(제35조의 규정에 의하여 청약이 철회된 경우를 제외한다) 상대방에게 청구하는 손해배상액은 다음 각호의 1에 규정된 금액과 그 금액에 대통령령이 정한 율을 곱하여 산정한 지연손해금의 합계액을 초과하지 못한다.

1. 인도받은 상품 또는 제공받은 용역이 반환된 경우에는 그 상품의 통상 사용료액 또는 그 용역의 사용에 의하여 통상 사용료액 또는 그 용역의 사용에 의하여 통상 얻어지는 이익에 상당하는 금액. 다만, 그 상품의 판매가격 또는 용역의 대가에서 그 상품 또는 용역이 반환된 당시의 가액을 공제한 금액이 그 상품의 통상 사용료액 또는 용역의 사용에 의하여 통상 얻어지는 이익에 상당하는 금액을 초과하는 경우에는 그 상품의 판매가격 또는 용역의 대가에서 그 상품 또는 용역이 반환된 당시의 가액을 공제한 금액으로 한다.

2. 인도받은 상품 또는 공제받은 용역이 반환되지 아니한 경우에는 그 상품의 판매가격 또는 용역의 대가에 상당하는 금액. 다만, 용역의 제공이 개시된 후 그 제공이 완료되기 전인 경우에는 이미 제공된 용역의 대가에 상당하는 금액으로 한다.

3. 상품이 인도되기 전이거나 용역이 제공되기 전인 경우에는 계약체결 및 그 이행을 위하여 통상 필요한 비용에 해당하는 금액

제41조【다단계 판매업자가 지급할 수 있는 후원수당의 범위】

① 다단계 판매업자가 다단계 판매원에게 후원수당으로 지급할 수 있는 총액은 대통령령이 정하는 범위 이내이어야 한다.

② 다단계 판매업자는 제28조의 규정에 의하여 등록한 후원수당의 산정 및 지급기준과 다르게 후원수당을 산정하거나 지급하여서는 아니된다.

③ 다단계 판매원이 소비자에게 직접 상품을 판매하거나 용역을 제공하
여 얻은 소매이익 외에 다단계 판매업자가 다단계 판매원에게 지급하
는 경제적 이익은 명칭 여하에 불구하고 모두 이를 후원수당으로 본
다.

제42조【다단계 판매업자의 휴ㆍ폐업의 신고 등】
① 다단계 판매업자는 그 영업을 휴지 또는 폐지하거나 휴업 후 영업을
재개하는 경우에는 그 내용을 미리 시ㆍ도지사에게 신고하여야 한다.
② 다단계 판매업자가 제1항의 규정에 의하여 그 영업의 폐지를 신고한
경우에는 제28조의 규정에 의한 등록은 그 효력을 잃는다.

제43조【다단계 판매조직 등의 양도ㆍ양수 금지】 다단계 판매조직 및 다
단계 판매원의 지위는 이를 양도ㆍ양수할 수 없다. 다만 다단계 판매원의
지위의 상속은 그러하지 아니하다.

제44조【다단계 판매원의 탈퇴 등】
① 다단계 판매원은 다단계 판매업자에게 서면에 의하여 탈퇴의사를 표
시하고 탈퇴할 수 있다.
② 다단계 판매업자는 다단계 판매원의 탈퇴에 대하여 어떠한 조건도 부
과할 수 없다.

제45조【금지행위】
① 다단계 판매자는 다음 각호의 행위를 하여서는 아니된다.
1. 상품의 판매 또는 용역의 제공에 관한 계약의 체결을 강요하거나 청약
의 철회 또는 계약의 해제를 방해할 목적으로 상대방에게 위력을 가하
는 행위.

2. 상대방에게 허위 또는 과장된 사실을 알리거나 상대방을 오인시켜 계약을 체결하게 하거나 청약의 철회 또는 계약의 해제를 방해하는 행위

3. 다단계 판매원이 되고자 하는 자 또는 다단계 판매원에게 가입비·사용상품·판매보조 물품·개인할당 판매액·교육비 등 그 명칭 및 형태 여하를 불문하고 부담을 지게 하는 행위

4. 다단계 판매원에게 일정 수의 하위 판매원을 모집 또는 후원하도록 의무를 지게 하는 행위

5. 특정인을 그의 동의 없이 자신의 하위 판매원으로 등록하는 행위

6. 제30조 제5항의 규정에 의한 다단계 판매원 수첩에 동항의 규정에 의한 기재사항을 허위로 기재하는 행위

7. 다단계 판매원이 받게 될 일정한 이익에 관하여 허위의 정보를 제공하는 행위

8. 다단계 판매조직의 운영방식 또는 활동내용에 관한 허위 또는 과정된 사실을 유포하는 행위

9. 상품 또는 용역을 강매하거나 다단계 판매원이 그 하위 판매원에게 상품의 판매 또는 용역의 제공을 하는 행위

10. 상품의 판매 또는 용역의 제공을 알선하는 행위

11. 하위 판매원 모집 자체에 대하여 경제적 이익을 지급하거나 다단계 판매원에게 후원수당 외의 경제적 이익을 지급하는 행위

12. 상품 또는 용역의 가격·품질 등에 대하여 허위사실을 알리거나 실제의 것보다도 현저히 우량하거나 유리한 것으로 오인시킬 수 있는 행위

13. 다단계 판매원을 다단계 판매업자에게 고용된 직원으로 오인할 수 있는 직책명칭을 사용하는 행위

14. 청약의 철회를 방해할 목적으로 사업장의 주소, 전화번호 등을 변경하는 행위

② 누구든지 다단계 판매조직 또는 이와 유사하게 순차적 · 단계적으로 가입한 가입자로 구성된 다단계 조직을 이용하여 다음 각호의 행위를 하여서는 아니된다.

1. 상품 또는 용역의 거래 없이 금전거래만을 하거나 상품 또는 용역의 거래를 가정하여 사실상 금전거래만을 하는 행위.

2. 다단계 판매원 또는 다단계 조직의 가입자에게 상품의 판매 또는 용역의 제공을 위탁하거나 알선하게 하는 행위

③ 다단계 판매업자는 다단계 판매원이 제1항 각호 또는 제2항 각호의 금지행위를 하도록 교사하거나 방조하여서는 아니된다. 단 다단계 판매업자의 교사 또는 방조행위가 있었는지에 대한 다툼이 있을 경우 다단계 판매업자가 이를 입증하여야 한다.

제46조【등록의 취소 등】

① 시 · 도지사는 다단계 판매업자가 다음 각호의 1에 해당하는 경우에는 제28조의 규정에 의한 등록을 취소하거나 1년 이내의 기간을 정하여 그 영업의 전부 또는 일부의 정지를 명할 수 있다. 다만 제1호 · 제2호 또는 제4호에 해당하는 경우에는 등록을 취소하여야 한다.

1. 사위 기타 부정한 방법으로 제28조 제1항의 규정에 의한 등록을 한 경우

2. 제28조 제2항의 규정에 의한 요건에 미달하게 된 경우

3. 제28조 제4항의 규정에 의한 변경신고를 하지 아니하거나 허위로 신고한 경우

4. 제29조의 규정에 의한 결격사유에 해당하게 된 경우

5. 제30조 제1항의 규정에 의한 등록을 하지 아니한 자를 다단계 판매원으로 활동하게 하거나 다단계 판매업자에게 고용된 자를 당해 다단계 판매업자가 관리 · 운영하는 다단계 판매조직의 다단계 판매원으로 활

동하게 한 경우

6. 제30조 제3항의 규정에 위반하여 다단계 판매원에게 다단계 판매원 등록증을 교부하지 아니한 경우

7. 제30조 제4항의 규정에 위반하여 다단계 판매원 등록부를 비치하지 아니하거나 열람요구에 응하지 아니한 경우 또는 다단계 판매원 등록부를 허위로 작성하여 비치한 경우

8. 제30조 제5항의 규정에 위반하여 다단계 판매원에게 다단계 판매원 수첩을 교부하지 아니한 경우

9. 제31조의 규정에 위반하여 상품을 판매하거나 용역을 제공한 경우

10. 〈삭제〉

11. 제33조의 규정에 위반하여 계약내용에 관한 서면을 교부하지 아니하거나 허위의 서면을 교부한 경우.

12. 〈삭제〉

13. 제36조 제1항의 규정에 위반하여 상품 또는 용역의 반환을 거절하거나 상품대금 또는 용역대가의 환불을 하지 아니하는 경우

14. 제37조 제1항 내지 제3항의 규정에 위반하여 공탁을 하지 아니한 경우

15. 제37조 제7항의 규정에 의한 신고를 하지 아니하거나 허위로 신고한 경우

16. 제37조 제8항의 규정에 의한 자료를 제출하지 아니하거나 허위자료를 제출한 경우

17. 제41조 제1항 또는 제2항의 규정에 위반하여 후원수당을 지급한 경우

18. 제42조 제1항의 규정에 의한 신고를 하지 아니하거나 허위로 신고하고 휴업 또는 폐업을 하거나 영업을 재개한 경우

19. 제44조 제2항의 규정에 위반하여 다단계 판매원의 탈퇴에 조건을 부과하는 경우

20. 제45조 제1항 내지 제3항의 규정에 의한 금지행위를 한 경우

21. 영업정지 기간 중에 영업을 계속한 경우

22. 기타 법령에 위반하거나 다단계 판매업자가 개설·관리·운영하는
    다단계 판매조직의 부당한 활동으로 인한 소비자의 피해사례가 과다
    하게 발생하여 사회적 물의를 빚고 있다고 인정되는 경우

② 제1항의 규정에 의한 등록취소 또는 영업정지의 처분에 관한 기준은
   대통령령으로 정한다.

제47조【휴·폐업 등의 경우의 업무처리 등】

① 다단계 판매업자는 그 휴업기간 또는 영업정지 기간 중에도 제36조 제
   1항 내지 제3항 및 제37조의 규정에 의한 업무를 계속하여야 한다.

② 다단계 판매업자가 폐업하거나 그 등록이 취소된 경우 다단계 판매원
   이 그 폐업 또는 등록취소 당시 판매하지 못한 상품 또는 제공하지 못
   한 용역을 다른 사람에게 판매하거나 제공한 때에는 그 다단계 판매원
   이 청약의 철회에 따라 상품 또는 용역을 반환받고 상품 또는 용역을
   반환받은 날의 다음 은행영업일 이내에 상품대금 또는 용역대가를 환
   불하여야 한다.

제48조【주소변경 등의 공고】

① 다단계 판매업자가 상호 또는 주된 사업장의 주소·전화번호를 변경
   한 경우, 휴업 또는 폐업신고를 한 경우, 업무정지 처분을 받거나 등록
   이 취소된 경우에는 해당 시·도지사는 즉시 총리령이 정하는 바에 따
   라 그 사실을 공고하여야 한다.

제5장 보칙

제49조【자료의 제출 등】〈삭제〉

제50조【청문】시·도지사는 제46조 제1항의 규정에 의하여 등록을 취소하고자 하는 경우에는 청문을 실시하여야 한다.

제51조【소비자 등에 불리한 계약의 금지】제10조 내지 제12조, 제21조 내지 제23조, 제35조, 제36조 및 제40조의 규정에 위반한 계약으로서 소비자 또는 다단계 판매의 상대방에게 불리한 것은 그 효력이 없다.

제52조【할부거래에 관한 법률과의 관계】이 법과 할부거래에 관한 법률의 적용이 경합하는 경우에는 이 법을 우선 적용하되, 할부거래에 관한 법률을 적용하는 것이 소비자에게 유리한 경우에는 동법을 적용한다.

제53조【방문판매업협회 등】〈삭제〉

제54조【명칭의 사용제한】〈삭제〉

제55조【보고 및 감독】
① 공정거래위원회 또는 산업자원부장관은 이 법의 효율적인 시행을 위하여 필요하다고 인정할 때에는 그 소관사항에 관하여 시·도지사에게 보고나 자료의 제출을 요구할 수 있다.
② 공정거래위원회는 제1항의 규정에 의한 보고나 자료를 검토하여 필요하다고 인정할 때에는 시·도지사에게 필요한 조치를 취할 것을 요구할 수 있다.

③ 제2항의 규정에 의하여 공정거래위원회의 요구를 받은 시·도지사는
특별한 사유가 없는 한 이에 응하여야 한다.

제56조【권한의 위임】시·도지사는 이 법에 의한 권한의 일부를 대통령
령이 정하는 바에 따라 시장·군수·구청장(자치구의 구청장을 말한다)
에게 위임할 수 있다.

제57조【전속관할】방문판매자 또는 다단계 판매자와의 상품의 구매 또는
용역의 제공에 관한 계약에 관한 소송은 제소 당시의 소비자 또는 다단계
판매의 상대방의 주소를, 주소가 없는 경우에는 거소를 관할하는 지방법
원의 전속관할로 한다. 다만 제소 당시 소비자 또는 다단계 판매의 상대
방의 주소 또는 거소가 분명하지 아니한 경우에는 그러하지 아니한다.

제6장 벌칙

제58조【벌칙】다음 각호의 1에 해당하는 자는 7년 이하의 징역 또는 2억
원 이하의 벌금에 처한다. 이 경우 등록을 하지 아니하거나 사위 기타 부
정한 방법으로 등록을 하고 판매한 상품 또는 제공한 용역의 총액의 3배
에 상당하는 금액이 2억 원을 초과하는 때에는 7년 이하의 징역 또는 판
매된 상품 또는 제공된 용역의 총액의 3배에 상당하는 금액 이하의 벌금
에 처한다.
1. 제28조 제1항의 규정에 위반하여 등록을 하지 아니하고 다단계 판매조
   직을 개설·관리·운영한 자
2. 사위 기타 부정한 방법으로 제28조 제1항의 규정에 의한 등록을 하고,
   다단계 판매조직을 개설·관리·운영한 자

제59조【벌칙】 다음 각호의 1에 해당하는 자는 5년 이하의 징역 또는 1억 원 이하의 벌금에 처한다. 이 경우 금지행위를 하거나 허위사실의 표시 등을 하여 판매한 상품 또는 제공한 용역의 총액의 3배에 상당하는 금액 이 1억 원을 초과하는 때에는 5년 이하의 징역 또는 판매된 상품 또는 제 공된 용역의 총액의 3배에 상당하는 금액 이하의 벌금에 처한다.

1. 제45조 제1항 또는 제2항의 규정에 위반하여 금지행위를 한 자

2. 제45조 제3항의 규정에 위반하여 동조 제1항 각호의 행위를 하도록 교
   사하거나 방조한 자

제60조【벌칙】 다음 각호의 1에 해당하는 자는 3년 이하의 징역 또는 5천 만 원 이하의 벌금에 처한다. 제7호 및 제10호의 경우 공탁하지 아니한 금액의 3배에 상당하는 금액 또는 영업정지 명령에 위반하여 판매한 상 품 또는 제공한 용역의 총액의 3배에 상당하는 금액이 5천만 원을 초과 하는 때에는 3년 이하의 징역 또는 공탁하지 아니한 금액의 3배에 상당 하는 금액 또는 판매된 상품 또는 제공된 용역의 총액의 3배에 상당하는 금액 이하의 벌금에 처한다.

1. 제11조 제1항, 제22조 제1항, 제36조 제1항 또는 제47조 제2항의 규정
   에 위반하여 정당한 사유 없이 상품대금 또는 용역대가의 환불을 하지
   아니한 자

2. 제14조의 규정에 위반하여 동조 각호의 금지행위를 한 자

3. 제18조 제1항 또는 제2항의 규정에 위반하여 광고를 한 자

4. 제19조의 규정에 위반한 자

5. 제30조 제1항의 규정에 의한 등록을 하지 아니한 자를 다단계 판매원
   으로 활동하게 한 자

6. 제30조 제2항의 규정에 위반하여 다단계 판매업자에게 고용된
   자를 다단계 판매원으로 활동하게 한 자

7. 제37조 제1항 내지 제3항의 규정에 위반하여 공탁을 하지 아니한
   자

8. 제43조의 규정에 위반하여 다단계 판매조직을 양도하거나 양수한 자

9. 제44조 제2항의 규정에 위반하여 다단계 판매원의 탈퇴에 조건을 부
   과한 자

10. 제46조의 규정에 의한 영업정지 명령에 위반하여 영업을 한 자

제61조【벌칙】 다음 각호의 11에 해당하는 자는 1년 이하의 징역 또는 3천
만 원 이하의 벌금에 처한다.

1. 제4조 제1항의 규정에 의한 신고를 하지 아니하거나 허위로 신고하는
   방문판매업을 한 자

2. 제5조의 규정에 의한 방문판매원 외의 자를 방문판매원으로 활동하게
   한 자

3. 제8조 또는 제33조의 규정에 위반하여 계약내용에 관한 서면을 교부
   한 자

4. 제15조 또는 제26조의 규정에 의한 영업정지 명령에 위반하여 영업을
   한 자

5. 제17조 제1항의 규정에 의한 신고를 하지 아니하거나 허위로 신고하고
   통신판매업을 한 자

6. 제20조의 규정에 위반하여 상품인도서 또는 용역제공서를 송부하지
   아니하거나 허위의 상품인도서 또는 용역제공서를 송부한 자

7. 제25조의 규정에 위반하여 동조 각호의 금지행위를 한 자

8. 제28조 제4항의 규정에 위반하여 신고를 하지 아니하거나 허위로 신
   고한 자

9. 제30조 제1항의 규정에 의한 등록을 하지 아니하거나 등록 제2항의 규
   정에 위반하여 다단계 판매원으로 활동한 자

10. 제31조의 규정에 위반하여 상품을 판매하거나 용역을 제공한 자

11. 〈삭제〉

12. 제41조 제1항 또는 제2항의 규정에 위반하여 후원수당을 지급한 자

13. 제42조 제1항의 규정에 위반하여 휴·폐업 등의 신고를 하지 아니하거나 허위로 신고한 자

14. 제43조의 규정에 위반하여 다단계 판매원의 지위를 양도한 자

제62조【벌칙】다음 각호의 1에 해당하는 자는 1천만 원 이하의 벌금에 처한다.

1. 제4조 제3항 제17조 제3항, 제37조 제7항 또는 제38조 제3항의 규정에 위반하여 신고를 하지 아니하거나 허위로 신고한 자

2. 제7조의 규정에 위반하여 성명 등의 명시를 하지 아니한 자

3. 〈삭제〉

4. 제13조 또는 제24조의 규정에 위반하여 휴·폐업 등의 신고를 하지 아니하거나 허위로 신고한 자

5. 제30조 제3항의 규정에 위반하여 다단계 판매원에게 다단계 판매 등록증을 교부하지 아니한 자

6. 제30조 제4항의 규정에 위반하여 다단계 판매원 등록부를 비치하지 아니하거나 허위의 다단계 판매원 등록부를 비치한 자 또는 열람요구에 응하지 아니한 자

7. 제30조 제5항의 규정에 위반하여 다단계 판매원에게 다단계 판매원 수첩을 교부하지 아니하거나 교부된 다단계 판매원 수첩에 동항 각호의 기재사항을 기재하지 아니한 자

8. 제37조 제8항의 규정에 의한 자료를 제출하지 아니하거나 허위의 자료를 제출한 자

제63조【양벌규정】

① 법인의 대표자·법인 또는 개인의 대리인·사용인 기타 종업원이 그
법인 또는 개인의 업무에 관하여 제58조 내지 제62조의 위반행위를
한 때에는 행위자를 벌하는 외에 그 법인 또는 개인에 대하여도 각 해
당조의 벌금형을 과한다.

제64조【과태료】

① 다음 각호의 1에 해당하는 자는 1천만 원 이하의 과태료에 처한다.

1. 제11조 제2항 또는 제3항 규정에 위반하여 상품대금 또는 용역대가 청
구의 정지 또는 취소요청을 하지 아니하거나 신용카드업자에게 상품
대금 또는 용역대가를 반환하지 아니한 자.

2. 제22조 제2항 또는 제3항의 규정에 위반하여 상품대금 또는 용역대가
청구의 정지 또는 취소요청을 하지 아니하거나 신용카드업자에게 상
품대금 또는 용역대가를 반환하지 아니한 자

3. 제36조 제2항 또는 제3항의 규정에 위반하여 상품대금 또는 용역대가
청구의 정지 또는 취소요청을 하지 아니하거나 신용카드업자에게 상
품대금 또는 용역대가를 반환하지 아니한 자

② 제1항의 규정에 의한 과태료는 대통령령이 정하는 바에 의하여 시·도
지사가 부과·징수한다.

③ 제1항의 규정에 의한 과태료의 부과기준은 대통령령으로 정한다.

④ 제1항의 규정에 의한 과태료 처분에 불복이 있는 자는 그 처분의 고지
를 받은 날부터 30일 이내에 시·도지사에게 이의를 제기할 수 있다.

⑤ 제1항의 규정에 의한 과태료 처분을 받은 자가 제4항의 규정에 의하여
이의를 제기한 때에는 시·도지사는 지체 없이 관할법원에 그 사실을
통보하여야 하며, 그 통보를 받은 관할법원은 비송사건절차법에 의한
과태료의 재판을 한다.

⑥ 제4항의 규정에 의한 기간 내에 이의를 제기하지 아니하고 과태료를 납부하지 아니한 때에는 지방세 체납처분의 예에 의해 이를 징수한다.

부칙

① 【시행일】이 법은 공포 후 6개월이 경과한 날부터 시행한다.

② 【경과조치】이 법 시행 당시 이미 방문판매업 또는 통신판매업을 영위하고 있는 자로서 이 법에 의한 방문판매업 또는 통신판매업을 영위하고자 하는 자는 이 법 시행 후 2개월 이내에 신고를 하여야 한다.

③ 【벌칙적용에 관한 경과조치】이 법 시행 전의 행위에 대한 벌칙의 적용에 있어서는 종전의 규정에 의 한다.

부칙

(1997. 8. 28)

제1조【시행령】이 법은 1998년 1월 1일부터 시행한다. (이하 생략)

부칙

(1997. 12. 13)

제1조【시행일】이 법은 1998년 1월 1일부터 시행한다. [단서 생략] (이하 생략)

부칙

(1999. 2. 5)

제1조【시행일】이 법은 공포한 날부터 시행한다.

제2조【행정처분에 관한 경과조치】이 법 시행 전의 행위에 대한 행정처분의 적용에 있어서는 종전의 규정에 의한다.

제3조【사업자단체에 관한 경과조치】

① 이 법 시행 당시 종전의 제53조의 규정에 의한 방문판매업협회는 그 지위의 승계에 관하여 총회의 의결을 거쳐 산업자원부장관에게 신고를 한 때에는 민법 제32조의 규정에 의하여 설립된 사단법인으로 본다.

② 제1항의 규정에 의한 신고를 한 방문판매업협회는 지체 없이 그 해산등기와 제1항의 규정에 의하여 설립이 의제되는 사단법인의 설립등기를 하여야 한다.

③ 제1항의 경우 종전의 방문판매업협회의 재산 및 권리·의무는 동향의 규정에 의하여 설립이 의제되는 사단법인이 이를 승계한다.

제4조【벌칙에 관한 경과조치】 이 법 시행 전의 행위에 대한 벌칙의 적용에 있어서는 종전의 규정에 의 한다.

부칙

(1999. 5. 24)

제1조【시행일】 이 법은 공포한 날부터 시행한다. (이하 생략)

3. 방문판매 등에 관한 법률시행령

1996年 7月 1日

全改 대통령령 제15109號

改正

1997. 12. 31 領15598號(行政節施)

1998. 2. 24 領15663號(利子制限法第1條第1項의 最高

利子律에 관한 規程 廢止令)

1999. 4. 19   領16258號

1999. 5 .24 領16351號(織制)

제1조【목적】이 영은 방문판매 등에 관한 법률(이하 "법"이라 한다)에서 위임된 사항과 그 시행에 관하여 필요한 사항을 규정함을 목적으로 한다.

제2조【법 적용에서 제외되는 상품 등】법 제3조 제1항에서 "대통령령이 정하는 상품 또는 용역"이라 함은 다음 각호의 상품 또는 용역을 말한다.

1. 농산물·수산물·축산물·임산물 및 광산물로서 통계법에 의하여 작성한 한국표준사업분류상의 제조업에 의하여 생산된 것이 아닌 것

2. 약사법에 의한 의약품

3. 보험업법에 의한 보험

4. 유가증권·어음, 기타 채무증서

5. 부가가치세법 제12조 제1항 제13호의 규정에 의한 인적 용역. 다만 부가가치세법 시행령 제35조 제1호 사목의 규정에 의한 인적 용역 중 외판원의 인적 용역을 제외한다.

6. 소비자의 주문에 의하여 개별적으로 제조되거나 제공되는 상품 또는 용역

제3조【소규모 방문판매업자】법 제4조 제1항 단서에서 "대통령령이 정하는 소규모 방문판매업자"라 함은 방문판매원을 두지 아니하는 방문판매업자를 말한다.

제4조【방문판매에 관한 계약체결시의 서면기재 사항】법 제8조 제8호에서 "대통령령이 정하는 사항"이라 함은 다음 각호의 사항을 말한다.
1. 상품의 매매계약 또는 용역의 제공계약을 체결함에 있어서 소비자가 방문판매자에게 지급할 계약금(최초 지급금·선수금 등 명칭 여하에 불문한다. 이하 같다)이 있는 경우에는 그 내용 및 금액
2. 계약의 해제에 관한 약정이 있는 경우에는 계약해제의 사유와 그 행사 방법 및 효과에 관한 사항
3. 상품의 품질보증 및 사후관리에 관한 사항
4. 방문판매와 관련하여 분쟁이 발생할 경우 그 분쟁처리에 관한 사항

제5조【소비자가 청약의 철회를 하지 못하는 경우】법 제10조 제2항 제2호에서 "대통령령이 정하는 상품"이라 함은 낱개로 밀봉된 음반·비디오물 및 소프트웨어를 말한다. 다만 인도할 때에 이미 훼손되어 있었던 것을 제외한다.

제6조【지연손해금의 산정】법 제12조 본문에서 "대통령령이 정하는 율"이라 함은 연 4할을 한도로 하여 공정거래위원회가 정하는 최고 이율의 범위 안에서 방문판매자가 소비자와 약정한 율을 말한다.

제7조【부담을 지게 하는 행위】법 제14조 제3호에서 "명칭 및 형태를 불문하고 부담을 지게 하는 행위"라 함은 방문판매원이 되고자 하는 자, 또는 방문판매원에게 그 명칭 및 형태 여하를 불문하고 비용, 기타 금품을

징수하거나 일정한 액수의 상품 또는 용역을 구매하게 하거나 이를 판매하도록 하는 행위를 말한다.

제8조【통신판매에 관한 광고의 표시사항】법 제18조 제1항 제6호에서 "대통령령이 정하는 사항"이라 함은 다음 각호의 사항을 말한다.

1. 청약의 기간 또는 기한이 있는 경우에는 그 기간 또는 기한
2. 상품의 판매가격 또는 용역의 대가에 송료가 포함되지 아니한 경우에는 그 송료부담에 관한 사항
3. 상품의 판매가격 또는 용역의 대가 외에 소비자가 추가로 부담하여야 할 비용이 있는 경우에는 그 내용 및 금액
4. 기타 특별한 통신판매 조건이 있는 경우에는 그 내용

제9조【지연손해금의 산정】법 제23조 본문에서 "대통령령이 정한 율"이라 함은 연 4할을 한도로 하여 공정거래위원회가 정하는 최고 이율의 범위 안에서 통신판매업자가 소비자와 약정한 율을 말한다.

제10조【다단계 판매업자의 등록요건】

① 법 제28조 제2항 제2호의 규정에 의한 다단계 판매업자의 자본금에 관한 요건은 다단계 판매사업을 위한 실질자본금 3억 원 이상으로 한다. 이 경우 실질자본금의 범위는 통상산업부장관이 정하는 바에 의한다.
② 법 제28조 제2항 제3호에서 "대통령령이 정하는 요건"이라 함은 다음 각호의 요건을 말한다.

1. 주된 사업장이 자기 소유이거나 1년 이상의 기간을 정하여 임차한 것일 것
2. 다단계 판매원으로 가입하는 자의 등록, 등록된 다단계 판매원의 판매

실적 파악, 다단계 판매원에게 지급되는 후원수당의 산정·지급 등의 업무를 처리할 수 있는 전산기기 및 전산 프로그램으로서 통상산업부 장관이 정하는 기준에 해당하는 것을 갖출 것

제11조【후원수당의 산정기준】법 제28조 제3항 제3호의 규정에 의한 후원수당의 산정기준은 다음 각호에 해당하는 사항을 기초로 하여 설정된 기준이어야 한다.

1. 어떤 다단계 판매원에게 속하는 하위 판매원들에 대한 상품의 판매 또는 용역의 제공과 관련된 조직관리 및 교육훈련 실적
2. 어떤 다단계 판매원 자신의 상품의 판매 또는 용역의 제공실적이나 그 다단계 판매원에게 속하는 하위 판매원들의 상품의 판매 또는 용역의 제공실적

제12조【다단계 판매상품 등에 대한 가격제한】법 제31조에서 "대통령령이 정하는 금액"이라 함은 50만 원(부가가치세가 포함된 금액)을 말한다.

제13조【다단계 판매에 관한 광고】〈삭제〉

제14조【다단계 판매에 관한 계약체결시의 서면 기재사항】법 제33조 제9호에서 "대통령령이 정하는 사항"이라 함은 다음 각호의 사항을 말한다.

1. 상품의 매매계약 또는 용역의 제공계약을 체결하는 때에 다단계 판매의 상대방이 다단계 판매자에게 지급할 계약금이 있는 경우에는 그 내용 및 금액
2. 계약의 해제에 관한 약정이 있는 경우에는 계약해제의 사유와 그 행사방법 및 효과에 관한 사항
3. 다단계 판매와 관련하여 분쟁이 발생한 경우 그 분쟁처리에 관한 사항

제15조【반환시의 비용공제】법 제36조 제1항 단서의 규정에 의하여 다단계 판매업자가 상품대금 또는 용역대가를 환불함에 있어서 비용을 공제할 수 있는 경우는 다단계 판매원의 상품 또는 용역을 인도 또는 제공받은 날(이하 "공급일"이라 한다)부터 3월이 경과하여 반환한 경우에 한하되, 그 제공할 수 있는 비용의 한도는 다음 각호와 같다. 다만 다단계 판매업자의 등록이 취소되어 반환하는 경우에는 다음 각호에 규정된 금액의 2분의 1에 해당하는 금액을 한도로 한다.

1. 공급일부터 3개월 경과 후 6개월 이내에 반환하는 경우에는 그 상품대금 또는 용역대가의 10퍼센트에 해당하는 금액
2. 공급일부터 6개월 경과 후 1년 이내에 반환하는 경우에는 그 상품대금 또는 용역대가의 30퍼센트에 해당하는 금액
3. 공급일부터 1년 경과 후에 반환하는 경우에는 그 상품대금 또는 용역대가의 50퍼센트에 해당하는 금액

제16조【공탁금액의 조정기준】

① 법 제37조 제3항의 규정에 의한 공탁금액의 조정은 다음 각호의 기준에 의한다.

1. 다단계 판매업자가 판매한 상품의 대금 또는 제공한 용역의 대가 중 실제로 환불한 금액이 차지하는 비율(이하 "환불비율"이라 한다)이 100분의 9 이내이고 환불보증금 비율 조정일전 3개월 이내에 상품 또는 용역의 반환을 거절하거나 상품대금 또는 용역대가의 환불을 하지 아니한 사례가 없는 경우에는 공탁하여야 할 금액을 매월 매출액의 100분의 2 내지 100분의 9의 범위 안에서 조정한다.
2. 환불비용이 100분의 10을 초과하는 경우에는 공탁하여야 할 금액을 매월 매출액의 100분의 11 내지 100분의 50의 범위 안에서 조정한다.

② 특별시장·광역시장 또는 도지사(이하 "시·도지사"라 한다)는 매월

말일까지 제1항의 규정에 의한 기준에의 해당 여부를 확인하여 다단계
판매업자가 다음달에 공탁할 환불보증금의 비율을 조정하여야 한다.
③ 제1항의 규정에 의한 조정을 함에 있어서의 환불비율은 조정일이 속하
는 달 이전 3개월간의 매월의 환불비율을 산정하여 그중 가장 높은 비
율을 적용한다. 이 경우 환불비율은 100분의 1 단위까지 계산하되 100
분의 1 단위 미만은 올림하여 계산한다.

제17조【금전 대신 납부할 수 있는 유가증권】
① 법 제37조 제4항의 규정에 의하여 공탁금으로 금전 대신 납부할 수 있
는 유가증권은 다음 각호의 증권으로 한다.
1. 국채, 지방채
2. 특별법에 의하여 설립된 법인이 발행한 채권
3. 사채
4. 한국증권거래소에 상장되거나 증권거래법 제172조의 2의 규정에 의하
여 증권관리위원회가 정하는 바에 따라 한국증권업협회에 등록된 후
3개월이 경과된 주권 및 출자증권
② 제1항의 규정에 의하여 금전 대신 납부할 수 있는 유가증권의 가액은
그 액면가액으로 한다. 다만 그 납부일 직전 거래일의 한국증권거래소
또는 한국증권업협회에서의 최종 거래가격이 액면가액에 미달하는 경
우에는 그 거래가격으로 한다.

제18조【지급보증계약을 체결할 수 있는 금융기관의 범위】법 제37조 제6
항의 규정에 의하여 지급보증계약을 체결할 수 있는 금융기관은 다음 각
호의 자로 한다.
1. 은행법에 의한 금융기관
2. 보험업법에 의한 보험사업자

제19조【공탁물의 반환】법 제38조 제1항 제3호 본문에서 "대통령령이 정하는 기간"이라 함은 공탁물을 공탁한 날부터 3개월을 말한다.

제20호【공탁물 반환의 제한】법 제38조 제1항 제3호 단서에서 "대통령령이 정하는 경우"라 함은 다음 각호의 경우를 말한다.
1. 법 제38조 제2항의 규정에 의한 반환승인 신청일 전 3개월 이내에 상품 또는 용역의 반환을 거절하거나 상품대금 또는 용역대가의 환불을 하지 아니한 사례가 있는 경우
2. 휴업 또는 영업정지 중에 있는 경우

제21조【지연손해금의 잔정】법 제40조 본문에서 "대통령령이 정하는 율"이라 함은 연 4할을 한도로 하여 공정거래위원회가 정하는 최고 이율의 범위 안에서 다단계 판매자가 상대방과 약정한 율을 말한다.

제22조【후원수당】법 제41조 제1항의 규정에 의하여 다단계 판매업자가 지급할 수 있는 후원수당 총액의 한도는 다단계 판매업자가 다단계 판매원에게 공급하거나 제공한 상품 또는 용역의 가격의 합계액의 35%에 해당하는 금액으로 한다.

제23조【부담을 지게 하는 행위】법 제45조 제1항 제3호에서 "명칭 및 형태를 불문하고 부담을 지게 하는 행위"라 함은 다단계 판매원이 되고자 하는 자, 또는 다단계 판매원으로 등록한 자에게 그 명칭 및 형태 여하를 불문하고 비용 기타 금품을 징수하거나 일정한 액수의 상품 또는 용역을 구매하게 하거나 이를 판매하도록 하는 행위를 말한다. 다만, 다단계 판매원으로 등록한 자에게 2만 원 이하의 판매보조 물품을 그 다단계 판매원의 신청을 받아 제공하는 행위를 제외한다.

제24조【의무를 지게 하는 행위】법 제45조 제1항 제4호에서 "의무를 지게 하는 행위"라 함은 다단계 판매원으로 등록한 자에게 일정 수의 하위 판매원을 모집 또는 후원하는 것을 조건으로 하여 판매원으로서의 등록을 유지시켜 주는 행위, 상품 또는 용역을 제공하거나 후원수당을 지급하는 행위 등 다단계 판매원으로서의 정상적인 활동을 제한하는 행위를 말한다.

제25조【등록취소 및 영업정지 처분기준】법 제15조 제2항, 법 제26조항 및 법 제46조 제2항의 규정에 의한 영업정지 또는 등록취소의 처분에 관한 기준은 별표 1과 같다.

제26조【자료의 제출 등】〈삭제〉

제27조【청문】〈삭제〉

제28조【권한의 위임】시·도지사는 법 제56조의 규정에 의해 다음 각호의 권한을 시장·군수·구청장(자치구의 구청장을 말한다)에게 위임한다.
1. 법 제4조의 규정에 의한 방문판매업자의 신고 및 변경사항의 신고의 수리
2. 법 제13조의 규정에 의한 방문판매업자의 휴·폐업의 신고의 수리
3. 법 제15조의 규정에 의한 영업의 정지

제29조【과태료의 부과·징수】
① 시·도지사가 법 제64조 제2항의 규정에 의하여 과태료를 부과하고자 할 때에는 당해 위반행위를 조사·확인한 후 위반사실과 과태료 금액 등을 서면으로 명시하여 이를 납부할 것을 과태료 처분 대상자에게 통

지하여야 한다.

② 시·도지사는 제1항의 규정에 의하여 과태료를 부과하고자 할 때에는 10일 이상의 기간을 정하여 과태료 처분 대상자에게 구술 또는 서면에 의한 의견진술의 기회를 주어야 한다. 이 경우 지정된 기일까지 의견진술이 없는 때에는 의견이 없는 것으로 본다.

③ 시·도지사는 과태료 금액을 정함에 있어서는 당해 위반행위의 동기와 그 결과 등을 참작하여야 한다.

제30조【과태료의 부과기준】 법 제64조 제3항의 규정에 의한 과태료의 부과기준은 별표 2와 같다.

부 칙

이 영은 공포한 날부터 시행한다.

부 칙

(1997. 12. 13)

이 영은 1998년 1월 1일부터 시행한다.

부 칙

(1998. 2. 24)

제1조【시행일】 이 영은 공포한 날부터 시행한다. (이하 생략)

부칙

(1999. 4. 19)

이 영은 공포한 날부터 시행한다.

부칙

(1999. 5. 24)

제1조【시행일】 이 영은 공포한 날부터 시행한다. (이하 생략)

[별표 1]

등록취소 및 영업정지 처분기준(제25조 관련)

1. 일반 기준

가. 해당 사항이 2종 이상인 경우에는 그중 중한 행정처분의 기준에 의하되 그 행정처분의 기준이 영업정지에 해당하는 경우에는 중한 처분의 영업정지 기간에 경한 처분의 2분의 1까지 합산·가중하여 행정처분을 할 수 있으며, 이 경우 그 최대 기간은 12개월로 한다.

나. 위반행위의 횟수에 따라 행정처분의 기준은 최근 1년간 같은 위반행위를 한 경우에 적용한다.

2. 개별 기준

해당사항	행정처분			
	1차	2차	3차	4차
가) 법 제15조제1항 각호 또는 법 제26조제1항 각호에 해당하는 경우	영업정지 15일	영업정지 1월	영업정지 3월	영업정지 6월
나) 법 제46조제1항제3호·제5호·제7호·제9호 내지 제20호 또는 제22호에 해당하는 경우	영업정지 1월	영업정지 3월	영업정지 6월	등록취소
다) 법 제46호제1항제6호 또는 제8호에 해당하는 경우	영업정지 1월	영업정지 3월	영업정지 6월	영업정지 1년
라) 법 제46호제1항제21호에 해당하는 경우	등록 취소			

[별표 2]

과태료의 부과기준(제30조 관련)

(단위 : 만 원)

처분 대상자	행정처분		
	1차	2차	3차
가) 법 제64조제1항제1호에 해당하는 자	200	500	천만원
나) 법 제64조제1항제2호에 해당하는 자	200	500	천만원
다) 법 제64조제1항제3호에 해당하는 자	200	500	천만원

※ 비고 : 위반행위의 횟수에 따른 과태료의 부과기준은 최근 1년 간 같은 위반행위를 한 경우에 적용한다.

Ⅰ. 전체적 요약 소개사항

1. 강의 및 강좌

① 10여 개 대학원 최고 경영자 과정에서 수백여 명의 최고 경영자를
교육시켰음

② 수백여 기업에서 30여 년에 걸쳐 수만 명의 기업요원을 교육시켰음

2. 저서 및 집필

① 물류, 자재관리 등 20여 권을 집필했음

② 국가 자격고시 대비서 전자상거래사 및 물자관리사 등 10과목 수십
여 권을 집필했음

3. 지도 및 진단

지하철공사 및 현대중공업 등 수백여 기업을 지도, 진단했음

4. 연구 및 개발

경영 CPX, 전자상거래, 자재관리 전산화 등 한국표준협회, 대한전산
㈜ 전산부장을 역임하면서 수십 가지를 개발했음

Ⅱ. 구체적 세부 소개사항

1. 교육 및 강의에 관한 사항

⑴ 연구소, 연구원 계통의 경력

한국생산성본부, 한국공업표준협회, 한국능률협회, 중소기업진흥공

단, 한국산업개발연구원, 대한상공회의소 등에서 MTP, BMTP, SDP, TWI, OLDP, KT기법, MRP, JIT경영 CPX, 물류, 자재, 물자, 생산, 재고, 창고, 구매, 외주, 총무, 사무문서, 전산 등을 교육훈련했으며 전산시스템을 개발했고 경영지도 진단을 했음.

(2) 평생교육원 계통의 경력

직업상담사 2급 국가고시 6개 과목 개발, 투자상담사 2급 시험과목 3개 분야 개발, 물류관리사 국가자격시험 4개 과목개발, 공인중개사 국가자격시험 6개 과목개발, 주택관리사 국가자격시험 5개 과목 개발, 경비지도사 자격시험 6개 과목 개발

(3) 대학원 계통의 경력

한양대학교 공과대학과 산업대학원, 숭실대학교 공과대학과 국방대학원, 숭실대 중소기업대학원, 건국대학교 최고 경영자 과정, 경희대학교 최고 경영자 과정, 명지대학교 정보산업대학원, 중앙대학교 산업교육원에서 물류, 자재, 물자, 생산 Case-Study, PERT-CPM, System 공학 등을 강의했음.

(4) 군교육 계통의 경력

육군군수학교(10년간)와 국방대학원에서 초급, 중급, 고급 군수관리 과정을 군수학 경영학, 전산학, 물류, 물자, 생산, 자재, 조달, System 공학, 경영CPX 등을 연구강의 했음(영관, 장성급 약 3천 명을 교육훈련시켰음).

(5) 공무원 연수 계통의 경력

중앙공무원교육원, 한전연수원, 한국통신공무원 교육원, 국방부 조달

본부, 새마을운동본부, 한국산업안전공단, 한국중공업 연수원, 지하철공
사 등에서 물류, 자재, 물자, 생산, 총무, 경영, CPX, KT기법 등을 강의,
전산시스템을 개발했음.

(6) 기업체 연수 계통의 경력

현대중공업, 현대자동차, 현대정공, 현대목재, 효성중공업, 효성기계,
동양나이론, 쌍용연수원, 삼성전자, LG인화원, LG전자, LG전선, LG
화학, 럭키, 제일합섬, 한양화학, 한국유리, 만도기계, 자동차보험, 대
원강업, 대우중공업, 동일방직(주), 해태그룹, 한국전자(주), 마마전자
(주), 대림산업(주), 우성건설(주), 동양화학(주), 동원산업, 고려당 등
수백여 기업체에서 수만 명을 교육시켰음.

2. 저서 및 집필에 관한 사항(30년 동안 40여 권)

(1) 물류, 자재, 구매 등의 저서

물류관리 실무, 구매관리 실무, 자재관리 실무, 외주관리 실무, 물자관
리 실무, 물류관리론

(2) 문서, 총무 계통의 저서

문서관리 실무, 총무업무 실무, 노무업무 실무, 법학개론, 신바람과 기
업의 활성화

(3) 영업, 세일즈 계통의 저서

솔솔신바람, 살살세일즈, 황금률 세일즈 작전, 세일즈답게 팔라, 영업
능력 개발

(4) 국가자격증 계통의 저서

물류관리사 4개 과정(박문각) 16권, 직업상담사 5권, 공인중개사 5권,

전자상거래사 5권, 주택관리사 5권, 투자상담사 3권

(5) 신바람과 의식화 계통의 저서

신바람과 기업의 활성화, 부하육성과 리더십

3. 지도진단에 관한 사항

(1) 대기업 진단

현대중공업, 현대자동차, 삼성전기, 삼성전자, 효성중공업, 해태제과,

한국전자 등

(2) 국영기업 진단

지하철공사, 한국통신, 한국전력 등

4. 연구개발에 관한 사항

① 경영 CPX 개발

② 국가자격증 교제 개발 10여 개 과목

③ 생산 및 자재관리 전산화 개발

④ 새마을 신바람 운동의 전개

⑤ 사이버 인터넷 계통의 교육

예) 캠퍼스 21(3과목), (주)한국인터넷방송(3과목), 온스터디(5과목)

수강신청 과 도서구입 （ 네트워크 마케팅 관련강의, 책자구입 ）

수 100명씩 단체 수강 가능　　　　수 100권씩 단체 구입가능

강의주제 : **네트워크 마케팅** 사업전개 회원개척 **신바람** 토요세미나

（연중 무휴 네트워크 마케팅 토요 세미나）

제목	NWM 사업촉진과 동기부여 (제1코스 기초과정)	사업개척과 신규회원모집 (제2코스 개척과정)	최강의 팀웍과 최고의 리더쉽 (제3코스 팀웍과정)	신바람운동과 네트워크마케팅 (제4코스 활성화과정)
강사	전정남 원장 비전컨설팅원장	안영일 원장 판매관리 연구원장	박노환 위원 NWM 컨설턴트	이철근 원장 현대경영기술개발원장

강의시간 : 매주 토요일 14:00～17:00(3시간)　총12시간(3시간×4회)

수 강 료 : 인당 매코스신청시 5만원, 2개코스: 8만원, 3개코스: 12만원, 4개코스: 17만원

강의장소 : 국제 성공 과학원　　　　　　　　※ 단체수강시 10% 할인

대　상 : NWM 사업자, 팀장, 그룹리더, NWM 강사, 최고리더급

특　전 : 교재무료제공　돈없이 돈버는 네트워크 마케팅, 신판매전략, 최강의 팀웍과 최고의 리더쉽

※ 네트워크 마케팅의 유명한 강사 초빙도 접수합니다.　　최고의 동기부여

도서구입 : 단체구입(10%할인)을 환영함.　연락처 : 02)561-7515, 7076, 016-357-5957

무자격 무점포로 **돈없이 돈버는** **네트워크 마케팅** (Net work Marketing) 이론 과 실제	출판사 : 태일출판사 저　자 : 이철근 정　가 : 10,000원
네트워크 마케팅을 통한 **최강의 팀웍과 최고의 리더쉽**	출판사 : 생활지혜사 저　자 : 이철근, 박노환 정　가 : 8,000원
돈벌어주는 **신 판매전략과 신규회원 개척전략** -방문판매, 네트워크판매, 통신판매, 납품영업 중심-	출판사 : 생활지혜사 저　자 : 이철근, 안영일 정　가 : 8,000원
황금률 세일즈작전 **세일즈 답게 팔라!** -슈퍼세일즈맨이 되는 비결-	출판사 : 도서출판 유정 저　자 : 이철근 정　가 : 9,000원
신바람과 기업활성화	출판사 : 법경출판사 저　자 : 이철근 정　가 : 15,000원

수강신청 및 도서판매처 : **현대경영기술개발원**　　(02)561-7515, 7076　016-357-5957

온라인 번호 : (국민은행) 839-21-0415-558 〈이철근〉